평생 써먹는 놀이수업 280

평생 써먹는 놀이 수업 280

초판 1쇄 발행 2023년 3월 10일
초판 2쇄 발행 2023년 7월 31일

지 은 이 정다해
펴 낸 이 한승수
펴 낸 곳 문예춘추사

편 집 이상실
디 자 인 박소윤
마 케 팅 박건원, 김지윤

등록번호 제300-1994-16
등록일자 1994년 1월 24일
주 소 서울특별시 마포구 동교로 27길 53, 309호
전 화 02 338 0084
팩 스 02 338 0087
메 일 moonchusa@naver.com

I S B N 978-89-7604-571-3 03370

대한민국 최초 중등 놀이교육 연구 쌤의
1일 1개 수업 아이디어!

20년 수업 현장의 노하우가 고스란히 한 권의 책이 되다

문예춘추사

최선의 '수업'을 만드는 최고의 '놀이'

'행복은 기쁨의 강도가 아니라 빈도다'라는 말이 있다. 진정한 행복은 엄청나게 기쁜 일 한 가지로부터 오는 게 아니라 작은 일들이 여러 번 발생하면서 스며들듯 찾아오는 것이라는 뜻이다. 그렇다면 기쁨의 빈도를 자주 느끼려면 어떻게 해야 할까?

인생의 큰 기쁨을 얻는 예를 보자. 로또 1등 당첨자는 엄청나게 큰 기쁨과 만족감을 얻지만, 이후 당첨금을 펑펑 쓰면서 행복지수는 급락한다. 당첨 순간 맛본 큰 행복감이 이후 오히려 불행한 삶으로 변한다는 사연이 대부분이다. 대기업에 취직해서 주변의 축하를 받으며 좋아했던 신입사원은 어떨까. 입사 날부터 새로운 환경과 업무에 적응하며 스트레스받는 나날을 보내기 마련이다.

나도 임용고시에 합격하고는 부모님과 얼싸안고 좋아했지만 바로 담임 업무와 낯선 행정업무에 투입되어 힘겨운 첫해를 보낸 기억이 있다. 합격의 기쁨은 온데간데없이 사라지고 처음 맡은 교과서 업무와 담임 일을 하느라 막막함에 눈물을 훔쳤었다. 교실에서도 30명이 훌쩍 넘는 사춘기 아이들을 혼자 감당해야 했던 일들이 쉽지 않았다. 로또 당첨자와 대기업 취업자, 임용고시 합격자는 왜 계속 행복한 나날을 보내지 못하는 것일까. 행복은 기쁨의 강도가 아니라 빈도이기 때문이다.

사는 게 늘 상큼하고 행복하기 위해서는 현재에 집중해야 한다. 첫 교직을 힘들게 시작한 후 간신히 버텨내며 생존을 위한 출퇴근을 반복해가던 어느 날, 나는 오랫동안 죽어 있던 흙화분에서 새싹이 올라오는 것을 발견했다. 죽은 땅에서도 생명이 꿈틀거리고 있는데 살아 있는 나는 왜 죽은 듯이 출근하고 있을까? 머리에 찬물을 끼얹은 기분이었다. 그 후로 살아 있음에 감사하며 나의 현재에 집중하기로 마음먹었다.

삶은 달라지기 시작했다. 과거 일에 대한 복잡한 고민보다 주어진 현실에 집중해서 소소한 기쁨을 누리기로 말이다. '현재에 집중하고 한 가지라도 성장의 기쁨을 누리자'고 다짐했다. 그러고 나서는, 말을 들어주지 않던 민수가 나를 따르기 시작한 것, 모둠 활동이 처음 순조롭게 진행된 것, 어제보다 발성이 나아진 것, 교무실 자리의 키보드를 바꾼 것 등 소소한 기쁨 뭉치들에 집중했다. 이미 지나간 과거보다 현재에 집중하며 조금씩 성장하게 된 것이다. 힘든 과거와 걱정덩어리뿐인 현실이 아닌 작은 기쁨들이 느껴지기 시작했다.

상큼달콤한 인생과 썰렁씁쓸한 삶은 1바이트의 생각 차이다. 우리 앞에는 두 가지 길이 놓여 있다. 지루하고 썰렁하고 씁쓸한 인생길과 상큼하고 달콤한 인생길이다. 한 번뿐인 삶을 썰렁씁쓸이 아닌 상큼달콤한 삶으로 선택하는 건 어떨까. 생각도 나의 선택이며 스스로 해야만 한다. 어린 시절 곰팡이 냄새 나는 지하실에서 쓸쓸히 있었던 나를 생각하면 우울하고 마음이 힘들 때도 있다. 하지만 바깥으로 뛰어나가 신나게 놀았던 기억을 선택하며 미소 짓는 쪽을 택했다. 그리고 과거의 나에 머물러 있지 않고 현재에 집중한다. 우리 뇌의 엄청난 용량 속에서 단 1바이트만 다른 방향으로 생각하면 그 후의 무한한 데이터들이 상큼한 인생으로 방향 전환을 할 수 있다. 삶은 스스로 만들어나가는 것이고 생각을 바꾸는 것도 자신이기 때문이다.

수업은 완벽할 수 없다. 이 세상 모든 것이 완벽할 수 없다는 사실을 인정한다. '긍정'의 사전적 의미는 '그 자체를 인정하는 것'이다. 좋게만 바라보라는 것이 아니라 있는 그대로를 인정하자는 것이 긍정의 자세다. 실수투성이인 나, 불완전한 수업, 폰을 보며 흘려보낸 시간 등 나의 삶은 완벽할 수 없다. 완벽하지 못하고 완전할 수 없는 그 자체를 인정하고 불완전성을 즐겨보자. 불완전한 것, 그 자체로 괜찮다. 이 정도면 이미 주어진 일을 충분히 잘해내고 있다. 우린 잘살고 있다.

내 수업이 완벽하거나 완전히 성공적이었다고 생각한 적은 없다. 하지만 '이 정도면 전보다 나아졌다, 이 정도면 괜찮다'라고 자신을 긍정적으로 인정한다. 괜찮다고 느낀 수업보다 찝찝하고 불완전한 느낌을 받을 때가 훨씬 더 많다. 하지만 무엇이든 하루에 한 가지라도 괜찮으면 성공적이다. 온종일 별로였어도 한 가지 좋은 점이 있었다면 그걸로 기쁘고 행복하다. 공개 수업 중 무기력한 학생이 대답을 잘했던 것, 고생했다며 동료가 건네주는 음료수 한 잔에도 마냥 즐겁다. 오늘 퇴근을 제때 할 수 있는 것 또한 감사한 일이다.

수업의 불완전성 때문에 교직에 몸담은 지 20년째 다양한 아이디어를 늘 생각하고 있다. 2022 베이징동계올림픽에서 쇼트트랙 곽윤기 선수가 고개를 숙여 뒤의 선수를 쳐다보는 장면이 있었다. TV중계를 보면서 고개를 숙여 뒤로 답을 맞히는 퀴즈가 문득 떠올랐다. 학생들이 일렬로 서서 고개를 숙이며 답을 맞히면 얼마나 재미있는 경험이 될까. 두근거리는 마음으로 퀴즈를 만들었다. 일반적인 퀴즈가 아닌 다리 사이로 답을 맞힌다는 퀴즈 자체가 뇌에 자극을 주는 새로운 경험이 될 것이다.

이렇듯 수업 아이디어는 일상에서 늘 고민하던 중에 나온다. 놀이처럼 게임처럼 수업의 모든 과정에서 학습 동기를 유발하는 아이디어를 끊임없이 생각한다. TV나 영화를 볼 때도, 여행지 도로 위에서도 아이디어를 기록한다. 아마 퇴직 전날까지도 불완전한 수업은 계속될 것이다. 인간은 누구나 불완전한 존재이기 때문이다.

15년간 화장실 없는 집에서 어렵게 살았던 아이가 있었다. 그것도 지상 위의 집이 아닌 연립주택 반지하실에서 다섯 식구가 힘겹게 살았다. 사업에 실패한 아버지는 주민등록이 10년간이나 말소되었고 어머니는 닥치는 대로 일을 했다. 아이들은 반지하에서 아토피와 비염으로 30년 넘게 고통받았다. 맞벌이로 온갖 험한 일을 하시는 부모님은 자식들에게 신경쓸 겨를도 없이 일만 하셨다. 아이는 일찍 철이 들었고 애정결핍과 비교지옥 속에 늘 노출되어 있었다. 그 아이는 바로 지금의 나다.

화장실 없는 반지하에서 살던 아이가 우울하고 슬펐을 거라는 생각은 어느 정도 맞다. 부모님이 무작정 버스에서 내려 전 재산 10만 원으로 월세를 살게 된 동네가 하필 최고의 부자동네였다. 100평에 사는 동네 친구와 비교되던 창피하고 힘든 시절이었다. 가난한 내 마음과 좁고 정신없는 집안, 학교 선생님들의 차별, 거지같다고 놀리던 친구들…. 하지만 좁고 어두운 집에서 나와 매일 해가 질 때까지 신나게 놀았다. 사교육을 전혀 받지 못하는 대신 마음껏 고무줄놀이, 달리기, 숨바꼭질 놀이 등을 하며 어린 시절을 보냈다. 현란한 고무줄 기술을 개발해서 친구와 대결하며 흥분했던 일, 어두운 골목을 쓰러진 나무를 활용해 귀신의 길로 꾸몄던 일, 마라톤 대회를 열고 죽을힘을 다해 승부 대결을 펼쳤던 일 등, 슬펐을 것만 같은 아이는 지금도 여한 없이 놀았던 어릴 때 추억을 마음속에 품고 산다. 슬프고 불행한 기억보다 즐겁고 신나는 놀이 기억을 선택했기 때문이다.

놀이를 할 때만큼은 몰입으로 인한 기쁨이 있었고 새로운 생각들이 넘쳐났다. 놀이를 하는 시간 속에 우울과 슬픔은 날아가고 흥분과 열정과 희열이 넘쳤다. 더 어렵고 새로운 놀이 규칙을 개발하고 승부에서 이기기 위해 땀 흘리던 시간들이 벅차오르는 감동으로 남아 있다. 힘들어서 바닥으로 하염없이 가라앉을 나의 어린 마음에는 놀이로 인해 긍정 에너지가 분출되었다. 과거의 어린아이는 어둡고 곰팡이 핀 지하실에서 폴짝 뛰어나와 깨끗하고 넓은 놀이 공간 속에 서 있다. 나는 지금 과거의 나를 그대로 인정하며 좋았던 기억들을 더 선명하게 간직하며 살고 있다.

즐기는 삶이 가장 성공적인 삶이다

인간은 태어나면서부터 놀이를 통해 가족을 만나고 놀이를 통해 웃게 된다. 아기가 있는 집의 어른들은 모두 어릿광대처럼 변한다. 아이 수준에 맞는 놀이를 해주려고 노력하기 때문이다. 그런데 과연 어릴 때만 놀이를 하는 것일까? 놀이는 인간 전 생애에 걸친 가장 친근감 있는 배움의 도구다. 초등학교에 입학하고 대학교를 졸업하고 취업하고 결혼하는 일련의 모든 활동은 놀이와 연관되어 있다. 인간은 놀이를 통해 재미있는 삶을 추구하고 사회성을 기르며 자아실현 및 자기효능감을 느끼는 존재다. 스트레스나 부정적인 정서를 조율하는 방법도 익히게 된다. 알고 보면 우리는 잘 놀기 위해 열심히 일하는 것이 아닐까. 우리는 잘 놀고 잘 먹고 잘 즐기기 위해 오늘도 일을 한다.

나는 어릴 적 실컷 놀았던 즐거운 경험 덕분에 수업에서 놀이를 중시한다. 교실에 들어서자마자 학생들과 줄별 눈치게임을 시작한다. 모두가 일어서며 숫자를 말해야 술래가 되지 않기 때문에 신나게 참여한다. 교과서를 덮고 있다가 단 한 번의 펼침으로 정확한 페이지를 펴는 놀이도 한다. 138쪽!이라고 외치면서 '시작!' 구호에 따라 책을 한 번에 펼친다. 여기저기 꺄악거리는 비명 소리가 들리며 분위기는 활기가 넘친다. 매 순간순간 놀이 요소로 교실은 들썩인다. 심리학적으로 '창의력'과 '재미'는 동의어라고 한다. 사는 게 재미없는 사람이 창의적일 수 없고 재미를 추구할 줄 모르는 사람은 행복하기 어렵다.

문화심리학자 김정운 교수는 잘 노는 것의 중요성을 강조하며 놀이로 삶을 즐겨야 한다고 했다. 특히 학교는 억지로 등교한 학생들이 대부분인지라 비자발적으로 온 학생들에게 창의력과 재미를 주는 활동으로 삶의 에너지를 안기고 싶다. 놀이와 게임을 적극적으로 접목한 수업에서는 즐거움과 창의력이 샘솟는다. 아이들이 신나는 얼굴로 참여하면 진행하는 교사 또한 즐겁고 행복하다.

특히 놀이에 대한 고민이 전무한 중학교, 고등학교 수업에서 놀이 활용 교육을 시도한다. 기회가 된다면 어르신을 위한 놀이 활용 배움 교실을 열고 싶다. 유아와 초등학교 아이들을 위한 놀이 교육은 관련 도서와 논문 등 시중에 연구된 것들이 상당히 많은 반면, 중학교, 고등학교, 대학교, 심지어 성인을 대상으로 하는 강의에서는 놀이를 활용할 생각조차 하지 않는다. 많은 양의 지식을 주입하고 성적을 올려야 하는 시기이기 때문이다. 놀이를 어린아이들 것이라고 생각하고 고민조차 하지 않는다.

한번은 중학교 학생들과 앞뒤 친구들에게 개념을 전달하는 경청 깔대기 놀이를 했는데, 모두가 동심으로 돌아간 것 같아 즐거웠다는 후기를 들었다. 학생들조차도 놀이는 어린아이들만 하는 것으로 생각하는데 실제 경험해보면 모두가 좋아한다. 올해 칠순을 맞이한 나의 엄마는 얼마 전 '바리스타' 자격증을 취득하셨다. 이미 14개 이상의 자격증을 보유하시고 예순 살 넘어 대학을 두 군데나 다니셨는데 아직도 배움을 사랑하신다. 온오프라인으로 수업을 들으며 복습하고 시험 준비도 열심히 하셔서 성적우수장학금도 꾸준히 받으셨다. 기억력이 떨어지는 엄마 세대도 놀이 요소를 곁들인 강의가 기억에 남고 재미있다고 하신다. 나이 드신 분들에게도 놀이 활동으로 단기기억에서 장기기억으로 넘어가는 배움이 필요하다. 설령 배운 것이 기억에 남지 않더라도 '배움은 신나는 경험'이라고 체화되는 것은 평생 교육 시대에 중요한 일이다. 배움이 유쾌하고 즐겁지 않다면 하기 싫은 건 아이나 어른이나 마찬가지다.

결론적으로 중고등학교에서도, 성인 강의에서도 놀이 요소는 필요하다. 인간은 누구나 즐거움을 추구하는 존재이기 때문이다. 잘 생각해보자. 당신에게 지루한 강의를 40분 이상 꼭 들어야 한다고 강요한다면 어떨까. 지루한 훈화 말씀을 들어야 하고 뻔한 규칙 이야기를 억지로 듣는 상황이라면 어떤가. MZ세대나 알파세대는 물론 어른들부터 못 참고 뛰쳐나갈 것이다. 학교 학생들은 40분이 넘는 수업을 하루에 무려 5~7시간씩 강제로 듣는 상황이다. 세상에 얼마나 힘든 일인가. 초중고 학생 및 성인들 강좌에서 기쁨의 빈도를 늘려줘야만 한다. 기쁨의 빈도를 증폭시키는 놀이는 배움을 위한 최적의 도구라 하겠다.

남녀노소 상관없이 놀이는 우리 뇌가 가장 좋아하는 배움의 방식이다. 놀이는 거부감 없이 친근하게 배울 수 있는 교육 도구다. 학습이 중요한 중고등학교 아이들에게 오히려 놀이 요소를 가미하면 더 효과적인 학습이 된다. 즐겁게 학습한 과목은 더 뚜렷하게 기억할 수 있고 학업성취도가 향상될 수밖에 없다. 많이 배워야 할 시기일수록 더 즐겁게 몰입해서 배우면 효과가 극대화될 수 있다. 물론 수업의 시작부터 끝까지 놀기만 하는 건 단순히 재미를 추구하는 행동일 뿐이다. 놀이 요소를 수업에 녹여내서 배움이 일어나도록 해야 한다.

즉 중고등학교, 대학교, 성인을 위한 강의에서도 적극적으로 놀이와 게임 요소를 활용한 수업을 해야 한다. 놀이는 인간에게 최적화된 배움의 도구이며 이를 통해 아이들이 행복해지고 공부도 더 잘할 수 있다. 예를 들어 민주정치의 기본 원리를 배우며 릴레이퀴즈 대회를 진행하는 것이다. 같은 모둠끼리 민주정치의 기본 원리인 국민주권, 국민자치, 입헌주의, 권력분립 등을 공부한 후 칠판에 붙인 여러 문제들을 릴레이 달리기 형식으로 풀고 들어온다. 타이머로 제한시간을 설정하므로 긴장감이 넘치고 모두가 참여해야 하므로 열심히 배우고 익힐 수밖에 없다.

물론 선생님의 강의식 수업으로 배우고 끝나면 간단하고 효율적인 경우도 있다. 길고 긴 수업 중에 잠시라도 놀이요소를 수업에 활용하면 효과는 더욱 극대화된다는 것이다. 같은 내용을 익히더라도 즐겁게 놀이를 통해 익힌 것은 몸으로 기억하기 때문에 선명한 기억으로 남는다. 릴레이 퀴즈라는 놀이요소로 민주정치의 기본 원리를 더 치열하게 습득하기 때문이다.

당신은 이미 수업과 놀이 전문가다. 수많은 책 중에서 놀이 수업을 위한 책을 선택했고 뇌는 이미 그쪽을 향해 열려 있기 때문이다. 지금까지 학생들과 무리 없이 수업을 진행해왔고 자신도 모르게 그 속에 놀이요소를 가미해서 진행했을 것이다. 다양한 연수들을 통해 수업 방법과 놀이 활동을 익히고 다양한 교수학습방법들을 시도해왔을 것이다. 충분히 잘해왔고 잘하고 있다.

선생님의 마음과 뇌 속에는 보이지 않는 수많은 잠재 아이디어들이 있다. 지금까지 살아오면서 몸으로 체득하고 스스로 연구하고 배워온 다양한 소스들이 몸 어딘가에 숨어 있다. 나는 그것들을 꺼내어 체계화해서 보여드리고 싶다. 정신없는 행정일과 당장의 수업 준비와 갑작스런 생활지도 등으로 선생님들은 너무나 바쁘다. 몸속엔 이미 전문가의 피가 흐르고 있지만 이를 체계적으로 구조화하는 등 정리가 되어 있지 않을 뿐이다.

중고등학생과 성인 대상 수업에서 필요한 다양한 놀이 아이디어들을 약 280가지로 체계화해서 정리했다. 나는 본격적으로 여러분에게 놀이 아이디어를 전하면서, 이 책의 어느 페이지를 펼쳐도 한 가지 아이디어를 써먹을 수 있게 구성해보았다. 일 년의 수업일수가 대략 100일이므로 하루에 한 가지씩 시도해보도록 말이다. 다양한 놀이 수업 방법들을 보고 하루에 한 가지, 일주일에 한 가지라도 수업에 변화를 주길 권한다. 기존에 해오던 방식이 아닌 새로운 방식을 시도해보자. 내 삶의 하루 한 가지 변화가 삶에서 작은 기쁨 뭉치를 만들 것이다. 하루의 작은 변화로 행복해지고, 작은 변화가 모여 나의 삶 전체가 기쁘고 상큼해지는 놀라운 일들이 펼쳐질 것이다. 행복은 기쁨의 강도가 아니라 빈도라는 말처럼.

인간은 누구나 성장하길 원하며 우리 내면엔 발전 가능성이 가득하다. 요양병원에 쓸쓸히 계신 할머니를 보면 마음이 아프고 안쓰럽다. 하지만 문화센터에서 스마트폰 사용법을 배우는 할머니는 왠지 활기가 넘쳐 보인다. 요양병원의 할머니는 정체되어 있고 문화센터 할머니는 성장하고 있기 때문이다. 이처럼 인간은 남녀노소 누구나 죽을 때까지 배우고 성장해야 활력이 넘치고 행복하다. 어제보다 오늘 티끌만큼이라도 성장한다면 뿌듯한 미소가 지어질 것이다.

이제부터 독자 여러분이 자신만의 빛나는 인생을 선택할 시간이다. 어린 시절 나와 지금의 나는 언제나 불행과 우울이 아닌 상큼 발랄한 길을 선택했다. 모두가 놀이를 통해 현재를 즐기며 하루하루 조금씩 성장해나가길 응원한다. 어떠한 전문가도 시작은 누구나 초보자였다.

작은 계단을 오르듯 성장해나가는 나를 느끼며 오늘도 모두에게 상큼한 하루가 되길 바란다.

p.s. 육아 및 가사에 적극적으로 함께해준 사랑하는 남편,
아이들을 따뜻하게 보듬어주시는 아버님과 어머님,
삶 자체로 모범을 보여주시는 우리 엄마와 아빠,
행동파 멋진 우리 언니와 멋진 형부,
가족을 위해 헌신하는 내 동생과 멋진 올케,
엄마를 존경한다고 응원해주는 사랑스런 우리 첫째 수아,
집필 안 하던 예전 엄마가 더 좋다는 애교만땅 막내 성찬이,
모두 우주의 먼지들을 전부 합친 것보다 더 많이 사랑합니다.

차례

톡톡 튀는 첫 만남 놀이

첫 만남 놀이

첫 만남 만들기 활동

2장 몰입감 높이는 수업 놀이

모두 함께 성장하는 수업 놀이

유쾌 발랄한 마무리 수업 놀이

사랑이 넘치는 자투리 놀이

1장

톡톡 튀는 첫 만남 놀이

인간의 편도체는 상대를 본 순간 0.017초 만에 모든 판단을 끝낸다. 상대방의 외모, 말투, 표정과 몸짓으로 순식간에 모든 것을 판단하는 것이다. 이것은 심리학자 폴왈렌 교수가 연구한 것으로, 좋은 첫인상을 남길 수 있는 기회는 결코 두 번 오지 않음을 뜻한다. 따라서 학생들을 처음 만나는 날에는 좋은 첫인상을 남기는 일, 그리고 라포(상대와의 친밀감 또는 신뢰관계) 형성에 시간을 보내야 한다. 호의적인 첫인상을 남기지 않으면 앞으로 한 학기는 물론 1년이 어려울 수 있기 때문이다.

흔히 첫 만남에서 형성된 이미지를 바꾸기 위해서는 200배 이상의 새로운 정보량을 줘야 한다고 한다. 그만큼 첫 만남의 0.017초가 매우 중요하다. 그러니 처음 만나는 아이들에게 첫 시간부터 즐겁고 재미있는 경험을 만들어주자. 그러면 학생들은 그 수업을 설레며 기다리게 되고 교사에 대한 좋은 인상을 갖게 된다. 학습 동기 유발은 물론이고 학업성취도까지 향상되는 놀라운 현상이 나타난다.

3월에 교사가 무섭게 해야 일 년이 편하다는 선배교사의 말은 학급 규칙과 수업 규율은 단호해야 한다는 것이다. 무서운 얼굴과 딱딱한 자세로 학생들을 만나라는 말이 결코 아니다. 원칙은 단호하지만 수업은 즐겁고 신나야 성공적이다. 첫 만남부터 책을 펴고 수업을 진행한다면 수업 효과가 좋을 리 없다. 아이들과 좋은 관계 맺기가 되어야 수업을 할 준비가 된다.

학습자의 마음의 문을 열 수 있는 얼음깨기 활동을 아이스브레이킹이라고 한다. 아이스브레이킹은 얼음을 깨부수듯이 처음의 어색한 분위기를 없앤다는 것이다. 얼음을 깬다는 건 용기가 필요한 일이다. 재미있는 놀이 활동으로 차갑고 딱딱한 분위기를 부드럽게 녹이는 얼음 깨기를 시도하자. 학생들은 웃음보가 터지면 긴장이 풀어지고 마음을 열게 된다. 선생님의 수업은 좋고 선생님이 맘에 든다! 라는 생각을 심어주도록 미친 듯이 노력해보자. 첫 만남 시간에 선생님과 라포가 형성되고 첫인상을 잘 만들었다면 절반은 이미 성공한 셈이다.

예를 들어 첫 시간에 우리만의 수신호 박수를 연습한다. 영화 〈엑시트〉에는 재난 수신호 박수를 치며 구조되길 기다리는 장면이 있다. '따따 따따따 따따'처럼 선생님에게 집중하고 수업 시작을 알리는 박수를 연습해본다. '짝 짝짝 짝짝짝 짝짝 짝'처럼 계단 박수를 쳐서 학급 단결력을 테스트하고 시작할 수도 있다. 모두가 틀리지 않게 성공하는 경험을 첫 시간부터 가지는 것은 훌륭한 출발이다. 박수치기, 어깨 들썩이기, 다리 들기 등 몸을 움직이는 활동을 통해 긍정적인 분위기를 형성하는 첫 시간의 노력은 매우 중요하다.

누군가를 만난다는 것은 두근거리고 설레는 일이다. 아이들과 처음 만나는 3월 2일은 축제날이라고 생각한다. 그렇게 머릿속에 되뇌인다. 피할 수 없고 어쩔 수 없이 해야 하는 일이라면 일단 웃으며 하자. 즐거운 축제처럼 아이들을 만나고 함께 놀이를 시도해보자. 눈치게임, 파도타기, 박수치기 등 어느 순간 내가 신나서 학생들과 시간 가는 줄 모르고 즐기고 있을 것이다. 종이 치면 서로가 아쉬움을 토로하며 다음 시간을 기다리도록 하는 것이 가장 좋다.

1장에서 소개하는 놀이는 크게 첫 시간 놀이 활동과 첫 만남 만들기 활동으로 구성했다. 체계적으로 정리하기 위해 흔히 알려진 놀이들도 함께 엮었다. 그 중 자신과 잘 맞는 내용을 선별하고 첫 만남 시간에 아이들과 놀아보자. 딱 한 가지 놀이를 익혀서 용기를 가지고 시도해보는 것이 중요하다. 어떤 전문가에게도 처음이 있었다. 수업도 운전도 육아도 누구나 초보자부터 시작한다. 어색하고 불편한 분위기를 친근하고 익숙한 것으로 바꾸고 긍정적인 관계를 형성해가는 연습을 해보자. 점점 전문가의 길로 나아가는 자신을 보며 뿌듯함을 느낄 것이다.

첫 만남 놀이

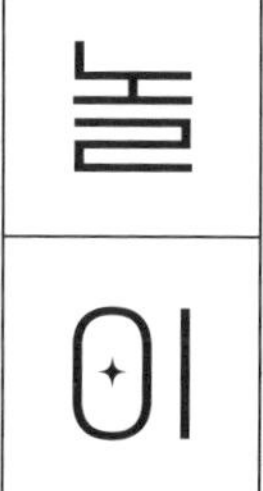

파워 눈치게임

아무런 준비 없이 소규모든 대규모든 어디서나 활용할 수 있는 손쉬운 놀이다. 첫 만남뿐만 아니라 아이들과 수시로 하기 좋다. 코로나로 인해 교실은 짝꿍 없이 한 줄로 앉아 있는 경우가 많다. 짝꿍이 있다면 분단별 또는 앉은 줄별로 '파워 눈치게임'을 한다고 예고한다. 아이들은 첫 시간부터 어리둥절하게 된다. 앉아 있는데 일어나라고 하니 귀찮아하는 사춘기 아이도 있고 앉아서만 수업하다가 일어나라고 하니 '이게 뭐지?'라며 의아해하는 아이도 있다. 얼어 있던 아이들과 교사 사이의 얼음에 뛰어들어 망치로 힘껏 깨는 활동이다.

뭔가 활동을 시작할 땐 이유를 설명하고 해야 납득할 수 있다. 파워 눈치게임은 교사와 학생 사이의 막힌 부분을 뚫어주고 친밀감을 형성하게 해주는 놀이다. 서로가 처음 만나서 어색하고 낯서니 즐거운 놀이로 썰렁한 분위기를 깨트리고 시작하자는 의도를 간단히 안내한다. 함께 놀며 친해지자는 취지를 아이들이 이해한다면 처음 만난 교사의 놀이 제안을 거절할 학생은 거의 없다. 몸을 움직이며 놀이하는 순간 학생들의 마음은 활짝 열리게 된다.

첫 만남 놀이로 분류했지만 수시로 매시간 해도 재미있다. 가장 먼저 쉬운 숫자로 파워 눈치게임을 시작한다. 교사는 '시작!' 선창만 외쳐주면 자동으로 돌아가는 놀이다. 1부터 인원수만큼 끊어지지 않았다면 격려의 박수를 쳐준다. 의외로 성공하기 어렵고 할수록 재미있는 게임이다. 교사도 같이 한다면 더없이 재미있다.

놀이 방법

① 진행자가 "시작!" 선창을 외친다.

② 서로 눈치를 보다가 누군가 숫자 1을 힘차게 외치며 일어난다.

③ 이어서 나머지 중 누군가가 2를 외치며 일어난다.

④ 이어서 3, 4… 인원수만큼의 숫자까지 부르면 끝이다.

동시에 2명 이상 같은 숫자를 불렀거나 마지막까지 숫자를 못 부르고 남은 사람이 술래 또는 벌칙 담당자이다.

놀이 응용

① **학습목표 눈치게임**: 파워 눈치게임을 숫자가 아닌 학습목표 글자로 하는 것이다. 학급 전체를 대상으로 눈치게임을 진행해도 되고 분단별로 해도 된다. 학습목표를 칠판에 적어놓고 한 글자씩 순서대로 말하면

성공이다. 동시에 말하거나 끝까지 말하지 못한 사람이 벌칙자 당첨이다. 동시에 말하거나 끝까지 말하지 못한 사람이 있더라도 상관없다. 어차피 학습목표 눈치게임은 학습목표 글자 수에 해당하는 친구들만 참여할 수 있기 때문이다. 선생님이 학습목표를 화면에 보여준 뒤 시작!을 외치면서 게임을 시작한다. 흥미진진한 학습목표 말하기 대결이 펼쳐지면서 오늘의 학습목표를 여러 번 반복해서 익히는 효과가 있다. 학습목표를 공유하는 더 많은 방법은 2장 8번을 참고하자.

② **자음 눈치게임**: '가나다라마바사 아자차카타파하' 우리의 한글 자음 14개로 눈치게임을 한다. 매번 숫자로만 하던 눈치게임을 한글로 해보면 새롭고 재미있는 놀이가 된다. 마지막 한글자음까지 가는 건 매우 어려운 일이라서 매시간 도전해보고 실패를 체험한다. 언젠가 성공하는 날 큰 성취감을 느끼게 된다. 예를 들어 '자유시간 10분', '아이스크림파티' 등 보상을 정하고 시작할 수 있다. 하지만 성공의 기쁨만으로 충분한 보상이 되니 무리한 보상 상품을 걸지 않아도 좋다.

③ **알파벳 눈치게임**: 'ABCDEFG~' 등 영어 알파벳 26가지로 파워 눈치게임을 진행해볼 수 있다. 자음 눈치게임과 똑같이 진행하지만 숫자가 더 많아지므로 마지막 'Z'까지 성공하는 게 쉽지는 않다. 'A~M'까지 13가지, 'N~Z'까지 13가지씩 나눠서 도전해도 된다. 어려운 만큼 성공했을 때의 기쁨은 더욱 크다.

④ **무지개 눈치게임**: 7명이 있을 경우 '빨주노초파남보' 순서로 파워 눈

치게임을 똑같이 진행한다. 7명 모두가 성공했을 때 큰 박수로 칭찬해 준다. 7개의 글자를 성공하는 것도 쉽지 않기 때문이다. 그 외에도 '월화수목금토일', '아에이오우', 유명한 속담이나 명언 등으로 응용해서 눈치게임을 진행해보자. 언제 해도 스릴과 긴장감이 감도는 상큼한 놀이가 아닐 수 없다.

⑤ **온라인 눈치게임**: 온라인 수업 때 채팅창으로 눈치게임을 할 수 있다. 예를 들어 30명의 학생이 있다고 하자. 너무 많은 인원이기 때문에 1번부터 10번까지 학생만 우선 참여하라고 안내한다. 채팅창에 1부터 10까지의 숫자를 순서대로 눈치껏 적는다. 이미 적은 숫자를 다시 적거나 또는 마지막 숫자를 적은 사람이 술래가 된다. 그다음 11번 학생부터 20번 학생까지 참여하는 등 똑같은 방법으로 눈치게임을 진행한다. 짧은 시간에 웃음 터지고 스릴 있는 초간단 놀이 활동이 된다.

유의점

① 진행자와 참여자 모두 목소리를 크게 해서 상대방이 들을 수 있게 힘있게 해야 한다.
② 눈치가 없어도 괜찮으니 편하게 참여하도록 유도한다. 동료의 잘못을 지적하지 말고 재미있게 현재를 즐기는 마음가짐을 갖도록 한다.
③ 눈치게임은 하는 과정은 재미있지만 마무리가 아쉬운 놀이다. 모두가 "눈치 있게 살자"를 외치며 박수치고 마무리하면 좋다.

즐거운 어깨파도 놀이

파도타기는 흔히 야구장, 축구장, 운동회 등에서 해보거나 주변에서 많이 봤을 것이다. 파도타기는 여러 명이 있을 때 짧은 시간에 함께 활동하기 좋은 놀이다. 찰나의 시간에 이토록 협동심과 소속감을 높여줄 수 있는 놀이 방법은 거의 없다. 줄별로 가장 앞에 있는 친구부터 뒤쪽 방향으로 진행해도 되고, 교실 창가에서부터 복도 창가 쪽으로 파도타기를 해도 좋다. 처음부터 일어나라고 하면 어색할 수 있으니 쉬운 어깨 파도타기부터 도전해보자. 주변 친구들이 하면 군중심리에 따라 안 할 수가 없다. 어깨 파도타기마저 쑥스럽다면 고개 까딱 파도타기 등 몸을 작게 움직이는 활동부터 하고 점점 크게 움직이는 활동으로 단계별 진행을 한다. 작은 몸짓에 응했다면 큰 몸짓을 하는 활동에도 응하기가 쉽기 때문이다.

어깨를 들썩이는 파도타기는 누구나 거부감 없이 할 수 있다. 진행자는 시작 학생과 방향만 정한다. 어깨를 들썩이는 소심한 파도타기

어깨를 들썩이며 파도를 타는 학생들

로 분위기를 훈훈하게 만들고 나서 고개나 팔로 파도타기를 시도한다. 고개만 까딱하는 고개 파도타기도 좋다. 왼쪽 눈과 오른쪽 눈을 이어서 감았다 뜨는 눈꺼풀 파도타기까지 파도타기의 세계는 무궁무진하다. 그러고 나서 자리에서 일어났다 앉는 야구장 응원파도타기까지 하면 분위기가 정말 좋아진다. 모두가 둥글게 앉아 있거나 앉은 자리 앞을 가로막는 것이 없다면 발로 파도타기를 할 수도 있다. 첫 만남에 즐거운 분위기를 얻는다면 앞으로 무엇을 해도 긍정적인 피드백을 받을 수 있는 상태가 된다. 어깨 파도타기는 첫 만남뿐만 아니라 매시간 시작할 때 몸풀기 활동으로 좋다.

놀이 방법

① 진행자가 순서 및 진행 방향을 알려준다. 예를 들어 줄별로 앞자리 학생부터 뒷자리 학생까지 하는지, 분단별로 1분단 창가 쪽 학생들부터

4분단 쪽으로 진행하는지 명확히 한다.

② 진행자가 '시작!'을 외친다. 왼쪽에서 시작한다면 시작 학생이 왼쪽 어깨부터 오른쪽 어깨 순서로 웨이브를 타듯 들썩인다.

③ 바로 오른쪽 학생이 연달아 왼쪽 어깨부터 오른쪽 어깨 순으로 들썩인다.

④ 마지막 학생까지 어깨를 들썩이면 성공이다. 마지막 학생이 반대로 파도를 보내서 처음 학생으로 되돌아오는 것도 좋다.

놀이 응용

① **고개 까닥 파도타기**: 첫 시작 학생부터 고개만 옆으로 까닥해주면 바로 옆사람이 이어서 고개를 까닥한다. 그 옆사람도 이어 받아서 고개를 까닥한다. 간단한 동작으로 학급 전체가 10초 만에 파도타기가 가능하다. 순식간에 즐거운 분위기가 만들어진다. 서로의 얼굴이나 표정을 살피며 친구에게 집중하는 시간도 되는 일석이조 효과가 있다.

고개를 까닥이며 파도를 타는 학생들

② **거북목 파도타기**: 첫 주자부터 거북이처럼 목을 움츠렸다가 빼주는

동작을 한다. 순서에 맞게 남은 사람도 거북이처럼 목을 움츠렸다 빼주기를 한다. 수업을 시작하기 전에 거북목 파도타기로 자세를 교정하고 거북목이 되지 않도록 주의를 준다. 거북목 파도타기는 속도가 다소 느릴 수 있다. 움츠린 몸을 펴주면서 수업을 시작하자는 의도를 알려준다.

③ **팔로 파도타기**: 첫 시작 학생이 팔을 높이 들었다가 내린다. 진행 방향에 맞게 바로 옆 친구가 팔을 높이 번쩍 들었다 내린다. 그다음 사람이 연이어서 팔을 높이 들었다가 내린다. 마지막 학생까지 파도를 타면 끝이다. 옆 친구가 팔을 들자마자 바로 이어서 팔을 들어줘야 빠른 속도의 파도타기가 진행될 수 있다.

④ **발로 파도타기**: 동그랗게 앉아 있거나 발이 잘 보이는 환경일 경우 하기 좋은 놀이다. 첫 시작 학생이 왼발, 오른발을 올렸다가 내린다. 바로 옆 학생도 뒤이어 왼발, 오른발을 올렸다가 내린다. 마지막 학생까지 도달하면 끝이다. 탭댄스를 추듯 발을 구르는 것이 아니라 70도 이상 발을 확실하게 들어줘야 도미노처럼 파도타기 효과가 나타난다.

발을 높이 들었다 내리며 파도를 타는 학생들

⑤ **온라인 출석 파도타기**: 번호순으로 자신의 이름을 부르며 일어섰다가 앉으면 다음 번호 학생이 똑같이 이어서 한다. 예를 들어 '1번 정다해 출석합니다→ 2번 조성찬 출석합니다', 이런 식으로 선창하며 일어났다 앉는다. 일어나지 않고 채팅창에서 학번과 이름 쓰기 파도타기를 해도 된다. 하지만 몸을 더 많이 움직이게 하면 향후 수업 진행 시 참여도는 더욱 높아진다. 타이머를 켜서 제한시간을 두면 시간을 의식하게 되어 더욱 빠르고 신나는 파도타기를 할 수 있다. 타이머는 네이버 타이머, 클래스123 웹사이트, 실물 모래시계, 스마트폰 어플을 적극 활용한다. 예를 들어 학생이 30명일 경우 60초 전후를 목표로 주면 흥미진진하게 할 수 있다.

유의점

① 파도타기에 참여할 때 몸동작과 목소리를 크게 해야 다음 사람이 이어서 할 수 있다.
② 모두가 한마음으로 하는 것이기 때문에 느린 친구도 기다려주고 존중해준다.
③ 모두가 성공했을 때 서로를 칭찬하는 시간을 가지면 더 큰 성취감을 느낄 수 있다.
④ 동작을 하기 전에 반드시 간단한 스트레칭을 하고 시작한다. 몸이 경직되어 있는 상태에서 갑자기 하면 작은 동작에도 부상을 입을 수 있다. 과도하게 고개를 꺾거나 일부러 거북목을 만들지 않도록 조심한다.

03 인간 제로게임

손으로 제로게임을 시작하는 학생들

손으로 하는 제로게임을 모둠끼리 몸으로 하는 놀이 방법이다. 일단 몸을 움직이며 노는 순간 아이들은 재미를 느끼고 마음도 함께 열린다. 가만히 앉아만 있는 아이들을 일어서게 하고 활동하게 하는 건 어색함을 깨는 아이스브레이킹으로 무척 쉬운 방법이다. 인간 제로게임의 규칙은 손으로 하는 제로게임과 똑같기 때문에 이미 게임룰을 알고 있는 경우가 많다. 간단한 추가 안내만으로 쉽게 놀이를 할 수 있다.

모둠끼리 모여서 앉아 있거나 앉은 줄로 해도 된다. 공격팀과 수비팀으로 나뉘어 공격팀 대표가 일어서서 숫자를 부르며 공격한다. 예를 들어 모둠 인원이 5명이라면 0(제로)부터 5까지 숫자를 부를 수 있다. 공격팀 대표가 3을 불렀을 때 3명의 아이들이 자리에서 일어났다면 공격측 성공이다. 3을 불렀는데 2명이 일어났다면 3이라는 숫자를 피했으므로 수비팀의 성공이다. '제로'를 불렀을 때 아무도 일어나지 않았다면 공격측 완승이다. 간단한 놀이지만 모두가 집중해서 참여하는 즐거운 놀이다.

놀이 방법

① 공격팀과 수비팀으로 나눈다.

② 공격팀 대표가 숫자를 외친다. 예를 들어 수비팀이 5명이라면 0부터 5 사이의 숫자를 부른다. 박자를 넣어서 "제로 제로 3!", 동시에 수비팀 학생들은 눈치껏 자리에서 일어난다.

③ 공격팀이 부른 숫자와 똑같이 수비 학생들이 3명 일어났다면 공격팀의 성공이다. 숫자와 다르게 수비 학생들이 일어났다면 수비팀의 방어가 성공이다.

④ 다음은 수비팀이 공격을 시작한다. 모두가 똑같이 수비와 공격을 했다면 게임 종료다.

놀이 응용

① **모둠별 릴레이 인간 제로**: 모둠별로 공격과 수비를 하지 않고 진행자가 모둠원들에게 무작위로 숫자를 부르면서 진행하면 더 빠른 속도로 제로게임이 완료된다. 예를 들어 5개의 모둠이 있다면 1모둠부터 시작한다. 진행자가 "1모둠부터 인간 제로를 시작합니다. 제로 제로 3!"을 말했을 때 3명이 일어섰다면 실패, 3명이 아닌 아무도 일어나지 않았거나 1명, 2명, 4명 등이 일어났다면 '성공'이라고 말해준다. 그다음 2모둠으로 넘어간다. 이런 식으로 모든 모둠을 진행자가 숫자를 불러주고 공격하면 빠른 속도로 전체 제로게임이 끝난다. 실패한 모둠에겐 다시 한 번 기회를 주거나 재미있는 벌칙을 선택하게 한다. 벌칙은 3장 9번을 참고하자.

② **발 제로게임**: 모두가 발을 모으고 앉아 있다가 진행자가 숫자를 부를 때 앞으로 발을 내민다. 진행자가 부른 숫자와 발을 내민 숫자가 같으면 공격자가 성공이다. 발 제로게임은 의자만으로 모둠끼리 둥그렇게 앉아 있을 경우에 하는 것이 좋다. 발 숫자는 인원수의 2배이므로 4명이면 제로부터 숫자 8까지 부르도록 하면 된다.

③ **목 제로게임**: 진행자가 숫자를 부를 때 고개를 숙이는 방법이다. 부른 숫자만큼 고개를 숙였다면 진행자가 성공이다. 수업 중간에 학생들이 너무 떠들 때 분단별, 줄별로 갑자기 사용하기 좋은 놀이다. 단, 고개를 숙여야 하기 때문에 다른 친구들이 어떤 행동을 취했는지 고개 숙

인 학생들은 알기 어렵다. 고개를 좌, 우, 조심히 뒤로 젖히는 방법으로 해도 된다.

유의점

① 진행자 또는 공격자가 숫자를 불렀을 때 재빠르게 결단을 내려야 한다. 행동할지 말지 우유부단하게 있으면 게임 진행이 어렵다. 조금이라도 움직였다면 액션을 취한 것으로 인정해야 한다.

② 공격에 실패했거나 수비에 실패했다고 특정 학생을 비난하면 안 된다. 나도 실패할 수 있기 때문이다. 누구나 실패할 수 있다는 것을 인정하고 넓은 마음으로 놀이에 임해야 한다. 지나친 경쟁에 매몰될 경우 놀이는 역효과만 가져온다. 모두가 비난받지 않는 편한 마음으로 놀이에 참여하도록 한다.

터치 터치 놀이

코로나 이후 한동안 대면 접촉 놀이가 자취를 감추었다. 인간은 서로 기대고 스킨십을 해야 안정감을 느끼고 행복한 호르몬이 나오는 접촉성 동물이다. 40년 이상 행복지수 세계 1위인 덴마크에서는 접촉 수업을 수시로 한다. 서로 손을 잡고 온기를 나누는 것만으로 공격성을 억제하는 옥시토신 호르몬이 분비되어 교실 내에 화목한 분위기가 자란다.

접촉하고 어루만지는 것은 우울, 불안감, 공격성과 같은 스트레스 유발을 억제하고 안정성과 행복감을 증가시킨다. 게다가 접촉 놀이로 인해 사람들 간의 소통이 잘되고 관계성도 향상된다는 연구 결과가 있다. 초등학생, 중학생, 고등학생들은 대체로 고학년으로 올라갈수록 누군가와 신체 접촉하기를 꺼려한다. 인간끼리 손과 손, 어깨와 어깨 등을 서로 만지는 것은 매우 자연스러운 일인 만큼, 오히려 스킨십을 이상하게 생각하는 사람이 이상한 마음을 가진 사람이다. TV예능 프로그램

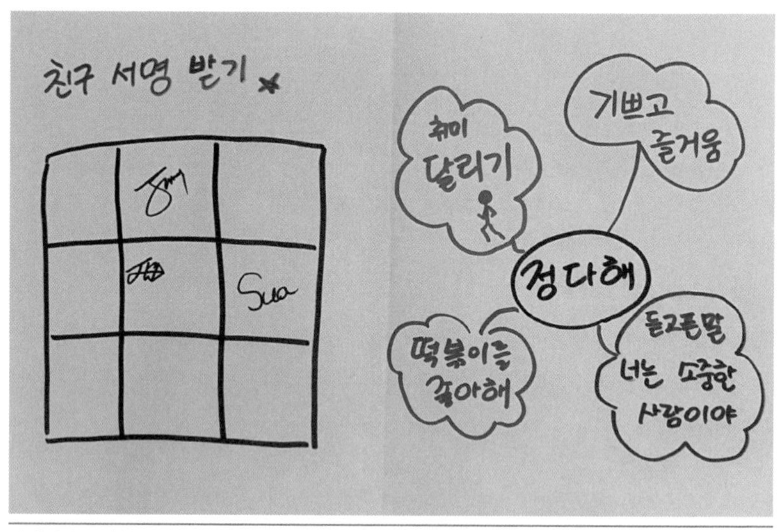

터치 터치 놀이 활동 사례

을 봐도 너무나 자연스럽게 손과 어깨를 잡고 게임을 진행하지 않는가.

스킨십은 어린이부터 노인까지 인간만이 할 수 있는 아름다운 소통 도구임을 인식하게 해주고 모두가 참여할 수 있도록 유도한다. 접촉 프레임을 자연스럽게 규정짓고 편한 마음으로 놀이에 임하게 해야 한다. 그렇다고 접촉 놀이를 강요해서는 안 된다. 거리낌이 있는 사람은 최대한 설득하되 안 하고 싶은 마음을 존중해준다. 대부분의 참여자들도 손을 잡는 활동으로 아주 작은 스킨십부터 단계적으로 해야 거부감이 없다. 예를 들어 짝꿍과 손가락 악수를 한다거나 손바닥으로 하이파이브를 하는 정도로 시작한다. 그 후에 어깨를 토닥여주는 활동과 등에 그림을 그리는 것으로 조금씩 접촉 단계를 확장해야 한다.

접촉 놀이는 학생들끼리 친해질 수밖에 없게 만든다. 접촉으로 인한 신뢰성 형성과 소속감과 안전성, 행복감 증진은 어린이부터 어른까지 모두에게 해당된다. 터치 터치 놀이는 친구들과 악수하고 하이파이브 하며 아이스브레이킹을 하는 방법 중 하나이다.

놀이 방법

① A4용지를 가로로 놓고 반을 접어 왼쪽에 3×3=9칸을 크게 그린다. 인원수에 따라 4×4=16칸을 그려도 좋다. 사진처럼 오른쪽에 마인드맵 형식으로 가운데 이름을 쓰고 자신의 정보를 가지치기 방법으로 쓴다. 예를 들어 나의 기분, 내가 듣고 싶은 말, 좋아하는 음악, 나의 취미, 즐겨먹는 음식 등 나를 소개할 수 있는 정보들을 쓴다.

② 모두 자리에서 일어서 돌아다니며 친구와 만난다. '터치 터치'를 외치며 악수 또는 하이파이브를 한다. 수업의 캐치프레이즈를 외쳐도 좋다.

③ 자신이 쓴 정보를 가지고 간단히 자기소개를 한다.

④ 서로 소개 후 왼쪽 9칸에 친구 서명을 모두 받아오면 성공이다.

⑤ 활동을 마치고 전체적인 소감 나누기로 마무리한다.

놀이 응용

① **어깨 리듬 마사지**: 경쾌한 클래식 음악을 틀고 앞사람 어깨를 음악에 맞춰 부드럽게 주물러준다. 두 손을 합장하듯 모아서 토닥토닥 어깨를 두드려주며 격려해주는 터치를 한다. 리듬에 맞게 빠른 템포에선 빠르게, 느린 부분에서는 부드럽게 마사지를 해준다. 30초 뒤 뒤로 돌

아 앉아서 반대 방향 친구에게 어깨 리듬 마사지를 한다. 어린이도 어른도 누군가의 손길이 닿으면 처음엔 부담스럽기도 하지만 금세 친밀감을 느끼고 마사지 타임에 빠져들게 된다.

수업 상황에 맞는 클래식 음악을 골라 준비해놓고 학생들이 좋아하는 음악을 추천받아 진행해도 좋다. 예를 들어 비발디의 '사계', 조이의 '안녕', 악동뮤지션의 '사람들이 움직이는 게', 트와이스의 'cheer up' 등 음악을 튼다. 아기상어 노래, 곰세마리 등 친숙한 동요는 짧게 끝나서 좋다. 마사지 후 소감 나누기로 서로의 느낌을 공유하며 마무리한다.

노래에 맞춰 어깨 리듬 마사지를 하며 즐거워하는 학생들

② **등 물결 그림 그리기**: 친구와의 접촉은 1분만 해도 효과가 발휘된다. 짝꿍 또는 앞뒤 친구와 등에 물결 그림을 그리며 마사지를 한다. 강한 파도가 치기도 하고 약한 물결이 오기도 한다. 척추를 중심으로 양쪽 뼈 모양에 맞춰 물결을 그리듯 부드럽게 밀어내는 방식이 좋다. 잠

깐의 접촉활동이 신뢰감과 공감 능력까지 높이는 효과가 있다. 엄마표 놀이로도 재미있게 응용할 수 있다. 단, 너무

엄마 등에 물결 그림을 그리며 마사지해주는 모습

간지러워하면 어깨를 톡톡 쳐주는 활동으로 바꾸면 된다.

③ **등 글씨 암호 놀이**: 등에 글씨를 써서 맞히는 놀이다. 글자는 학생들이 어려워해서 자음을 등에 쓰는 것으로 하면 쉽게 맞힐 수 있다. 교사가 암호 자음을 교실

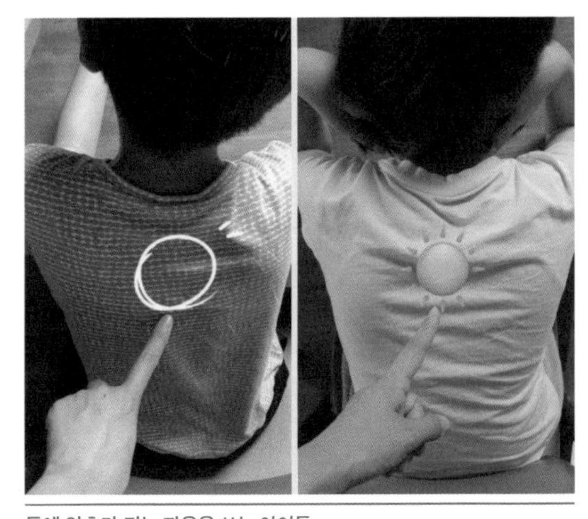
등에 암호가 되는 자음을 쓰는 아이들

줄 개수에 맞게 정한다. 암호 자음을 보고 무슨 단어인지 먼저 추리해서 맞히는 팀이 성공한다. 예를 들어 5줄이 있을 경우 5글자 단어로 자음을 만든다. '인구공동화' 단어로 "ㅇ ㄱ ㄱ ㄷ ㅎ" 자음을 줄마다 한 가지씩 전달하는 것이다. 쪽지에 자음을 각각 쓴 뒤 맨 뒤 학생들에

게 쪽지를 나눠준다. 진행자의 시작 신호에 맞춰 맨 뒤 학생이 쪽지를 열어본다. 앞 친구의 등에 손가락으로 암호가 되는 자음을 적는다. 앞 친구는 자기 앞 친구에게 자음을 전달한다. 맨 앞 친구가 칠판으로 달려가서 우리 줄의 자음을 쓴다. 자음이 모두 완성될 즈음 오늘 배운 개념인 '인구공동화'라는 단어를 먼저 맞히는 팀이 승리한다. 개념의 뜻을 설명하는 팀에게는 추가 점수를 준다.

④ **감정 손그림 놀이**: 자신의 감정을 정확히 알아야 다른 사람의 감정도 공감하고 느낄 수 있다. 다른 사람의 감정에 둔감하면 사회성이 발달하기 어렵다. 자신의 감정을 그림으로 표현해보는 감정 놀이로 사회성도 발달시키고 접촉 놀이 효과도 누려보자. 손그림을 그리는 동안 말은 하지 않아야 하며 손바닥과 직접 접촉하기 불편하다면 손가락을 공중에 살짝 띄워서 놀이를 진행해도 좋다.

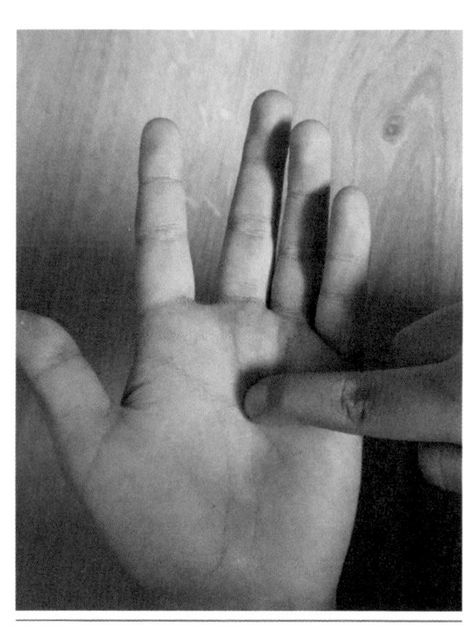

친구 손바닥에 그림을 그리고 있는 아이

줄별로 좌석을 배치하고 줄의 맨 뒷자리 학생부터 준비한다. 맨 뒷자리 학생은 바로 앞 친구 손바닥에 감정을 표현하는 간단한 그림을 그린다. 이모티콘이나 도형을 만들어도 좋다. 앞 친구는 자신의 앞 친구 손바닥에 다시 전달하고 그 친구도 앞으로 전달해서 결국 맨 앞 친구에게 전달한다. 맨 앞자리 친구는 칠판에 크게 그림을 그리고 무슨 감정인지 다 같이 맞힌다. 출제학생의 설명과 소감을 듣는 시간을 가지면 의미가 있다. 자리를 한 칸씩 앞으로 이동해서 똑같은 방식으로 계속 진행할 수 있다.

유의점

① 터치 터치 놀이 전 스킨십의 긍정적인 부분을 알려준다. 인간만의 교감인 스킨십은 친밀감을 느끼게 하고 상대에게 열린 마음을 갖게 되어 편해진다는 점을 인식하게 한다. 놀이에 임하는 마음가짐에 긍정적인 동기를 불어넣어주고 시작한다.

② 등 그림을 그릴 때 손가락으로 세게 찌르기, 간지럼 태우기 등 친구를 불편하게 하는 행동에 대해 규칙을 함께 정하고 시작한다. 과한 스킨십 또는 다른 사람을 불편하게 하는 행동은 삼가야 한다.

③ 놀이 활동은 보상으로 주어지는 것이 아니라 교육 활동의 일부다. 선물처럼 놀이를 해주는 것이 아니라 협동 학습 차원에서 하는 것이므로 보상적인 차원으로 접근하지 않도록 주의한다. 아무런 보상이 없어도 즐겁게 참여할 수 있고 축하 박수 같은 격려만으로도 놀이를 잘할 수 있다.

05

그림 33놀이

어린아이부터 노인까지 누구나 처음 만나면 낯설고 불편하다. 어떤 말과 행동을 해야 할지 모르고 어색한 분위기에 어려움을 겪을 수 있다. 그럴 땐 어색함을 깨고 서로를 연결해줄 좋은 매개체를 활용해보자. 바로 그림과 사진을 활용하는 방법이다. 그림이 있는 카드는 무궁무진하게 활용할 수 있는 만능 도구다. 간단한 도구를 통해 상대 마음이 열리는 경험을 할 수 있다. 인터넷에서 좋은 그림들을 다운받아 출력해서 손코팅지를 붙여서 제작해도 되고 시중에 파는 수많은 그림카드들을 구입해

다양한 사진들이 많은 솔라리움 그림카드

도 좋다. 무료이미지 다운로드 사이트를 적극 활용하자. 실물 그림카드로는 이미지프리즘카드, 솔라리움카드, 상상카드, 곰돌이사물카드, 보드게임 딕싯카드, 보드게임 이야기톡카드 등이 있다.

이야기톡 보드게임 속에 다양한 그림카드가 많음

무료이미지 사이트
https://www.pexels.com, https://pixabay.com/ko, https://unsplash.com, https://burst.shopify.com, https://www.freepik.com

그림카드가 준비되었다면 아이들과 함께 그림으로 놀아보자. 모두가 자신이 끌리는 카드를 선택하게 되고 생각지도 못한 이유들로 창의력과 즐거움이 넘치는 시간이 될 것이다.

놀이 방법

① 모둠별로 그림카드를 쫘악 펼쳐놓고 맘에 드는 그림을 3장씩 고른다.
② 내가 선택한 그림카드를 한 장씩 보여주면서 이 그림을 고른 이유를 말한다.
③ 시계 반대방향으로 돌아가면서 말하고 친구의 이야기를 경청해서 잘 듣는다.
④ 뽑은 카드를 다 뒤집은 후 돌아가면서 한 장씩 뽑아서 누구의 이야기

카드인지 맞히기 놀이를 한다. 친구 이야기에 집중하지 않으면 누구의 카드인지 맞히기가 어렵다.

"이 카드를 뽑은 이유는 뭐야?"

- 시험 때문에 걱정돼서 친구들과 손을 모아서 파이팅하고 싶어.
- 할 일은 참 많은데 시간이 항상 부족해.
- 손잡고 다니는 노부부는 참 편하고 좋아 보여. 나도 친구랑 만나서 놀고 싶어.

파이팅하는 그림, 시계 그림, 노부부 그림

이런 식으로 자신이 고른 그림에 대한 이유를 설명하고 질문도 받는다. '파이팅을 하면 감정이 어떨까, 할 일이 뭐가 많은지, 친구랑 만나서 뭘 하고 싶은지' 등등 자연스러운 이야기 시간이 만들어진다.

놀이 응용

① **과-현-미**: 모두 뒤집은 후 3장을 뽑아 나의 과거, 현재, 미래 모습을

이야기로 만든다. 특히 미래 모습이 원치 않는 그림이 나왔더라도 있는 그대로 인정하고 긍정적으로 해석하도록 유도한다. 만약 학생이 부정적으로만 해석한다면 공감해주고 그 학생에게 더 많은 관심을 가져야 할 것이다. 미래는 우리의 노력으로 바꿀 수 있음을 알려주고 격려해주는 자세로 하면 된다. 오늘이 우리 남은 인생의 첫날이기 때문이다.

예) 과거에 나는 울보였어… 자주 울었거든. 지금의 나는 열심히 씨를 뿌리는 사람처럼 열심히 살고 있어. 미래에는 나침반으로 나의 길을 더 잘 찾아갈 거야!

과-현-미 놀이 예시: 우는 남자 그림, 농부아저씨, 나침반 사진

② **장점 뽑기**: 그림카드를 펼쳐놓고 나의 숨겨진 장점을 그림에서 뽑아보자. 의외로 모르고 지나친 사소한 그림이 나의 장점으로 표현될 수 있다. 장점이 없다고 생각되는 친구라면 앞으로 발현될 나의 장점을 찾아도 된다고 한다. 모둠 친구들 앞에서 나의 장점을 나누며 서로에

게 친근감을 갖는 시간이 된다. 첫 시간이 지나고 어느 정도 친구들과 알게 되었을 땐 친구의 장점을 그림카드로 뽑아서 모둠끼리 짝꿍에 대해 발표해보자. 친구의 장점 뽑아주기는 자신의 장점을 스스로 뽑는 것보다 학생들의 만족도가 훨씬 크다.

③ **그림카드 진로 놀이**: 그림카드를 장소, 역할, 마음으로 분류한 후 미래에 되고 싶은 나의 모습 3장을 각각 뽑는다. 하나는 미래에 내가 있을 장소, 다른 하나는 그 장소에서의 나의 역할에 해당하는 카드 그리고 당시의 나의 마음 카드로 나누어 뽑는다. 그림카드를 펼쳐놓고 보면서 고르는 것이 좋지만 자신의 미래에 대해 막연한 학생은 카드를 뒤집어놓은 상태에서 랜덤으로 뽑아도 된다. 어떤 카드가 나오든 자신의 성공담, 고생담, 세련된 공간에서 멋진 활동을 하고 있는 모습 등으로 상상해서 표현하도록 한다. 서먹한 분위기가 카드라는 매개체로 금세 훈훈해진다.

④ **그림 상황극 놀이**: 순서를 정하고 무작위로 한 장의 카드를 뽑는다. 어떤 그림이 나오든지 그림과 연관된 상황극을 만들어낸다. 다음 사람이 또 다른 카드를 뽑아서 앞사람의 상황극 이야기와 연결된 또 다른 이야기를 만든다. 그 과정에서 무궁무진한 이야기가 새롭고 재미있게 탄생하게 된다. 확산적 사고능력을 키울 수 있고 재미까지 보장된 놀이 활동이다.
사진의 왼쪽 그림카드를 뽑은 학생이 '놀이동산에 가서 불꽃놀이를 보며 친구들과 신나게 놀았다'라고 이야기를 만든다. 그다음 학생이

그림 상황극 놀이 예시: 불꽃놀이 사진, 창문 사진, 코뿔소 사진

두 번째로 그림카드를 한 장 뽑고 '놀이동산의 한쪽 구석 벽에 이상한 창문이 하나 있어서 궁금해서 다가갔다'라고 한다. 그다음 학생이 그림카드를 뽑아서 이야기를 연결한다. '그 창문을 조심히 열고 들여다봤더니 엄청나게 큰 코뿔소가 숨어 있어서 놀랐다. 어떤 아이가 코뿔소랑 놀고 있어서 더 신기했다'라며 이야기를 무궁무진하게 연결해나간다. 다음 그림은 무엇이 나올지 설레고 재미있는 상황극을 창조해내는 시간이 된다. 모둠원이 전부 상황을 자연스럽게 연결지었다면 성공이다.

유의점

① 랜덤으로 뽑을 경우 원치 않은 그림카드가 나올 수 있음을 안내하고 어떤 그림이든 좋은 면과 나쁜 면이 다 있음을 알려준다.

② 그림을 통해 나를 친구들에게 드러내도 되고 그림 뒤에 숨어 있어도 되는 편안한 시간이 되도록 분위기를 유도한다.

③ 학생이 랜덤으로 뽑은 그림카드를 정말 싫어할 경우가 있다. 그럴 경우 융통성을 발휘해서 다시 한 번 뽑을 수 있는 기회를 주는 것도 고려한다.

④ 놀이활동 전 카드를 대하는 방법을 아이들과 함께 나눈다. 카드는 구기거나 접지 않고 소중히 다뤄야 할 대상이며 카드 활동 후 뒷정리까지 모든 것이 교육 활동임을 안내한다.

⑤ 그림카드 내용은 아주 큰 그림의 일부분이라고 여기고 나머지 그림으로 자신의 감정과 상상력을 마음껏 표현하는 시간이 되도록 한다. 세세한 그림들은 내가 만들어가는 것임을 안내한다.

그림카드 - 왜냐 놀이

왜냐 놀이는 "왜냐하면 ~이다"를 줄인 말이다. 무작위로 뽑힌 카드로 나에 대해 이야기를 만들어가는 창의성 함양 놀이다. 자기소개를 막연히 하는 것보다 그림을 매개체로 소개하는 것이 부담이 적다. 처음 만나 어색할 때 그림카드를 뽑아서 나의 이야기를 간단히 들려준다면 서로에 대한 호감도가 올라갈 수 있다. 포스트잇, 허니컴보드, 메모장 등에 작성하고 서로 공유하는 시간을 가지면 된다. 간단한 그림이 매개가 되어 다수와 연결되는 손쉬운 놀이법이다.

놀이 방법

① 분단별, 줄별로 대표 한 명씩 나와서 그림카드를 한 장씩 뽑는다.

② 분단의 학생 모두가 같은 그림 또는 사진 한 장으로 나만의 이야기를 만들어간다. 각자 노트 또는 프린트에 적는다.

“나는 (   )이다. 왜냐하면 (   )이기 때문이다.”

예) - 나는 곰돌이인형이다. 왜냐하면 많은 사람들이 나를 보고 푸근하다고 하기 때문이다.

곰돌이 사물카드에는 다양한 사진들이 있어 수업에 활용하기 좋다.

- 나는 크레파스다. 왜냐하면 여러 가지 색깔이 있듯 나에게는 다양한 모습이 있기 때문이다.

- 나는 콩나물이다. 왜냐하면 콩나물처럼 매일 쑥쑥 자라기 때문이다.

③ 모두 작성한 후 전체 학생 중 랜덤 뽑기 또는 손들기로 발표하는 시간을 가진다. 똑같은 그림카드임에도 학생들마다 색다른 답변, 의외의 답변을 듣는 즐거운 시간이 된다.

놀이 응용

① **술래 그림 찾기**: 모둠별로 술래를 정한다. 술래 포함 모둠원들 모두 랜덤으로 그림카드 6장씩 나누어 갖는다. 술래는 자신이 가진 그림을 보고 핵심 단어 한 가지를 말한다. 예를 들어 ‘숲속에서’라는 핵심 단어를 말하며 관련된 그림을 안 보이게 뒤집어서 내려놓는다. 나머지 모둠원들은 자신의 카드 중 숲속과 조금이라도 관련된 그림을 뒤

집어서 내려놓는다. 술래는 내려진 카드를 모두 뒤섞어서 앞면이 보이게 펼쳐놓는다. 카드 중에서 술래 카드를 먼저 맞히는 사람이 카드를 한 장 갖는다. 아무도 못 맞히면 술래 카드는 술래가 갖는다. 나머지 카드는 정리해서 한쪽에 놓고 카드더미에서 모둠원 전체가 1장씩 추가로 가져간다. 마지막에 자신이 획득한 카드가 많은 사람이 승리자다.

② **그림카드 상담**: 그림카드는 사춘기 아이와도 쉽게 말을 나눌 수 있어서 개인 상담 시 아이스브레이킹 등으로 활용할 수 있다. 지금의 너의 느낌, 좋아하는 그림, 중학생이 되어 느낀 점 등을 그림카드로 뽑아달라고 하고 뽑힌 카드 그림으로 이야기를 나누는 것이다. 예를 들어 슬프고 우울한 빛깔의 그림을 뽑았다면 학생의 내면이 어둡고 말하기 싫을 수 있다. 그냥 상담을 시작하는 것보다 '이 그림을 뽑은 이유를 얘기해줄 수 있니?'라고 물어보며 학생 이야기를 매끄럽게 이끌어내기 좋다. 상담을 마무리할 때도 상담의 느낌이나 학생의 원하는 미래 모습을 그림카드로 뽑아 이야기를 나누며 마무리할 수 있다.

③ **그림 개념 놀이**: '그림카드 왜냐 놀이'를 수업시간에 배운 개념과 연결지어 또 다른 놀이를 할 수 있다. 수업 도입부에 카드를 뽑아서 오늘 배울 내용과 연결지어 말하기를 하거나 수업의 마지막에 오늘 배운 내용을 그림카드로 정리하는 것이다. 진행자가 먼저 예시를 들어주면 나머지는 학생들이 그림과 연관지어 새로운 문장을 말할 수 있도록 유도한다. 예를 들어 '크레파스 그림카드'를 뽑았다면 "정치는 크레파

스다. 다양한 색깔의 사람들이 각자의 의견을 내는 것처럼 정치를 통해 여러 사람들의 이야기를 들을 수 있기 때문이다"라고 배운 개념으로 왜냐 놀이를 할 수 있다.

유의점

① 그림은 매개체일 뿐이므로 그림 자체에 너무 집중하지 않는다. 그림을 통해 학생들의 이야기를 유도해내고 학생 목소리에 집중하는 시간을 갖는다.

② 억지스럽게 그림카드를 활용할 필요는 없다. 물 흐르듯이 자연스럽게 수업과 연결짓거나 그림을 엉뚱하게 해석하며 유머러스하게 넘어가는 지혜도 필요하다.

③ 교사가 그림을 선정하지 않고 학생들이 그림을 선정하도록 하면 자기주도적이고 참여율 높은 수업이 될 수 있다. 어떠한 그림이든 아이의 선택을 존중해주고 해석을 받아들이는 자세를 갖자.

5초 사물 릴레이

누군가를 처음 만났을 때 상대가 좋아하는 애장품이 뭔지 궁금해하고 물어본다면 서로가 쉽게 마음을 열 수 있다. 게다가 애장품을 그림으로 정성껏 그려주기까지 한다면 상대의 특징도 기억하고 상대의 호감도 사는 친근감 넘치는 시간이 될 수 있다. 종이 위에 상대방의 이름과 좋아하는 사물/애장품을 미리 물어보고 써놓는다. 좋아하는 물건이 없다는 학생이 있다면 소중히 여기는 것이 무엇인지 알아본다. 그것도 없다면 지금 주변에 보이는 물건 중에 맘에 드는 것을 하나 적으라고 한다. 모둠별로 5초씩 애장품을 그리고 옆사람에게 넘긴다.

처음에 얼굴 그리기, 초상화 그리기 놀이로 진행했더니 외모에 신경을 많이 쓰는 아이들이라 속상해하는 친구들이 많았다. 그래서 좋아하는 물건 그려주기로 바꾸니 자신이 좋아하는 물건을 친구들에게 알리는 효과도 있고 재미있게 잘 참여하게 되었다. 모둠원들을 한 바퀴 다 돌아서 자신에게 그림이 왔다면 그림에 새로운 이름을 붙여보자. '잘

나가는 피규어', '겉은 뾰족하지만 마음만은 부드러운 샤프' 등으로 형용사를 붙인 이름을 적어보자. 자신의 애장품을 친구들이 그려줘서 더 소중히 여기게 되고 사물함 앞에 붙여놓기도 한다. 단, 장난치지 않고 최대한 정성껏 그리도록 한다. 그림을 받은 친구는 마음에 안 들 경우 '내 마음 거부권'을 행사할 수 있다.

놀이 방법

① A4용지를 가로로 둘로 나눈 종이 맨 위에 자신의 이름을 적고 오른쪽 방향의 옆 친구에게 종이를 넘긴다.
② 상대의 좋아하는 사물/애장품을 물어보고 이름 옆에 크게 쓴다.
③ 3초간 친구를 위한 사물을 어떻게 그릴지 고민하고 5초간 정성껏 그린다. 진행자가 5초 후 "오른쪽으로 종이를 넘기세요!"라고 신호를 주면 오른쪽 학생에게 무조건 종이를 넘기고 왼쪽 학생 종이를 받아서 3초간 생각한 후 사물을 이어서 그린다.
④ 한 바퀴를 돌아 자신에게 그림이 오면 자신의 애장품에 대한 에피소드와 친구들이 그려준 그림에 대한 느낌 나누기를 한다.

놀이 응용

① **5초 인물 릴레이**: 진행자가 괜찮다면 진행자 얼굴 그리기로 인물 릴레이 놀이를 진행하면 좋다. 가장 잘 그린 모둠에 격한 칭찬을 날려주고 격려해준다. 같은 얼굴이지만 수만 가지 그림이 나온다. 친구들 얼굴

로 인물 릴레이를 진행해도 되지만 못 그린 얼굴에 상처받지 않을 경우에만 도전할 수 있다. 그 외에 평소 존경하는 인물, 좋아하는 연예인 등을 쓰고 인물 그리기 릴레이 놀이를 해도 좋다.

② **확장 그림 릴레이**: 빈 종이에서 그림 그리기를 시작할 때 부담이 있을 수 있다. 빈 종이에 시작하기가 불편하다면 간단한 점, 선, 도형을 그려놓은 상태에서 이어서 그리기를 할 수 있다. 모둠 대표 학생이 도형 한 가지를 그리거나 미리 점, 선, 도형 등을 그려놓은 출력물로 활동을 시작한다. 큰 주제를 주고 모둠별로 이미 그려진 것에 5초씩 그림을 추가해서 그리도록 한다. 모둠원 모두가 그렸다면 무엇을 그린 것인지, 무슨 의미인지 나누는 시간을 갖는다. 작은 것에서 확장되어 그림이 그려지기 때문에 새로운 그림이 탄생하는 재미도 있고 창의력이 향상되는 시간이 된다.

유의점

① 그림 실력에 상관없이 정성을 다하도록 유도한다. 친구가 좋아하는 사물을 정성껏 그려서 선물처럼 줘야 한다.
② 5초가 짧다면 7초로 늘려서 한다. 또는 모둠원을 한 바퀴만 도는 게 짧다면 한 바퀴를 더 돌아도 좋다.
③ 3초 정도씩 어떻게 그릴지 생각하는 시간을 반드시 주자. 친구의 애장품에 대해 생각할 시간을 주는 것과 그냥 막 그리는 것에는 차이가 있다. 초시계 또는 손가락으로 하나 둘 셋을 다 같이 세고 그린다.

④ 짧은 시간에 그리는 것이므로 작품의 높은 퀄리티를 기대하지 않도록 미리 언급한다. 친구가 무엇을 좋아하는지 알아가는 것에 초점을 둔 활동임을 안내한다.

특징 빙고 게임

처음 학생들과 만난 날은 교사뿐만 아니라 학생들끼리도 낯선 상태다. 사실 교실 수업에서는 다른 어떤 것보다 학생들 간의 친목과 화합이 우선이다. 학급에 소속감과 안정감을 느껴야 선생님에게도 집중하고 배움도 활발히 일어날 수 있기 때문이다. 학생들끼리 소통할 수 있도록 안정적인 분위기를 만들기 위해 초간단 게임인 특징 빙고를 해보자. 자신만의 특징을 알려주고 친구의 특징을 기록하면서 친밀감과 소속감을 느낄 수 있는 따뜻한 시간이 된다.

놀이 방법

① A4용지에 가로, 세로 4칸씩을 만들어 총 16칸을 크게 그린다. 자신의 특징을 한 가지 정한다.

② 교실을 돌아다니며 만나는 친구에게 인사한 후 친구 이름과 특징을

한 가지씩 받아 적는다.

예) 핑크빛깔 정다해, 곰돌 필통 성찬, 스콘 매니아 수아, 크림떡볶이 채은 등.

③ 16명을 다 만나서 16칸을 채우면 자기 자리로 돌아온다.

④ 교사는 출석부를 보며 이름을 부른다. 이름이 불린 학생을 빙고 칸에 쓴 사람은 '저요'를 외친다. 친구 특징을 큰소리로 말해주고 동그라미를 한다. 가로 또는 세로 또는 대각선으로 나란히 동그라미가 생기면 '빙고!'를 외친다.

놀이 응용

① **별칭 빙고**: 이름 대신 별칭으로만 빙고 게임을 진행한다. 자신만의 별칭을 만들어서 친구들에게 소개한다. 16칸 빙고판을 만들어 교실을 돌아다니며 친구를 만난다. 별칭을 지은 이유와 사연 등을 얘기하고 16칸 빙고판에 친구 별칭을 쓴다. 예를 들어 '슈퍼울트라 악력', '또박또박 예쁜글씨폰트', '20시간 수면대마왕', '최강달리기 대표선수' 등 친구의 별칭을 빙고판에 쓴다. 진행자가 랜덤으로 발표할 학생을 뽑아 별칭이 불리는 사람이 이어서 발표한다. 가로 또는 세로 또는 대각선으로 체크가 되면 '빙고!'를 외친다.

② **장점 빙고**: A4종이를 반으로 접는다. 나의 장점을 왼쪽에 10가지 쓰고, 오른쪽에 16칸 빙고판을 만들어서 친구들을 만난다. 친구에게 장점 몇 가지를 서로 알려주고 그중 맘에 드는 친구의 장점 한 가지와 친구 이름을 빙고 칸에 받아 적는다. 단, 똑같은 장점은 중복해서 쓰지

않는다. 진행자가 장점을 하나씩 부를 때 빙고 칸에 동그라미를 하고 같은 방법으로 진행한다.

③ **존경 인물 빙고**: 자신이 존경하고 닮고 싶은 사람을 한 명씩 떠올린다. 그 이유도 생각한다. 16칸의 빙고판을 만들어서 교실을 돌아다니며 친구들이 존경하는 인물이나 닮고 싶은 사람을 빙고 칸에 친구 이름과 함께 받아 적는다. 예를 들어 피아니스트 조성진, 제일 빠른 우사인 볼트, 요리를 잘하는 아빠, 똑똑한 친구 000 등을 적고 빙고 게임을 진행한다. 내가 쓴 존경 인물이 나왔을 때 빙고를 외치며 존경의 이유와 함께 발표하도록 한다. 존경의 이유를 발표한 사람이 다음 발표자가 된다. 만약 겹치는 인물이 전혀 없을 경우엔 기존 발표학생이 한 명 더 발표하거나 진행자가 랜덤 뽑기로 다음 학생을 결정한다.

유의점

① 장난이나 놀림으로 가지 않도록 인성 교육 후 실시한다.
② 친구에 대해 관심을 가지고 소통할 수 있는 소중한 시간임을 안내한다.
③ 자신의 특징과 별칭을 정할 때는 장점이나 앞으로 긍정적으로 변화할 내용을 담으라고 안내한다. 자기 비하나 욕설이 들어간 것을 적지 않도록 한다. 말로 하고 글로 쓴 것은 에너지가 있어서 실제로 이루어질 확률이 높다. 말하는 대로 글로 쓴 대로 인생 방향이 바뀌게 되므로 긍정적인 내용을 담아야 함을 안내한다.

5초 컷 협동그림

개인 활동을 주로 하는 사람들은 자기만의 생각과 나만의 공간 위주로 세상을 판단하기 마련이다. 반면 여러 사람이 함께하는 단체 활동에서는 넓은 세계를 접하는 신기한 경험을 할 수 있다. 코로나로 인해 비대면과 개인별로 하는 활동이 더욱 많아졌다. 단체 그림 또는 단체 협력 놀이 등으로 함께하는 즐거움과 학급 일원으로서 협동심과 소속감을 느끼도록 해보자.

첫 만남 활동에서 재미와 의미를 추구하려면 교사 혼자 하는 것이 아닌 학생들 모두의 참여가 필요하다. 5초 컷 협동그림은 모두가 칠판에 순서대로 나와서 하나의 큰 그림을 완성하는 릴레이 활동이다. 예를 들어 '사회수업이란?, 우리 담임선생님, ○○중학교의 첫인상, 3학년 7반, 신나는 우리 학교, 급식시간' 등의 주제로 단체 협동화를 그릴 수 있다. 첫 시간이 아니라면 오늘 배운 수업 내용을 주제로 5초 컷 협동그림 그리기를 하면 좋다. 학생들은 나름의 생각을 가지고 칠판에 그림을 그려나간다. 생각보다 5초라는 시간이 길면서도 짧은 시간이어서 순식간에 그려야 한다.

시간제한으로 인해 모두가 긴박하고 스릴 있게 그림을 그려나간다. 규칙은 다른 친구의 그림을 지우지 않고 숫자 또는 글자는 쓰지 않는 것이다. 완성된 그림을 보고 느낀 점 나누기를 하면 의미 있는 시간이 된다.

놀이 방법

5초 컷 협동그림을 그리는 학생들

① 그림 그릴 주제를 정해서 칠판 맨 위에 적는다.

② 협동그림을 그릴 순서를 정한다. 앉은 자리 또는 번호순으로 정한다.

③ 첫 번째 학생이 5초 동안 칠판에 말하지 않고 그림을 그린다. 나머지 학생들은 다함께 숫자를 세어주며 5초를 잰다. '하나, 둘, 셋, 넷, 다섯!', 타이머로 진행자가 시간을 안내해줘도 좋다.

④ 이어서 그다음 학생이 나와서 그림을 그리는 방식으로 마지막 학생까지 5초를 세어준다.

⑤ 그림이 완성되면 그림 그린 순서의 역순으로 무엇을 그린 것인지 나누며 느낀 점 또는 소감을 발표한다.

놀이 응용

① **5초 낙서타임**: 주제를 정하지 않고 5초씩 낙서타임을 갖고 협동그림을 그린다. 상상력과 창의성이 증폭되면서 친근감이 쌓이는 즐거운 활동이 될 것이다. 만약 5초가 부족하면 7초로 늘려서 한다. 제한시간을 두지 않으면 마냥 길어지기 때문에 아이들과 상의해서 시간을 정한 후 활동을 한다. 주제를 정하지 않는 낙서타임은 무언가에 얽매이지 않아 아이들에게 자유로움을 안겨주는 힐링 시간이 된다.

② **이야기 타임**: 칠판에 5초 컷 협동그림을 그린 후 그림 속 내용이 3가지 이상 들어가도록 스토리 만들기를 한다. 모둠별로 발표한 후 전체 발표로 스토리를 공유한다. 스토리를 만들 시간이 부족하다면 발표자를 지원받아서 즉흥 이야기 만들기로 마무리해도 된다.

유의점

① 미리 자신이 어떻게 그릴지 정해서 자기 차례에 당황하지 않도록 한다. 5초씩이라서 금방 자기 순서가 돌아온다.

② 그리기 싫은 학생은 패스를 외치거나 대신 그려줄 흑기사 또는 흑장미를 1회 외칠 수 있다.

③ 그림 실력을 판단하지 않기로 약속하고 어떠한 그림을 그리든지 허용하는 분위기로 유도한다. 단, 앞 친구가 그린 그림을 존중해야 하고 지울 수 없다.

④ 그림을 보는 사람 입장에서 생각하고 정성껏 그리도록 유도한다.

어둠속 협동그림

눈을 가리고 어둠 속에서 친구들의 설명만으로 무언가를 그리는 일은 쉽지 않다. 답답하기도 하고 내 맘대로 잘 안 되기도 해서 만족스럽지 못하다. 하지만 눈을 떴을 때의 즐거움은 매우 크다. 본인도 상상하지 못한 그림이 나오기 때문이다. 모두가 눈을 감은 상황에서 그림을 그리기 어렵다는 것을 인정하고 즐거운 마음으로 놀이에 참여해보자. 놀라운 일들이 나타날 것이다.

놀이 방법

① 한 모둠에 5~6명 정도로 팀을 구성하고 4~5개의 모둠으로 나눈다.

② 모둠 숫자만큼 칠판을 나누어서 그릴 공간을 만들어놓는다. 교탁이 방해된다면 옆으로 치우고, 교실 맨 뒤 게시판 쪽에 큰 종이(포스트잇 이젤패드)를 활용해도 좋다.

③ 같은 모둠원끼리 그릴 부분을 정한다. 첫 번째 학생은 얼굴, 두 번째 학생은 눈, 세 번째 학생은 코 등으로 정한다.(얼굴/눈/코/입/왼쪽 눈썹/오른쪽 눈썹/왼쪽 귀/오른쪽 귀/볼터치…)

④ 출발신호에 맞춰 안대를 쓴 학생부터 칠판으로 다가간다. 나머지 학생들은 말로 방향을 알려준다. 왼쪽, 오른쪽, 위로, 아래로, 앞으로, 뒤로를 외친다.

⑤ 그린 후 돌아오면 그다음 학생이 같은 방법으로 안대를 쓰고 그림을 그리고 돌아온다.

⑥ 빠르고 정확히 그린 모둠이 승리 팀이다.

놀이 응용

① **눈감고 개념 그리기**: 수업시간에 배운 개념 중 그릴 수 있는 개념 몇 가지를 정한다. 예를 들어 우리나라 지도, 몽골의 게르, 건조기후의 흙벽돌집, 열대기후의 고상가옥, 신기습곡산지, 주상절리 등을 정한다. 각 모둠별로 그릴 순서를 정하고 첫 번째 학생부터 칠판 앞으로 나와서 안대를 쓰고 우리나라 지도 그리기에 도전한다. 안대를 벗고 친구들과 그림 결과를 확인하면서 모두들 웃음바다가 된다.

② **등대고 경청 그림 그리기**: 진행자가 제시하는 단어를 말로만 설명해서 그리는 것이다. 친구의 말을 경청하지 않을 수 없는 놀이다. 안대를 쓰지 않고 모둠원끼리 등을 대고 앉아 서로의 그림이 안 보이게 한다. 모둠별로 그림 그릴 순서(모둠원 A학생→B학생→C학생…)를 정한다. 먼저

그릴 A학생들에게 그려야 할 단어를 보여준다. 예를 들어 진행자는 '식판'이 쓰인 종이를 A학생들에게 보여준다. 시작 신호에 따라 A학생은 나머지 모둠원들에게 등대고 설명하면서 함께 그린다. 나머지 모둠원들은 뒤로 돌아 앉은 채로 질문하지 않고 설명만으로 그림을 그린다. 다 그린 후 뒤를 돌아서 그림을 확인한다. A학생과 그다음으로 그릴 B학생의 역할을 바꿔서 다른 단어를 그린다. 상대와 얼마나 일치하는지 여부를 보고 우정 테스트 및 경청 놀이로 활용할 수 있다.

등을 대고 경청 색종이 접기를 하는 학생들

③ **경청 색종이 접기**: 등대고 경청 그림 그리기처럼 짝꿍과 등을 대고 앉는다. 짝이 없는 친구는 3명이 등을 대고 앉으면 된다. 설명할 친구(공격)와 경청할 친구(수비)를 정한다. 설명할 친구는 진행자가 제시하는 단어를 듣고 종이 접을 준비를 한다. 예를 들어 주제어가 '비행기'라면 자신만의 비행기를 접으면서 등을 대고 짝꿍에게 접는 방법을 설명한

다. 경청하는 친구는 절대 뒤돌아서 쳐다보지 않고 설명을 듣는 것으로 종이를 접는다. 다 접은 후 얼마나 짝꿍과 비슷한지 비교해본다. 반대로 설명할 친구와 경청할 친구를 바꿔서 다른 주제어 '집 만들기'로 자신만의 집 모양을 색종이로 접는다. 경청할 친구는 친구 설명을 잘 듣고 따라 접는다. 활동 후 경청에 대한 자신만의 견해를 발표하고 느낌을 나누는 시간을 가진다. 의외로 친구의 설명만을 경청하는 것이 얼마나 어려운 일인지 체험하고 느끼는 유익한 시간이 된다.

유의점

① 안대를 쓴 학생이 다른 모둠의 공간으로 갔다면 출발선으로 데려와서 다시 시작한다.

② 안대를 쓴 상황이기 때문에 친구의 그림을 평가하지 않고 있는 그대로 받아들인다.

③ 승부보다 놀이 자체를 즐기도록 유도한다.

④ 눈을 가린 상황에서 위험한 물건을 치우고 다치지 않도록 각별히 조심한다.

⑤ 경청 그림 그리기와 경청 색종이 접기를 할 때 친구에게 최대한 자세히 설명해야 한다. 친구의 말만 귀로 듣고 그림을 그리고 색종이를 접는 일이 매우 어렵기 때문이다.

첫 만남 만들기 활동

나만의 표지 만들기

학생들과의 첫 만남 시간에는 어색한 분위기와 함께 시선을 어디에 둬야 할지, 뭘 해야 할지 고민되는 경우가 있다. 첫 시간을 미리 준비하지 않으면 불안함은 더욱 커진다. 진행자도 즉흥 놀이가 낯설고 학생들 분위기도 놀이하기엔 힘들 것 같다는 판단이 든다면 나만의 커버 만들기를 준비하고 도전해보자. 만든 표지는 교과서 안쪽 또는 학습지 파일 등 적절한 곳에 표지처럼 활용하면 된다.

처음 만남에서 첫 시작 페이지를 의미하는 나만의 커버 제작은 학생들에 대해서 많이 알게 되고, 학생들끼리도 서로에게 의미 있는 존재로 각인되는 유익한 시간이 될 것이다. 만들어진 결과물은 한 학기 또는 일 년 내내 보관하며 기억할 수 있는 자료로 유용하게 쓰인다. 수업보다 사람과의 관계 설정이 먼저이니 만들기 활동으로 관계의 돈독함을 다져보자.

기본 준비

먼저 A4용지를 절반으로 자른다. 스케치북 크기나 A4용지 전체를 사용한다면 학생들은 종이 크기만 봐도 부담스러워할 것이다. 활동 부담을 절반으로 낮추기 위해 반으로 자른 용지를 사용하는 것이 좋다. A4 전지 라벨지를 구입해서 작두(제단기)로 절반을 잘라서 활용하면 편리하다. 커버 제작 활동 후 바로 스티커처럼 떼어서 원하는 곳에 붙일 수 있기 때문이다.

제작 방법

① 가운데에 크게 학번과 이름을 쓴다.

② 네 군데 모서리를 이용하여 나만의 이야기를 시계방향으로 작성한다. 예를 들어 사물로 나를 표현하기/불리고 싶은 별칭, 애칭/나를 표현하는 3가지/나의 소소한 취미/나의 선행, 미담/앞으로의 각오 등을 쓰고 관련 그림 또는

간단한 이모티콘을 그린다.

③ 완성된 나만의 표지를 프린트 파일 겉표지 또는 교과서 속지 첫 장에 붙인다.

놀이 응용

① **표지 갤러리 놀이**: 작성한 나만의 표지를 창가 또는 칠판에 갤러리처럼 전시하고 친구들에게 공감 스티커를 붙이도록 한다. 스티커를 하나도 못 받아 소외되는 친구가 없도록 자신의 앞뒤 번호 친구들에게는 의무적으로 하나씩 붙이고 시작하게 한다. 진행자도 함께 스티커를 붙여주면 좋다.

② **표지 퀴즈 놀이**: 교사가 나만의 표지를 모두 걷은 후 랜덤으로 한 장씩 뽑는다. 학생들이 적은 특징을 힌트로 알려주고 누구인지 맞히는 퀴즈 놀이를 한다. 힌트를 듣고 친구를 맞혀가는 과정에서 어색함은 사라지고 훈훈한 분위기로 바뀌게 된다. 빠른 시간 안에 친구에 대해서 파악하고 교사도 학생들에 대해 알게 되는 첫 시간 놀이로 매우 적합하다.

유의점

① 자신의 표지가 중요한 만큼 친구들의 표지 내용도 중요하니 놀리거나 평가하지 않고 그 자체로 인정해주는 자세를 갖는다.

② 표지 퀴즈 놀이에서 뽑힌 학생은 표시를 살짝 해둔다. 다음 수업에서는 뽑힌 학생을 제외한 새로운 학생을 뽑도록 한다. 모든 학생들이 자신이 뽑히기를 매시간 기다리기 때문이다.

③ 욕설, 자기비하, 절망적인 내용을 쓴 학생이 있다면 비공개로 하고 교실에서는 공개적으로 혼내지 않는다. 따로 교무실로 불러서 학생의 이야기를 들어주고 선생님 입장에서 어려운 점도 전달한다. 학생은 힘들고 어려운 부분을 교사에게 드러낸 것이므로 도움을 요청하는 신호일 수 있다. 담임교사와 협력하여 수업시간에 각별히 살펴봐야 할 학생으로 인지한다.

미니카드 퀴즈

첫 만남 시간에 가장 많이 사용하는 방법이다. 학생에 대해 알 수 있는 여러 정보를 묻는, 나를 소개하기 파일을 만든다. 나의 소소한 취미, 나의 별칭, 특이한 버릇, 나의 관심사, 좋아하는 먹거리, 미래 배우자의 모습, 들으면 기분 좋은 말 등 재미있는 주제를 제시해서 작성하도록 한다. 한 칸 정도는 스스로 자신에 대해 자유주제로 쓸 수 있도록 하면 더욱 좋다. 교실 입실 전에 미리 출력한 후 일정한 크기로 자르고 집게를 준비한다. 문구점에서 파는 단어장을 사서 미니카드를 제작하는 레트로 방식도 깔끔하게 사용하기 좋다. 자기소개를 싫어하는 아이들에게 쉽게 자신을 표현할 수 있는 첫 시간 활동이다.

활동지 및 이 책에서 언급되는 모든 자료는 저의 블로그(긍정비타)에서 다운받으세요.
긍정비타: https://blog.naver.com/jungmal97/222655669984

놀이 방법

① '나를 소개합니다' 미니카드를 출력해서 자른 후 들어갈 학급별로 표지와 집게를 준비한다.

② 학생들에게 나눠주고 미니카드를 작성하게 한다. 진행자는 모둠별, 줄별로 팀 점수판을 만든다.

③ 학생들이 작성한 미니카드를 수합한 후 마구 섞는다.

④ 그 중 한 장을 뽑아 누군지 알 수 있는 단서들을 하나씩 공개한다.
한 가지 공개했을 때 누군지 정답을 맞히면 5점, 2가지 공개했을 때 맞히면 4점, 3가지 공개했을 때 맞히면 3점, 4가지 공개했을 때 맞히면 2점, 5가지 공개했을 때 맞히면 1점.

⑤ 가장 많이 맞히고 점수가 높은 모둠이 승리한다.

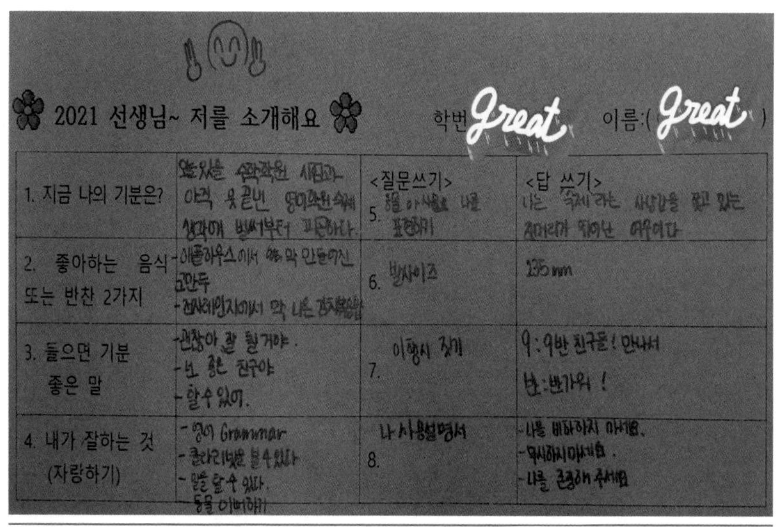

2021 선생님~ 저를 소개해요 학번 great 이름:(great)

1. 지금 나의 기분은?	오늘 있을 수학학원 시험과 아직 못 끝낸 영어학원 숙제 생각에 벌써부터 피곤하다.	<질문쓰기> 5. [illegible] 나를 표현하기	<답 쓰기> 나는 숙제라는 사냥감을 쫓고 있는 [illegible] 여우이다
2. 좋아하는 음식 또는 반찬 2가지	- 애슐리하우스에서 [illegible] 막 만들어진 군만두 - 전자레인지에서 막 나온 김치볶음밥	6. 발사이즈	235mm
3. 들으면 기분 좋은 말	- 괜찮아 잘 될거야. - 넌 좋은 친구야 - 할 수 있어.	7. 이행시 짓기	9 : 9반 친구들! 만나서 반 : 반가워!
4. 내가 잘하는 것 (자랑하기)	- 영어 Grammar - 클라리넷을 불 수 있다 - 말을 할 수 있다. - 동물 이뻐하기	8. 나 사용설명서	- 나를 비하하지 마세요. - 무시하지 마세요. - 나를 존중해 주세요

첫 시간에 미니카드 퀴즈를 작성한 학생 사례

놀이 응용

① **랜덤 뽑기 활용**: 오늘의 발표자를 무작위로 뽑아야 할 상황일 때 미니카드를 섞어놓고 랜덤으로 뽑는다. 누가 뽑혔는지 단서를 주고 표지 퀴즈 놀이처럼 짧은 퀴즈를 낼 수 있다. 학급별로 집게로 묶어놓은 뒤 매시간 랜덤 뽑기 카드로 활용하면 좋다.

② **모둠 순서 선정**: 모둠별로 순서를 정할 때 미니카드에서 한 장을 뽑아서 그 사람이 속한 모둠부터 첫 번째 순서로 정한다. 그 뒤로 미니카드를 더 뽑아서 뽑힌 사람이 속한 모둠 순서로 정해나가면 된다. 이미 뽑힌 모둠의 학생이 나온다면 다시 뽑으면 된다. 쉽고 간단하게 모둠 순서를 정할 수 있다.

③ **벌칙 면제권**: 만약 학생이 벌칙을 받아야 할 상황이 온다면 미니카드 랜덤 뽑기 기회를 준다. 만약 벌칙 대상 학생이 나오면 1회 면제해준다. 다른 학생이 나오면 언젠가 받을 벌칙을 1회 면제해주기로 약속한다. 그 외에도 흑장미 또는 흑기사를 해줄 사람을 뽑거나 짝수 번호가 나오면 면제해주는 방식도 활용할 수 있다.

④ **친구 선물 증정권**: 랜덤 뽑기에서 뽑힌 친구들 중 나의 혜택을 친구에게 1회 선물해줄 기회를 준다. 본인이 뽑힌 기쁨을 누리고 그 혜택을 친구에게 준다면 이중으로 보람 있는 시간이 될 것이다. 예를 들어 벌칙 면제권을 받았다면 벌칙을 받는 친구한테 혜택을 선물할 수 있다.

⑤ **행운의 주인공**: 무작위로 뽑아서 오늘 행운의 주인공으로 만들어준다. 미니카드에서 랜덤으로 한 장을 뽑아서 오늘 행운의 주인공으로 축하해준다. 별거 아닌 이벤트지만 뽑힌 학생은 하루 종일 행운의 주인공으로 지내는 영광을 누린다. 작은 기쁨으로 하루를 보낼 누군가가 탄생하는 것이다. 행운의 주인공에겐 급식을 1등으로 먹을 수 있는 기회를 선물로 주거나 작은 간식 선물을 주는 것도 좋다.

유의점

① 미리 인쇄된 용지에 바로 답을 써야 하는 구조이므로 제한된 시간에다 써야 하는 부담이 있을 수 있다. 하나씩 짚어주며 예시를 들어주고 천천히 작성하도록 한다.

② 모두 작성한 친구는 질문에 해당하는 내용을 추가로 더 쓰도록 하거나 꾸미라고 하거나 잠시 쉬도록 한다. 답변을 작성하기 어려운 친구는 작성할 수 있는 것 위주로 풍성히 쓰도록 독려한다.

③ 누군지 맞히는 퀴즈 활동을 할 때 본인이 작성한 것이 나오면 당황하며 티를 내는 경우가 많다. 자신이 아닌 척 포커페이스를 유지하여 학생들이 누군지 맞히는 재미와 반전을 느끼도록 사전에 안내한다.

진짜를 찾아라

처음 자신을 소개하는 자리에서 가장 많이 쓰는 방법이다. 가짜 내용들 속에서 진짜 내용 한 가지를 정한다. 또는 진실 속에서 거짓을 찾는 방법도 있다. 총 3~4가지 가짜 내용을 만들고 그중 진짜 내용을 찾는 게임을 진행해보자. 주변 사람들에게 공개해도 되는 나만의 이야기 한 가지를 넣어서 공유하는 시간을 갖는다. 너무 여러 가지 정보를 전하는 것보다 그 사람에 대한 한 가지 소소한 내용을 아는 것만으로도 호감과 관심을 갖게 된다. 교사가 먼저 시범을 보이면 학생들도 잘 따라한다.

놀이 방법

① 포스트잇 또는 이면지를 잘라 작은 종이를 한 장씩 나눠준다.
② 모든 참여자는 맨 위에 이름을 쓰고 나에 대한 가짜 내용 3가지와 나

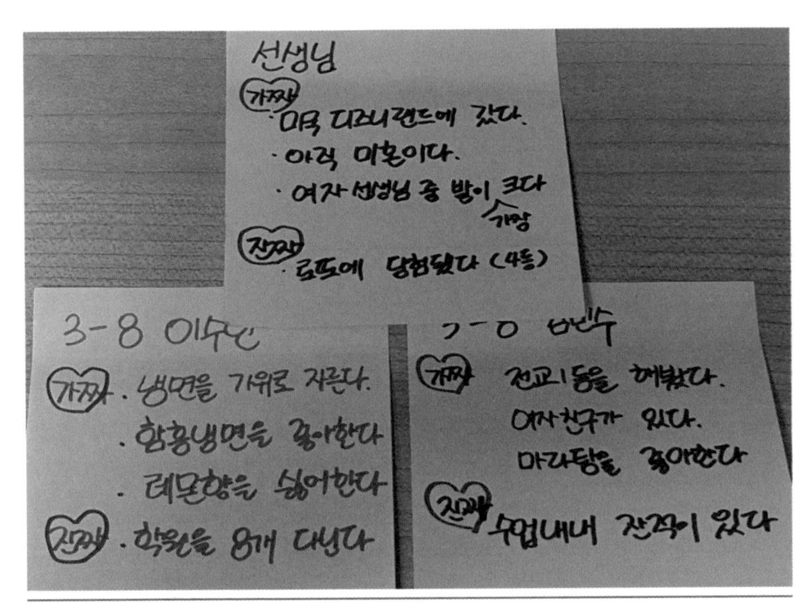

'진짜를 찾아라' 활동 사례

에 대한 진짜 내용 한 가지를 쓴다.

③ 발표자 뽑기를 통해 발표 학생을 정하고 진짜를 맞히도록 한다. 진짜를 맞힌 학생들에게는 집중해서 참여해준 것에 대해 격한 칭찬을 아끼지 않는다.

④ '진짜를 찾아라' 종이를 잘 모아두고 학기 말에 똑같이 문제를 출제한다. 추억이 새록새록 떠오르며 즐거운 시간이 된다.

예) 다음 중 어느 것이 진짜일까요?

미국 디즈니랜드에 가봤다./아직 미혼이다./ 로또에 당첨됐다./여자 선생님들 중 발이 제일 크다.

⇒ 정답은 "로또에 당첨됐다"이다. 뉴질랜드에 가서 우연히 강아지 똥을 밟고 한국으로 귀국하자마자 로또를 샀는데 4등에 당첨됐다. 미국 디즈니랜드는

못 가봤고, 기혼이며, 나보다 발도 크고 키 180센티가 넘는 여자 선생님이 계시다. 이런 교사의 이야기를 해주며 학생들에게 '진짜를 찾아라'를 만들도록 유도해준다.

놀이 응용

① **그림 진찾**: 그림 또는 사진, 영상을 활용해서 선택하게 하면 이미지로 각인되어 기억을 더 잘하게 된다. 가짜 3개, 진짜 1개의 사진이나 짧은 영상을 고른 후 진짜를 맞히는 놀이로 인상 깊은 첫 수업을 만들어보자. 문자로 된 문제를 이미지나 움직이는 짧은 영상으로 바꾸면 더 집중해서 푸는 모습을 보게 된다. 요즘 태어난 알파세대들은 문자보다 이미지와 짧은 영상을 활용한 퀴즈에 열광한다.

② **1일 1명 진찾**: 진찾 활동 종이를 모아서 하루에 1명씩 소개하는 시간을 갖는다. 한꺼번에 다 하지 말고 매일 수업이 시작될 때마다 1명씩 맞히기 게임을 한다. 어느새 수업시간을 기다리고 설레게 된다. 학생들이 수업을 기대하며 기다린다면 수업의 절반은 이미 성공한 것이다.

③ **Secret box**: 진행자가 '진짜를 찾아라' 문제를 내고 그중 진실이 적힌 쪽지를 미리 Secret box(티슈 상자 또는 쇼핑백)에 넣어둔다. 진행자가 정답을 발표할 때 학생들에게 효과음을 넣게 한다. '두구두구~~~' 등 효과음 속에 Secret box에서 뽑아서 발표한다. 예능 프로그램을 보는 듯한 흥미진진한 수업이 될 것이다.

④ **상자 속 무엇?**: 상자에 손을 넣은 후 촉감으로만 무슨 물건인지 맞히는 놀이다. 상자 안에 진짜 무엇이 있는지 결과를 알기 전까지 난리가 난다. 손만 넣어서 만져보게 하고 진짜 무엇이 들어 있는지 상상으로 맞히게 한다. 쇼핑백 앞쪽을 사진처럼 잘라서 투명 L자 파일을 붙인다. 투명한 부분으로 관객들은 무슨 물건인지 볼 수 있다. 수업 내용과 관련 있는 것을 넣어주면 수업으로 연결지어 진행할 수 있어서 더욱 좋다. 예를 들어 처음엔 털뭉치, 가짜 벌레 모형 등을 넣어 놀이를 하고, 마지막 물건으로 중국 진시황제에 대해 배워야 할 때 병마용갱의 미니 모형을 넣어준다. 다음 3장 9번에 나올 사춘기를 위한 벌칙 아이디어로 사용해도 좋다.

상자 속에 무엇이 있는지 손의 감각으로만 맞히는 아이

유의점

① '진짜를 찾아라' 쪽지에 '나는 남자다' 같은 뻔한 이야기를 쓰지 않도록 하고 다른 사람이 잘 모를 것 같은 새로운 내용을 쓰도록 유도한다.
② 여러 친구들 앞에서 공개해도 될 내용임을 미리 안내한다.

③ 남을 괴롭히거나 때린 일, 성적 수치심을 느낄 내용, 양심에 어긋나는 행동 등은 문제가 될 수 있다.

④ '상자 속 무엇?' 놀이에서는 손으로 만졌을 때 혐오감이 드는 물건은 넣지 않는다. 학용품, 인형, 입체모형, 사연이 있는 애장품 또는 수업과 관련된 물건을 넣는 것이 좋다.

나만의 명패 만들기

나만의 명패 만들기 활동 사례

교사가 학생들을 처음 만나면 가장 당황스러운 부분이 학생들의 이름을 기억해야 하는 것이다. 힘들지만 지속적이고 안정적인 상호작용을 위해 상대의 이름은 반드시 외워야 한다. 이름을 기억해주는 것만으로도 상대는 친근감을 느끼고 마음이 통할 수 있다. 삼각명패를 만들어 최소 1~2주 이상 책상 위에 붙여놓고 있으면 진행자는 학생들 이름과 특징을 기억하기 좋다. 학생도 자신이 만든 명패를 책상 위에 놓으면 마치 사장님이 된 것 같은 느낌과 함께 자신의 이름에 책임의식도 갖게 된다. 초등학교에서 많이 하는 활동이지만 중고등학교와 성인들을 위한 수업에서도 자신의 이름과 자신만의 공간을 표현하는 활동은 첫 시작 활동으로 강력히 추천할 만하다.

제작 방법

① A4용지를 세로로 놓고 반을 접고 반을 한 번 더 접는다.

② 위에서 2번째 칸에 이름을 크게 쓴다.(매직 또는 두꺼운 펜)

③ 이름 주변에 내가 좋아하는 행동(덕질), 자주 듣고 싶은 말, 나의 특징, 내가 좋아하는 형용사, 나의 소소한 취미, 20년 뒤의 멋진 나의 모습 등을 쓴다.

④ 삼각형 모양으로 접은 뒤 책상 위에 비닐테이프로 안쪽에서 바깥 방향으로 붙여주면 끝이다.

관련 영상 https://blog.naver.com/jungmal97/222655669984

놀이 응용

① **자리 바꾸기 활용**: 삼각 명패를 남녀 따로 모아서 걷는다. 남녀 2줄로 복도에 세운다. 대표학생들이 가위바위보로 순서를 정한다. 남학생이 먼저 뽑혔다면 한 명씩 교실로 들어오게 해서 여학생 명패를 뒤집어서 한 개씩 준다. 적당한 자리 위에 뒤집어서 놔주고 복도로 나간다.

남학생이 모두 끝나면 여학생들에게 남학생 명패를 주고 똑같은 방식으로 자리를 정하도록 한다. 모두 교실에 들어와서 명패를 뒤집어 자신의 자리를 확인한다.

② **명패 돌리기**: 명패의 한쪽 면에는 이름을, 다른 나머지 2군데 면에는 '활동 끝!', '도와주세요', '질문 있습니다' 등의 문구를 놓고 필요할 때 명패를 돌려놓도록 한다. 진행자는 명패를 보고 진행 완료 여부 및 도움이 필요한 사람을 쉽게 알 수 있다. 단, 명패 돌리기로 활용하려면 명패를 책상 위에 고정하기 어렵다.

③ **목걸이 명찰 만들기**: 목걸이 명찰을 학급 아이들 개수만큼 주문한다. 명찰에 넣을 크기로 종이를 잘라 학급 아이들 수만큼 준비한다. 명찰에 자신의 이름을 크게 쓰고 작은 글씨로 자신을 표현하는 멋진 문구를 작성한다. 뒷면을 도장판 또는 스티커판으로 만들어 한 학기 또는 분기별로 사용하면 좋다. 앞면에 이름 대신 별칭을 적고 뒷면에 이름을 쓰는 방법도 좋다. PPT나 한글파일을 이용해서 명찰 서식을 만든 후 출력하면 더 깔끔하다.

목걸이 명찰 만들기 사례

유의점

① 명패가 자리를 많이 차지하면 책상 공간이 좁아진다. 최대한 공간을 적게 차지하도록 좁혀서 접어 세운다.

② 명패를 붙일 때 양면테이프를 사용하면 나중에 끈적이를 떼기 어렵다. 일반 투명 스카치테이프로 붙이는 것이 더 낫다.

③ 명패 중심부에 자신의 이름이 잘 드러나야 명패의 가치가 있음을 알릴 수 있다.

④ 목걸이 명찰은 분실 위험이 있으므로 수업 후 제출하고 수업 직전에 교탁 앞에서 자신의 것을 찾아가게 한다.

별칭 출석부

이름은 부모님이 일방적으로 정해주신 것이다. 수동적으로 부여받은 이름은 내가 원한 이름이 아닐 수 있다. 첫 시간 어색함을 풀고 나를 표현할 수 있는 자신만의 별칭 만들기를 해보자. 이 시간만큼은 내가 내 이름을 적극적으로 정해보며 나를 찾는 시간을 갖게 하자. 아메리카 인디언들은 '늑대와 함께 춤을', '주먹 쥐고 일어서' 등 태어날 때의 상황으로 서술식 이름을 짓는다. 형용사를 다양하게 활용하여 서술식 닉네임(별칭)을 자유롭게 만들어보자. 내가 태어난 달+그때의 날씨+기분+상황 등을 상상으로 조합하여 새로운 이름을 탄생시키자. 또는 각종 사이트에 회원 가입 시 자주 쓰는 아이디나 나만의 부캐릭터를 활용하여 만들 수 있다. 나의 이름을 스스로 짓는 순간 주체적인 나로 새롭게 탄생할 수 있다. 다음 장에서 소개하는 "출석을 부르는 기발한 방법"도 함께 참고해서 다양한 출석부를 만들어보자.

ex) 청명한 가을하늘 유쾌 상쾌한 길동이
흐르는 강물처럼 유유자적한 종이배
뜨거운 날씨 속 시원한 수박씨 100만 개

일 년 내내 별칭 출석부를 이름처럼 불러주면 교사도 재밌고 학생 특징을 기억하기 쉬우며 학생들도 재밌게 수업할 수 있다. 이름보다 별칭이 오래 기억되고 학생들이 졸업해서 찾아와도 기억이 잘 난다.

제작 방법

① A4도화지 또는 상장 용지를 작은 크기로 자른 것이나 포스트잇, 종이 명찰 용지를 나누어준다.
② 내가 태어난 달+그때의 날씨+기분+상황 등을 조합하여 별칭을 만들도록 한다. 더 새로운 방법이 있다면 적극 격려해준다.
③ 명찰 종이 뒷면엔 자신의 이름을 쓰고 앞면에 크게 별칭을 적으면 끝!!

놀이 응용

① **별칭 맞히기 퀴즈**: 별칭을 적은 용지를 모둠별로 걷어서 교탁 위에 놓는다. 모둠별로 돌아가면서 별칭을 뽑아 읽어준다. 이때 자신의 이름이 들어가지 않는 별칭을 만들어야 한다. 손을 들어 가장 먼저 누군지 맞히는 학생 또는 모둠에게 점수를 준다. 가장 점수를 많이 받는 모둠

이 승리한다.

② **별칭 붙이기**: 포스트잇에 자신의 별칭을 적고 모둠별로 모아서 제출한다. 모둠별로 모은 포스트잇을 각각 오른쪽 방향의 모둠으로 보낸다. 포스트잇을 받은 상대 모둠은 제한시간 내에 누구의 별칭인지 추리한다. 제한시간 종료 직후 해당되는 학생 자리에 또는 그 학생의 이마나 팔에 포스트잇을 붙여준다. 타이머 종료 시 모둠별로 몇 명을 맞혔는지 계산한다.

③ **꿈 출석부(진로 출석부)**: 별칭이 아닌 자신의 진로나 꿈으로 출석부를 만들어서 1년 동안 불러줘도 좋다. 아직 꿈이 없는 학생들은 꿈을 찾는 중이라고 써주고 언제든 자신의 진로를 쓸 수 있도록 한다. 교사는 학생의 꿈을 응원해주고 탐색해주는 꿈매니저 역할을 할 수 있다. 수업시간에 "억울한 사람들을 변론해주는 변호사가 꿈인 종휘가~, 피부고민을 해결해주는 의사 윤재가~" 등으로 호명해주면 된다. 인간의 언어는 힘이 있기 때문에 자주

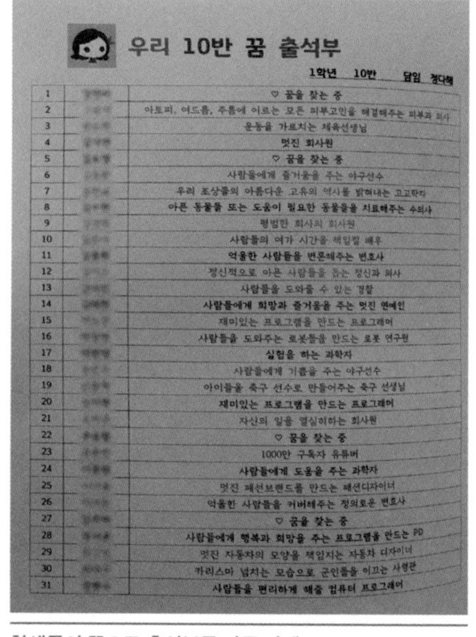

우리 10반 꿈 출석부

1학년 10반 담임 정다혜

1	[illegible]	♡ 꿈을 찾는 중
2	[illegible]	아토피, 여드름, 주름에 이르는 모든 피부고민을 해결해주는 피부과 의사
3	[illegible]	운동을 가르치는 체육선생님
4	[illegible]	멋진 회사원
5	[illegible]	♡ 꿈을 찾는 중
6	[illegible]	사람들에게 즐거움을 주는 야구선수
7	[illegible]	우리 조상들의 아름다운 고유의 역사를 밝혀내는 고고학자
8	[illegible]	아픈 동물들 또는 도움이 필요한 동물들을 치료해주는 수의사
9	[illegible]	평범한 회사의 회사원
10	[illegible]	사람들의 여가 시간을 책임질 배우
11	[illegible]	억울한 사람들을 변론해주는 변호사
12	[illegible]	정신적으로 아픈 사람들을 돕는 정신과 의사
13	[illegible]	사람들을 도와줄 수 있는 경찰
14	[illegible]	사람들에게 희망과 즐거움을 주는 멋진 연예인
15	[illegible]	재미있는 프로그램을 만드는 프로그래머
16	[illegible]	사람들을 도와주는 로봇들을 만드는 로봇 연구원
17	[illegible]	실험을 하는 과학자
18	[illegible]	사람들에게 기쁨을 주는 야구선수
19	[illegible]	아이들을 축구 선수로 만들어주는 축구 선생님
20	[illegible]	재미있는 프로그램을 만드는 프로그래머
21	[illegible]	자신의 일을 열심히하는 회사원
22	[illegible]	♡ 꿈을 찾는 중
23	[illegible]	1000만 구독자 유튜버
24	[illegible]	사람들에게 도움을 주는 과학자
25	[illegible]	멋진 패션브랜드를 만드는 패션디자이너
26	[illegible]	억울한 사람들을 커버해주는 정의로운 변호사
27	[illegible]	♡ 꿈을 찾는 중
28	[illegible]	사람들에게 행복과 희망을 주는 프로그램을 만드는 PD
29	[illegible]	멋진 자동차의 모양을 책임지는 자동차 디자이너
30	[illegible]	카리스마 넘치는 모습으로 군인들을 이끄는 사령관
31	[illegible]	사람들을 편리하게 해줄 컴퓨터 프로그래머

학생들의 꿈으로 출석부를 만든 사례

말하고 들을수록 꿈은 이뤄진다는 믿음이 커질 수밖에 없다. 말하는 대로 나의 뇌와 의지가 움직이고 몸이 그 방향으로 가게 된다.

④ **인성 출석부**: 사람과의 관계와 인성의 중요성이 날로 높아지고 있으므로 인성을 표현하는 출석부를 만들어본다. 자신이 생각하는 인성 부문 강점으로 정해도 좋고 앞으로 자신이 가지고 싶은 정의적 영역을 자신의 이름 앞에 붙이면 된다. 예를 들어, 남을 배려해주는 수아, 봉사정신이 뛰어난 온유, 인사를 잘하는 채은 등으로 작성한다. 단어가 생각나지 않을 경우 다음에 제시한 내용을 참고로 이름을 만들면 된다.

배려심이 뛰어난	정리정돈을 잘하는	바른 자세로 경청하는	공감능력이 뛰어난
친구를 잘 이해해주는	봉사정신이 뛰어난	협동심이 뛰어난	친구에게 물건을 잘 빌려주는
큰소리로 인사를 잘하는	바른 말을 잘 쓰는	매사에 성실한	정직하고 착한
두려움을 극복하는 용기가 있는	사람들과 소통을 잘하는	책임감이 뛰어난	요령 피우지 않고 성실한
아픈 친구를 적극적으로 돕는	밝은 표정으로 잘 웃는	긍정적으로 생각하는	신중히 생각하고 말하는

⑤ **능력 출석부**: 인성과 관련된 것이 모호한 것들이 많다면 나의 능력을 강조하는 지적인 측면의 출석부를 만들어보자. 능력을 인정하고 개발해주는 효과가 발생한다. 예를 들어, 학습내용을 잘 이해하는 수아, 관찰력이 뛰어난 성찬, 바른 글씨를 잘 쓰는 채원 등으로 새로운 출석부

를 만들어보자.

아이디어가 뛰어난	창의성이 높은	반짝반짝 빛나는	대답을 잘하는
관찰력이 뛰어난	바른 글씨를 잘 쓰는	명쾌한 답변을 잘하는	수학적 사고력이 뛰어난
문해력이 높은	책을 즐겨 읽는	모범적인	발표를 씩씩하게 잘하는
리더십이 뛰어난	지혜로운 판단을 하는	언어 감각이 뛰어난	과학적 원리를 잘 아는
미적 감각이 뛰어난	빠르고 민첩하게 운동을 잘하는	아름다운 목소리로 노래를 잘하는	새로운 것에 호기심이 많은

인성 출석부와 능력 출석부를 결합해서 자신이 원하는 이름을 만들 수 있고, 친구들이 다른 친구의 인성과 능력에 이름을 붙여주는 활동을 해도 좋다. 남이 나를 인정해주고 알아주는 가치는 매우 큰 감동을 가져온다.

유의점

① 내 이름을 스스로 만든다는 생각에 부담을 느끼기도 한다. 어렵게 생각하지 않고 즉석에서 또 다른 이름을 만든다는 가벼운 마음으로 참여하도록 유도한다. 고정된 것이 아니라 언제든 바꿀 수 있음을 알려준다.

② 닉네임(별칭)을 못 만들겠다는 학생들이 분명히 나타난다. 최대한 예시를 제시해주고 학생이 가지고 있는 학용품, 가방 등을 관찰해서 주

변 물건으로 이름을 몇 가지 정해준다. 그러다 보면 갑자기 자신의 아이디어가 있다면서 스스로 만든다고 하는 경우도 많다.

예) 노란 필통 속 검정펜 가득, 커다란 가방 속 텅 빈 마음, 검정펜 줄까 파란 펜 줄까, 구데타마 물병… 등 모든 것이 나의 이름이 될 수 있다.

학생이 가진 학용품으로 즉석 별칭을 만들어줄 수 있다.

③ 여건이 된다면 네임스티커 기계, 라벨프린터기(7~9만 원 정도)를 사서 학생들의 이름을 전부 뽑아서 나눠준다. 놀이 활동을 한 후 자신의 교과서나 책상에 붙여놓게 할 수 있다. 시중에 라벨프린터기가 다양하게 많으니 구입해서 평생 활용하면 좋다.

네임스티커로 학급 아이들 이름을 출력해서 나눠준 사례

④ 나만의 별칭 속에는 욕설이나 부정적인 단어는 들어가지 않도록 한다. 생각보다 말은 힘이 세고, 말보다 글로 쓰면 더욱 힘이 커진다. 긍정의 단어를 생각해서 말로 하고 글로도 쓴다면 긍정적인 방향으로 나아갈 확률이 매우 높다. 학생들에게 부정의 기운을 걷어내고 긍정적이고 희망적인 단어로 자신의 별칭을 짓게끔 유도한다.

나의 숫자는?

처음 만남이 부담되고 복잡하면 진행자와 청중 모두 마음이 어려울 수 있다. 처음 만남이니까 숫자로 자신을 쉽게 소개하는 활동을 준비해 보자. 자신만의 숫자를 생각하면 재미있게 자신을 알리고 친해질 수 있다. 예를 들어 나의 생일, 출석번호, 친한 친구의 반, 사는 곳의 번지 수, 내가 사는 층, 특별히 좋아하는 숫자, 부모님 결혼기념일, 강아지가 처음 온 날 등 나만의 의미 있는 숫자를 통해 자신을 표현하는 놀이 활동이다. 잘 생각하면 나에게 중요하고 기억이 될 만한 숫자가 누구에게나 있을 것이다. 준비물은 종이와 펜만 있으면 된다. 포스트잇으로 해도 좋지만 자원 절약을 위해 되도록 이면지를 활용해서 놀이를 해보자.

놀이 방법

① 모둠별로 앉아서 A4용지를 8등분해서 자른 쪽지를 나누어 가진다.(또

는 포스트잇)

② 매직 또는 두꺼운 펜으로 나와 관련 있는 숫자를 3개 적고 아래쪽 빈틈에 숫자와 관련된 힌트 단어들을 각각 적는다.

나를 숫자로 설명하는 예시 화면

③ 다 적은 학생은 모둠별로 책상 한가운데에 쪽지들을 뒤집어놓는다. 선생님이 먼저 시범을 보인다. 칠판에 숫자를 적은 후 힌트 단어를 적는다. 2, 10, 7(아이, 층, 생일) 학생들에게 숫자의 의미가 뭔지 맞히는 시간을 주고 정답을 발표한다. "두 아이의 엄마이고 10층에 살고 있으며 자녀들의 생일에 모두 7이란 숫자가 들어갑니다."

④ 모둠별로 책상에 뒤집어놓은 쪽지를 골고루 섞고 순서를 정해서 한 장씩 뽑는다. 첫 번째 뽑힌 쪽지 숫자와 힌트 단어를 말해주면 나머지 학생들은 의미를 추리한다.

⑤ 쪽지의 주인공은 숫자에 담긴 자신만의 의미를 발표한 후 교과서 첫 페이지 안쪽 또는 파일에 잘 넣어둔다. 한 달 뒤, 또는 학기말에 다시 게임을 진행하면 새로운 느낌이 들고, 이는 또한 장기기억력 테스트로도 활용할 수 있다.

놀이 응용

① **암산 덧셈 대결**: 쪽지에 자신이 좋아하는 숫자 3가지를 쓰고 3가지 숫

자를 미리 덧셈해서 작게 정답을 써놓는다. 모둠원들끼리 순서를 정해서 첫 번째 학생이 자신의 쪽지에 적힌 숫자 3가지를 부른다. 나머지 모둠원은 덧셈을 한 후 재빠르게 정답을 외친다. 정답을 가장 먼저 외친 친구에게 첫 번째 학생은 자신의 쪽지를 준다. 두 번째 학생도 똑같은 방식으로 덧셈 대결을 한다. 마지막 학생까지 끝났을 때 쪽지를 가장 많이 가지고 있는 사람이 승리한다. 모둠활동을 처음 시작할 때 어색함을 친근감으로 바꾸는 활동이다.

② **전체 랜덤 맞히기**: 숫자 소개 쪽지 아래 자신의 이름을 쓰고 쪽지를 모두 모아 교탁으로 뒤집어서 제출한다. 진행자가 한 장씩 뽑아 발표하면 손을 들어 누군지 맞힌다. 친구가 좋아하는 숫자를 통해 서로를 알아가는 재미있는 시간이 된다.

③ **온라인 나의 숫자는?**: 패들렛 보드 또는 띵커벨 보드 등 온라인상에서 나만의 숫자 3가지를 쓴다. 그 숫자를 좋아하는 이유를 쓰고 친구들 것도 읽어본다. 하트를 눌러주거나 긍정 댓글을 쓰게 한다. 접근하기 쉬운 숫자라는 매개체를 통해 서로에 대해 친근감을 느끼는 시간이 될 수 있다.

유의점

① 특별히 의미 있는 숫자가 없다는 학생들은 지금 막 떠오르는 숫자를 사용해도 된다. 지금 이 순간이 학생에게 의미 있는 시간일 수 있다.

누구의 것을 따라하지 말고 자유롭게 자신만의 숫자를 선택해본다.

② 숫자를 적을 때 자주 쓰는 비밀번호, 현관키 번호 등을 공개하지 않도록 주의한다. 공개해도 되는 숫자인지 판단하여 제시하게 한다.

③ 숫자를 흘려쓰지 않고 또박또박 크고 명확히 써야 활동 진행이 수월함을 안내한다.

2장

몰입감 높이는 수업 놀이

아이들과 충분한 라포가 형성되었다면 이제는 진짜 수업이다. 수업도 결국 사람이 중요하다. 인공지능이 활약하게 될 미래 사회에서도 사람 마음을 얻어야 즐거운 배움이 일어날 수 있다. 수업을 시작하자마자 진도를 나가는 건 성과를 빨리 내야 하는 기업체의 마인드일 뿐이다. 학생을 존중하고 라포를 형성한 후에 수업 진도를 나가야 진정한 배움이 일어난다. 수업을 시작할 때는 딱 1분이라도 학생들 마음속에 얼어붙어 있는 얼음을 깨는 작업이 필요하다. 얼음을 깨는 활동은 첫 만남에서만 하는 게 아니라 전 수업에 걸쳐 해야 한다. 학생들과 어색함을 없애고 눈을 보며 즐거운 수업을 시작해보자. 미국 심리학자 솔로몬 아시는 처음 제시된 정보가 나중에 제시된 정보보다 기억에 오래 남는다고 했다. 초두효과라고 하는 이 현상은 처음 얻는 정보를 더 잘 기억하는 뇌의 가소성 때문에 나타난다.

초두효과로 인해 수업 시작은 한마디로 강렬해야 한다. 뭐든지 처음은 늘 신선하고 낯설고 설레기 마련이다. 첫 만남 다음으로 첫 수업이 중요하고 수업의 도입 부분이 가장 중요하다. 처음 단추를 잘 끼워야 나머지 단추들도 줄줄이 잘 끼워지기 때문이다. 중1 첫 사회시간에 만난 제자 A는 졸업 후에도 "첫 시간에 선생님과 했던 박수치기가 가장 기억에 남는다"고 했다. 제자 B는 "첫 시간 나만의 표지 만들기 시간이 정말 웃겨서 중학교 3년 내내 잊지 못했다"고 했다. 아이들과 처음 만나는 수업이 일 년을 좌우하듯이, 처음 시작하는 수업은 도입 부분이 한 시간 수업의 성패를 좌우한다. 단순히 흥미를 넘어서서 수업에 참여하고자 하는 동기 유발로 연결되도록 즐겁게 수업을 이끌어보자.

수업을 쪼개라!

아무리 재미있는 활동을 준비했더라도 똑같은 내용을 한 시간 내내 계속한다면 학생들은 지루함을 토로할 수밖에 없다. 초등학교는 40분, 중학교는 45분, 고등학교는 50분 수업을 한다. 하지만 아이들의 집중 시간은 초등, 중등, 고등이 각각 10분, 15분, 20분 정도밖에 안 된다. 성인들을 대상으로 하는 수업도 길어지면 집중력이 흐트러지고, TV나 유튜브 채널도 재미없으면 바로 채널을 바꾸게 된다. 디지털 시대에 아이 어른 할 것 없이 집중할 수 있는 시간이 점점 단축되고 있다. 짧은 영상을 제공하는 유튜브 쇼츠, 인스타 릴즈, 틱톡 등이 인기가 많아지는 것도 우리들의 집중시간과 관련 있다. 사람들은 단시간에 자극적이고 화려하고 흥분되는 것을 찾아다닌다. 이렇듯 수업에서도 집중할 수 있는 시간은 점점 줄어드는 게 현실이다.

비유하자면 우리 수업은 뉴스 보도가 아닌 한 편의 영화이자 연극이자 뮤지컬 공연에 빗대어 볼 수 있다. 할리우드 영화의 흐름을 살펴보

자. 언제나 초반에 큰 사건이 하나 터지면서 시작한다. 그리고 주인공은 여러 가지 어려움에 부딪히게 되지만 주인공 혼자서 헤쳐나가지 않는다. 반드시 도와주는 가이드가 등장하고 주인공을 이끌어준다. 가이드는 구체적이고 전문적인 계획을 가지고 있다. 주인공은 가이드 같은 누군가의 자극으로 행동하고 결국은 성공하면서 이야기가 끝난다. 수업도 학생이 주인공, 교사가 가이드가 되어 성공적인 공연을 완성해나가는 과정이다. 일방적으로 전달하는 뉴스 보도가 아니다.

한 편의 영화 같은 수업이 잘 이루어지기 위해서 수업은 쪼개져야 한다. 처음부터 끝까지 똑같이 전개되는 영화는 없는 것처럼 수업도 나뉘어야 한다. 전체 수업을 크게 3파트로 나누어 10~15분마다 변화를 준다. 가능하면 4파트 이상 시간을 쪼개어 변화를 주는 것이 좋다. 그 이상으로 쪼갠다면 자칫 진행자 및 학습자가 혼란스러울 수 있다. 일반적으로 도입/전개/발전/마무리 활동으로 나누어 10분 단위로 수업에 변형을 주는 것이 가장 효과적이다. 모든 수업을 다 쪼개기 어렵다면 절반으로라도 쪼개기를 하면 훨씬 낫다. 일반적인 공개 수업(연구수업)을 보면 "전시학습 확인-학습동기 유발-개념정리-활동수업-발표-마무리 활동-차시예고" 등으로 구성된다. 모두 쪼개기가 잘되어 있는 수업임을 알 수 있다.

일상 수업에서 매번 쪼개기가 어렵다면 방법이 있다. 수업 자료에서 변화를 주거나 목소리 톤과 억양을 갑자기 바꾸거나 새로운 이야깃거리를 던져준다. 예, 아니오의 단답형 대답이 아닌 열린 대답을 유도하는 질문을 한다. 졸린 분위기에서는 스트레칭 타임을 갖거나 시험을 앞둔 초긴장 상태라면 잠깐이라도 멍때리기 대회를 할 수 있다. 학생들이 힘들어하거나 교사가 수업 진행이 힘겹다면 인터미션을 준다. 인터미션이란 연극, 영화, 공연 중간에 쉬는 시간을 의미하지만 수업 중에도 적용할 수 있다. 이러한 활동들이 모두 수업 쪼개기라 할 수 있다. 학생들에게 수업이 쪼개져서 진행됨을 예고한다면 학생들도 긴 시간이라는 부담 없이 수업에 편안한 마음으로 참여할 수 있다. 조금씩이라도 수업 쪼개기에 당장 도전해보자.

유의점

① 학습자 입장에서 수업이 무 자르듯 단절되지 않고 물 흐르듯 자연스럽게 수업에 변화를 주도록 한다.

② 수업에 변화를 주는 모든 것이 수업 쪼개기다. 나를 위해 하루에 한 가지씩 수업에 변화를 주되 무리하지 않게 한다. 하루아침에 모두 바꾸는 것은 나의 삶에 버거울 수 있다. 작은 변화를 꾸준히 시도하는 전략으로 도전해보자. 작은 씨앗 하나가 큰 나무로 자랄 것이다.

망한 수업을 살려라!

교사도 인간이기에 아프거나 무기력하거나 힘들 때가 있다. 아무래도 이번 주 수업은 망했다, 수업 준비가 부족하고 어설프다, 출근하기가 싫다, 자습을 해야 하나, 이런 느낌을 받을 때가 있다. 특히 완벽함을 추구하려는 사람은 준비가 부족한 수업에서 자신감을 잃고 의욕이 더욱 떨어진다. 생활지도로 유명한 송형호 선생님은 "준비하지 않는 것은 실패를 준비하는 것이다"라는 뼈 때리는 명언을 남기셨다. 수업하기도 전에 실패가 예견된 수업은 어떻게 해야 할까?

방법은 시작과 마무리를 강렬하게 하는 것이다. 수업 시작 5분과 수업 마무리 5분을 확실히 하자. 수업에 들어가자마자 "우리 진도가 어디니?"라고 묻는 것은 가장 귀중한 시작 타이밍을 놓치는 안타까운 일이다. 우리의 수업은 학생들의 기억과 다르다. 시작과 마무리가 강하고 뚜렷하다면 학생들은 정말 명강의를 들은 것처럼 좋은 수업이라고 생각한다. 엔딩은 구체적이고 뚜렷하게 제시하고 마무리는 중요한 것

망한 수업도 살릴 수 있는 칠판 큰 글씨 사례

한 가지만 강조하고 끝내면 가장 좋다.

인간은 망각의 동물이다. 그 시간 내용을 전부 기억하는 학생은 아예 없다. 수업 직후 잊어버리기 시작해서 하루가 지나면 절반 이상을 기억에서 떠나보내게 된다. 시작과 마무리만을 기억하더라도 성공적인 수업이고 뇌에 각인되는 괜찮은 수업이다. 학생들이 그렇게 평가하기 때문이다.

독일의 심리학자 헤르만 에빙하우스는 서열의 위치효과를 주장했다. 어떠한 항목목록을 주고 기억하라고 하면 사람들은 처음과 끝 항목을 주로 기억한다. 첫인상과 마지막에 얻은 정보가 가장 크게 영향을 미치는 것이다. 회사 면접을 볼 때 면접관은 첫 번째 지원자와 면접 끝나기 직전에 만난 마지막 지원자를 가장 잘 기억한다. 서열의 위치효과로 인해 시작과 끝 장면이 뇌에 남아 있기 때문이다.

수업을 시작할 때 오늘 배울 부분을 강하게 어필해보자. 판서, 영상,

그림, PPT, 실물 활용, 특이한 구호, 박수치기 등 아주 다양한 방법들이 있다. 별다른 아이디어가 없다면 이 책 속 아이디어들을 참고해서 강렬한 시작을 해보자. 그것도 귀찮다면 오늘 배울 개념 한 가지를 칠판 가득히 큰 글자로 쓰고 시작해도 좋다. 수업 끝나기 직전에 다시 한 번 칠판 가득 핵심을 적고 끝을 내면 된다. 학생들의 호기심을 자극하는 첫 시작을 강렬하게 하고 수업이 끝날 무렵 다시 한 번 강조하면 수업은 무조건 성공이다. 진행이 매끄럽지 못하고 중간에 학생들이 대부분 잠을 잤다고 해도 학생들 기억에 아주 유익한 수업으로 남을 수 있다. 처음과 끝을 중시하는 수업은 마술 같은 효과를 발휘할 것이다.

유의점

① 최악으로 망한 수업을 생각하고 그보다는 나은 대안을 찾으면 수업이 한결 좋아진다.

② 매시간 완벽한 수업을 할 수 없다. 망하고 실패한 수업일지라도 그 자체로 의미를 만들어보자. 망한 수업이지만 스스로에게 배울 점이 있고 나의 성장에 도움되는 요소가 반드시 있다.

환대하라!

교탁에 놓는 교실종 사례

수업을 시작할 때 환대 시간을 갖는 것은 현재에 집중하게 하는 좋은 방법이다. 너와 내가 만난 이곳을 새롭게 느끼도록 환대하고 즐겁게 맞이해준다. '지금'은 흘러가는 시간 속에서 다시 오지 않을 유일한 시간이기도 하다. 종을 쳐서 서로에게 소리의 공명을 만들고 이 안에서 새로운 것을 배우고 성장하는 시간이 될 것임을 예고한다. 너를 만나 반갑고 새롭고 기쁘며 우리는 같은 공간에서 배움의 기쁨을 알게 될 것이다. 이 시간은 다시는 오지 않을 시간이며 지금 배울 것들은 우리 삶의 어느 부분에서든 도움을 줄 것이라고 강조한다. 단순히 똑같은 시간의 연속이 아닌 지금, 이 순간에 집중하고 몰입하는 시간을 가져보는 것이다. 새로운 시간과 새로운 공간에 와 있음을 알리고 의미 있는 시간을 보낼 수 있다.

환대하기 좋은 종을 예로 들어보자. 교탁에 놓고 쓰는 종(차임벨)을 세 번 울리며 수업의 시작을 알린다. "여러분과 만나서 정말 기쁩니다. 환영하고 사랑합니다"라는 멘트를 한다. 소리가 청량하고 음이 길고 멀리 울려퍼지는 에너지 차임벨은 효과가 더 좋다. 3줄짜리 에너지 차임벨은 길이에 따라 소리의 높이도 다르다. 각각의 소리를 아이들과 수업 약속으로 만들 수 있다. 높은 소리가 울리면 지금까지 쉬는 시간은 끝나고 새로운 수업시간으로 전환됨을 알린다. 벨 소리가 공명되어 교실 안에 퍼지면서 함께 배움의 세계로 나감을 인식시킨다. 핸드벨이나 칼림바, 리듬악기로 간단한 환영 의식을 해도 좋다.

환대 시간은 교사와 학생은 물론이고 학생들 간의 관계를 돈독하게 해주는 시간이 된다. 교실 수업을 통해 나를 완성하려면 다른 사람과의 관계를 잘 맺어야 하기 때문이다. 이 세상은 타인과 교류하지 않고 다른 사람과 상호작용하지 않으면 성장하기 어렵다. 집단지성은 자발적이고 허용적인 분위기에서 이루어진다. 최근 많은 학교에서는 편안하고 소통하는 분위기를 조성하기 위해 책상 배치부터 바꿔 'ㄷ'자로 둘러앉기 시작했다. 집단지성으로 수업이 성장하기 위해서는 관계 맺기가 잘되어야 하며 관계를 다져주는 환대 시간이 중요할 수밖에 없다. 일방적인 강의식 수업이 아닌 참여형, 활동형 수업을 진행하기 위해서 서로의 막힌 부분을 트여주는 이벤트가 필요하다.

아이들에게 현재에 집중하고 몰입하도록 하는 것은 기쁨의 뭉치를 얻게 하는 것이다. 반대로 현재에 집중하지 못하는 것은 불행의 시작이다. 어른들도 일요일 오후를 즐기지 못하고 출근하는 월요일을 걱정만 하고 있다면 불행하다. 실제 딴생각을 하고 현재에 집중하지 못하는 사람은 기쁨의 뭉치를 얻기 어렵다. 과거는 흘러간 지난일이며 미래는 아직 오지도 않았다. 지금 현재에 집중하고 수업에 몰입하도록 환대 시간을 통해 다른 잡념을 끊어내도록 하자. 과거는 바꿀 수 없는 매몰비용에 해당하고 미래를 걱정한다 한들 크게 바뀌는 것은 없다. 현재, 지금 이 순간을 즐기고 딴생각을 없애는 것이 행복으로 가는 지름길이다.

디지털기기 발달로 사람들의 정신은 더 산만해졌다. 스마트폰이나 태블릿PC 등에는 수많은 어플이 깔려 있다. TV는 예전과 달리 무수히 많은 방송사들의 채널, 홈쇼핑 채널 등이 광고와 함께 끝도 없이 나오고 유튜브 채널도 마찬가지다. 하나의 어플, 한 가지 방송만 진득하게 본다면 그나마 집중할 수 있지만 여러 어플과 채널을 왔다 갔다 하며 정신을 분산시키는 경우가 많다. 심지어 TV를 보면서 스마트폰을 동시에 사용하는 경우가 흔하다. 이를 한 번에 여러 가지를 동시에 처리하는 멀티태스킹이라고 생각하지만, 사실 우리 두뇌는 한 번에 하나씩밖에 못한다. TV를 보다가 스마트폰으로 친구와 대화하다가 간식을 먹는 것은 한 가지 활동에서 다른 활동으로 빠른 전환을 하는 것일 뿐이다.

복잡한 세상을 편리하게 해주는 디지털기기가 오히려 사람들을 더 정신없게 만들었다. 디지털기기가 없었던 시대로 돌아갈 순 없지만 현재에 집중하고 몰입하기 위해서는 디지털기기를 내 몸과 멀리 두거나 꺼두는 일이 필요하다. 현재에 집중하기 위해 환대 시간을 갖는 것은 아이들에게 새로운 느낌을 주고 뇌를 열어주는 기능을 한다. 우리는 치열한 경쟁으로 힘든 학교, 졸업 후 더 치열한 취업 시장, 취업 후엔 퇴직 걱정에 노후준비까지 끝이 없는 걱정과 불안을 안고 살고 있다. 과거에 대한 후회와 미래에 대한 걱정으로 행복을 발로 걷어차고 있는 중이다.

현재 나의 공간과 지금 시간에 집중하도록 의식적으로 노력하자. 행복이란 작은 기쁨 뭉치들이 모인 것이다. 지금에 몰입하면 수업 효과는 물론 성취감과 행복감까지 얻을 수 있다. 아이들에게는 똑같은 교실과 똑같아 보이는 수업이 새롭게 다가오고 뇌가 반짝 열리는 시간이 될 수 있다.

유의점

① 환대 시간은 환영과 기쁨의 시간이다. 서로가 서로를 환영하고 즐기는 기쁨의 행사로 짧게 진행한다.

② 환대는 매 순간을 스쳐 지나는 것이 아닌 의미 있는 시간으로 만들도록 도와주는 효과가 있다. 학생들에게 취지를 충분히 설명하고 진행한다.

수업 예고편

인간은 미래를 예측할 수 없을 때 가장 불안해한다. 미래가 정확하게 보이는 사람은 없겠지만, 앞으로 무슨 일이 벌어질지 모를 때 막연히 불안할 수밖에 없다. 새로운 직장에 처음 간 날, 새 학교에 전학 간 첫날, 전혀 모르는 여행지에서의 첫날 등에는 설렘도 있지만 불안함이 불쑥불쑥 올라오기 마련이다. 인간의 기본적인 본능 중 하나가 공포심이다. 코로나19가 처음 발생했을 때 우리는 코로나의 위력을 잘 몰라서 막연히 불안해했다. 연일 확진자 수가 증가하는 것을 보면서 얼마나 전파력이 클지, 언제 코로나19가 종식될지 공포스러웠던 기억이 난다.

수업을 시작할 때 오늘의 수업 흐름을 간단히 예고해주자. 이 수업이 빠른 진도를 위한 강의식 수업인지, 무언가 만드는 활동 수업인지, 발표 활동을 하는 건지, 과제 수행을 하는 건지 학생들은 전혀 알 수가 없다. 물론 첫 시간에 진도 계획을 예고해주지만 실제 매일의 수업시간에 무엇을 하는지는 구체적으로 알 길이 없다. 그런데 수업을 안내하고 시작하면 학생들이 편안한 마음으로 수업에 임할 수 있다.

지식장터 수업을 예고하는 안내 사례

어른인 우리도 낯선 수업을 들을 때 강사가 앞으로 무엇을 할지, 내가 남들 앞에서 발표를 해야 하는 건지 알 수 없어 떨린 경험이 있을 것이다. 영화의 예고편처럼 수업 예고편을 안내해주자. 학생들에게 안정감을 주고 즐거운 수업을 시작하기 위해 수업 과정을 안내하는 건 중요하다. 더불어 수업을 마칠 땐 다음 차시를 기대하도록 차시 예고편을 준비한다면 더없이 좋다.

유의점

① 수업 예고 시 적정한 분량을 고려하여 한 시간 내에 끝낼 수 있는 만큼만 제시하자. 너무 많은 내용을 다 하려고 하면 교사와 학생의 부담이 커질 수밖에 없다.

② 학생들 의견을 고려하여 변경 가능한 내용으로 수업을 예고하면 더욱

좋다. 학생들 스스로 수업의 흐름을 선택한다면 책임감과 학습동기를 가지고 수업에 몰입할 수 있다.

발음이 명료해지는 극약처방

교사도 사람인지라 아침 조회시간이나 1교시 시작할 때 발음이 뭉개지거나 일명 삑사리가 날 때가 있다. 물론 아이들은 선생님의 삑사리를 재미있어하고 매우 좋아한다. 하지만 발음이 이상하게 나오는 현상이 계속 반복되면 수업에 대한 신뢰마저 잃을 수 있다. 수업에서 어려운 용어들이 등장할 때가 있는데 그때 발음이 꼬이거나 불분명하면 스스로가 부끄러워진다. 그럴 땐 어떻게 하면 좋을까?

방법은 글자에 악센트를 넣어서 읽는 것이다. 예를 들어 '중앙청 창살 쌍창살'을 읽어보자. 발음이 꼬이기 쉽다. 아침에 일어나자마자 읽어보면 더 심하게 발음이 안 된다. 그때 단어의 앞글자를 강하게 읽으면 발음이 명료해진다. '중앙청 창살 쌍창살' 첫 글자를 강하게 읽으니 훨씬 나아질 것이다. 오랫동안 말을 안 하다 처음 하는 경우, 아침 첫 수업 등에 극약처방을 기억하고 잘 활용해보자.

또 다른 방법은 입을 최대한 많이 움직이는 것이다. 발음이 안 좋은 사람들을 보면 입과 입 주변 근육을 작게 사용한다. 입을 작게 움직이고 입안을 100% 활용하지 못하면 발음이 좋을 수가 없다. 입근육과 혀까지 좀 더 크고 활발히 움직인다고 생각해보자. 아에이오우, 가갸거겨구규그기 등 기초 발음 연습 구절을 발음하자. 기본적인 발음을 크고 명확하게 표현한다. 전보다 훨씬 발음이 좋아질 것이다. 뭐든지 기본에 충실하면 길이 보인다. 입을 크게 벌리고 입근육과 혀근육과 표정까지 크고 시원하게 나타내는 것이 발음이 좋아지는 두 번째 극약처방이다.

만약 장기적으로 발음을 명확히 하고 싶다면 본인의 입모양, 턱모양, 혀의 움직임 등을 녹음해서 듣고 촬영해서 봐야 한다. 사람마다 불명확한 발음의 원인이 모두 다르기 때문이다. 윗입술에 볼펜을 올려놓고 연습하는 것은 턱에 문제가 있는 사람에겐 해결책이 아니다. 예를 들어 웅얼거리는 사람은 입술을 적게 사용하고 목으로만 소리를 내는 사람이다. 입, 턱, 혀를 모두 활용해서 발음하는 것을 반복해서 연습해야 한다. 특히 끝맺을 때 '~(이)다'를 명확히 해줘야 한다. 끝맺음을 명료하게 해야 듣는 사람에게 또렷하게 전달된다. 결국 명료한 발음을 위해서는 자신에 대해 알고 꾸준히 반복연습을 하는 게 답이다. 하루아침에 발음이 바뀌진 않기 때문이다.

반복연습은 천천히 말하기와 소리 내서 읽기로 하는 것이 좋다. 급하지 않게, 평소에 말하는 속도보다 조금 느리게 말하는 연습을 해보자. 입근육을 최대한 활용해서 천천히 말하는 습관을 들이면 발음이 점점 나아진다. 발음이 좋아지고 나면 빠르게 말해도 명확한 내용이 잘 전달된다. 급하지 않게 천천히 말한다고 생각해야 발성도 좋아지고 뚜렷한 단어를 말할 수 있다. 소리 내서 읽기는 녹음한 내용을 듣는 것보다는 못하지만 나의 목소리와 발음을 바로 귀로 확인하며 연습하는 방법이다. 장기적으로 좋은 발음을 가지려면 소리 내어 또박또박 읽는 연습이 도움이 된다.

책을 읽을 때 자꾸 소리를 내어 읽으면 입근육도 단련되고 여러 단어들의 발음 연습이 되어 점점 발음이 좋아진다. 블로그에 올려놓은 발음 연습용 문장들을 뽑아서 소리 내어 연습해보자. 장기적으로 듣기도 좋고 명료한 목소리를 갖게 될 것이다.

유의점

① 발음이 순식간에 완전히 바뀔 수 없음을 인정하자. 꾸준히 연습하는 길밖에 없다.

② 아무것도 하지 않으면 아무것도 달라지지 않음을 명심하고 수시로 좋은 발음을 위해 소리 내어 읽도록 노력한다.

짝짝짝 응원 박수

전혀 알지 못하는 사람들과 첫 수업을 시작할 때 분위기는 어떨까? 교사 대상으로 진행하는 대면 강의 초반에는 어색하고 이상한 기운까지 감돈다. 강사가 어떤 강의를 시작할지, 어떤 사람인지, 뭘 전하려고 왔는지 등등 여러 감정이 교차된 표정으로 강사를 쳐다본다. 간단한 소개 후 몸을 푸는 활동으로 박수를 활용했더니 금세 표정이 좋아지고 편한 분위기로 바뀌었다. 얼어 있는 분위기를 박수로 깨트린 것이다. 박수를 칠 때 손바닥이 부딪히면서 몸속 숨겨진 에너지를 발산하고 잠든 뇌도 깨운다. 손바닥 근육은 뇌뿐만 아니라 신체 곳곳에 연결되어 있어서 손바닥을 부딪치는 활동으로 전신을 깨울 수 있다. 심지어 박수 하나로 비호감 이미지도 호감으로 바꿀 수 있다.

수업을 시작할 때마다 박수를 활용해보자. 8박자 응원 박수, 집중 박수, 계단 박수, 연상 박수, 이름 박수, 칭찬 박수 등 다양하다. 준비물 없이 간단히 활용하는 박수치기는 어른들도 좋아한다. 수업을 시작할 때, 수업에 변화를 주고 싶을 때, 수업 끝날 때도 박수치기 방법은 수시로 사용할 수 있다. '환대하라' 부분에서 언급한 각종 벨을 활용해서 연결해도 좋다.

박수를 활용해서 수업을 시작하는 사례

놀이 방법

① **8박자 응원박수**: 8글자로 된 구호를 만들어 박수치는 방법이다. 보통 체육대회 때 응원 구호로 많이 사용하는 박수에서 아이디어를 얻었다. 체육대회 때만 응원이 필요한 것이 아니라 평소 수업에서도 응원은 늘 필요하다. 우선, 박수에 활용할 8글자를 정한다. 수업 시작을 선포하든지 에너지를 모으든지 필요한 내용으로 8글자를 만들어보자. 예를 들어, 오늘 수업 잘해보자, 사회 수업 시작한다, 더운 날씨 확팅하자, 지식 장터 잘해보자, 집중해서 끝내보자, 열정 모아 수업하자, 몰입해서 배워보자 등이다. 비록 '더운 날씨 확팅하자'라는 8글자가 맞춤법에 어긋나지만 8박자 박수를 위해 시도해보는 건 괜찮을 듯하다.

② 교사와 학생 모두 응원박수로 새로운 에너지를 얻을 수 있다. 진행자가 "응원박수 준비!"를 외치면 학생들은 "야!"를 외친다. 이 부분은 생략하고 바로 "응원박수 시작!"을 외쳐도 된다.

③ 예) 사회수업 시작한다: 마침표 표시가 박수 '짝'

사(.)회(.)수(.)업(.) 시(.)작(.)한(.)다(.) - 1글자씩 박수

사회(..)수업(..)시작(..)한다(..) - 2글자씩 박수

사회수업(....)시작한다(....) - 4글자씩 박수

사회수업시작한다(짝짝짝짝짝짝짝짝) - 8글자를 한꺼번에 손뼉을 치고 쉿!

놀이 응용

① **계단 박수**: 계단 박수란 마치 계단을 오르듯 오름차순으로 치다가 꼭대기에 오르면 다시 내림차순으로 박수를 치는 것이다. 전체 학생들이 한마음으로 틀리지 않고 성공하기 쉽지 않은 박수다. 매일 한 계단씩 오르듯 아이들과 미션처럼 도전해보자. "1계단부터 시작해서 10계단 박수 성공하는 날 자유시간을 준다!" 이런 식으로 미션을 주면 언젠가 성공의 기쁨을 누리는 감동적인 순간이 온다. 혼자 기쁠 때보다 함께 기뻐할 때 기쁨의 크기와 성취감은 엄청나다. 작은 목표부터 시작해서 계단 박수를 성공해나가는 경험을 해보자.

예) 3계단 박수: 짝(1번) 짝짝(2번) 짝짝짝(3번) 짝짝(2번) 짝(1번)

② **집중 박수 1**: 집중이 필요한 순간에 활용하는 초간단 박수다. 시끄럽던 교실을 단숨에 조용히 만드는 마법의 박수로 활용해보자. 예를 들

어 진행자가 "집중 박수 시작!" 하면 청중은 '짝!짝! 집중!'을 외치며 박수를 두 번 치고 손가락으로 입을 막고 3초 이상 유지해야 한다. 그동안 집중을 안 하던 친구들이 박수를 치며 집중하게 된다.

③ **집중 박수 2**: 집중을 해야 할 때 활동을 조금 더 넣은 박수다. 예를 들어 진행자가 "집중 박수 시작!"을 외치면 청중은 "열정 모아 집중!!"이라고 하며 동시에 무릎 2번 치고 손뼉 2번 치고 손가락으로 입을 막고 3초 이상 유지한다.

④ **집중 박수 3**: 집중 박수에 추가적인 동작을 넣은 박수다. 진행자가 "구호 시작!"을 외치면 청중은 "아는 만큼"이라고 외치며 무릎을 2번 치고 손뼉을 2번 치고 안경 모양의 눈을 만들며 "보인다!"를 외치는 것이다. 안경 눈 모양을 만들고 나서 주변에 집중 안 하는 친구를 살펴본다. 진행자가 집중을 안 하는 친구에게 혼자 집중 박수 3을 치도록 한다.

⑤ **박수 노래 맞히기**: 간단한 노래를 박수만으로 알아맞히는 놀이다. 예를 들어 '그대로 멈춰라' 동요를 박수와 박자만으로 들려준다. 모둠별로 쉬운 노래 가사를 하나씩 나눠주고 노래 맞히기 대결을 해도 좋다. 무슨 노래인지 먼저 맞힌 사람에게 격한 칭찬을 해준다. 생각보다 어려우므로 아주 쉬운 노래로 대결하는 것이 좋다.

예) 즐겁게(짝짝짝) 춤을(짝짝) 추다가(짝짝짝) 그대로 멈춰라(짝짝짝짝짝짝!) *1회 반복

눈도 감지 말고(짝짝 짝짝 짝짝) 웃지도 말고(짝짝짝 짝짝)

울지도 말고(짝짝짝 짝짝) 움직이지 마(짝짝짝짝 짝!)

유튜브 영상 https://youtu.be/pIduKRHYhLg

유의점

① 박수치는 활동은 아주 짧고 굵게 진행해야 한다. 박수치는 활동으로 시간을 5분 이상 사용한다면 금세 지루해지고 다음 진행에 차질이 생길 수도 있다. 뇌를 깨우고 분위기를 끌어올리는 박수는 짧게 해야 매력적이다.

② 박수 활동 시 못하는 학생에게 지적하지 말고 잘하는 친구들에게 칭찬하며 넘어가자. 박수를 못 친 학생은 이미 본인이 못한 점을 잘 알고 있다. 나머지 잘 따라와준 친구들에게 격려를 하며 부드럽게 넘어가면 순조로운 수업 진행이 된다. 박수 잘 치기가 수업 목적이 아니기 때문이다.

3초 점프 발표

3초 점프 발표는 짧은 시간에 모든 학생의 의견을 효율적으로 들을 수 있는 놀이다. 전체 학생이 참여하는 발표 방법이기도 하다. 발표를 하기 싫은 학생은 마치 게임처럼 '점프'를 외치며 의자에서 일어섰다가 앉는다. 다만 연속으로 '점프'를 말

미니 보드판으로 발표하는 사례

할 수 없다. 수업을 시작할 때 오늘 배울 주제를 제시한다. 그 주제를 듣고 떠오르는 것을 한 단어 또는 한 문장으로 1인당 3초 안에 발표한다. 1분단 맨 앞사람부터 4분단 맨 뒷사람까지 발표하는 데 몇 분이 안 걸린다. 다인수 학급에서 활용하기 좋은 수업 시작의 루틴으로 단시간에 집중해서 의견을 모을 수 있다. 조종례 시간에는 빠른 설문조사나 개인 의견을 듣기 위해 3초 점프 발표를 활용할 수 있다.

만약 포스트잇이나 개인별 미니보드판(허니컴보드)이 있다면 직접 작성해서 3초 점프 발표에 활용하는 것도 좋다. 비록 발표 시간이 3초지만 생각나는 대로 바로 말하기보다 글로 써서 발표하는 것이 생각을 더 깊게 하고 진지한 발표를 하는 데 도움이 되기 때문이다. 발표 후엔 칠판이나 학급 게시판에 붙여놓고 자유롭게 볼 수 있게 하면 된다.

놀이 방법

① 3초 점프 발표를 할 주제를 정한다. 교사가 준비해도 좋고 학생들과 협의해서 주제를 정한다. 오늘 배울 수업 주제 또는 자유 주제도 좋다. 예를 들어 '자원' 하면 떠오르는 것은?, '우리반' 하면 떠오르는 것은?, '방학'에 있었던 즐거운 일은?, '간식거리' 하면 떠오르는 것은?, '우리 반 친구' 하면 떠오르는 것은?

② 순서대로 한 명씩 주제에 대해 한 단어 또는 한 문장으로 말한다.

③ 만약 할 말이 없으면 '점프'를 외칠 수 있다. 하지만 앞 친구가 점프를 외쳤다면 연속으로 점프를 할 수 없다. 앞 친구가 점프하면 다음 사람은 반드시 대답해야 한다.

④ 마지막 친구는 발표 끝에 "3초 점프 발표 끝!"을 외친다.

놀이 응용

① **경험 점프 발표**: 지난 주말, 방학, 명절 때 경험했던 일 등 이벤트가 있는 시즌에 경험 점프 발표로 모두의 이야기를 단숨에 들을 수 있다. 발표했던 친구들 중 더 많은 이야기를 들려줄 친구에겐 마이크를 주고 발표하는 시간을 따로 줘도 좋다.

② **31게임 점프 놀이**: 1부터 31까지 숫자를 점프 발표 형식으로 1인당 한 개부터 세 가지 숫자를 말하게 한다. 예를 들어 첫 번째 학생이 '1, 2'를 말하고 다음 학생이 '3', 그다음 학생이 '4, 5, 6'을 말하는 방식이다. 25 이하의 숫자에서는 점프를 사용해도 된다. 이런 방식으로 진행하다가 31을 말하는 학생에게 벌칙이 당첨되는 스릴 있는 놀이다. 전체 학생 숫자보다 큰 숫자로 31게임을 해보길 추천한다.

유의점

① 연속 점프가 어려우므로 누구나 대답할 내용을 준비하도록 안내한다.
② 앞 친구에게 점프를 외치지 말 것을 강요하지 않도록 유의한다. 짧아도 좋으니 자신의 의견을 편하게 말하도록 유도한다.
③ 전체가 발표 완료하는 시간을 재서 기록 측정을 누적해보며 협동심을 다져볼 수 있다.

④ 점프를 외치는 학생도 참여해준 소중한 친구이므로 야유를 보내거나 무시하지 않도록 한다.

학습목표를 공유하는 놀라운 방법

학습목표는 이번 수업시간에 꼭 이루고자 하는 것이다. 대부분의 수업에서는 수업 안내에 이어 오늘의 학습목표 또는 수업 목표를 루틴처럼 제시한다. 하지만 수업 목표를 반드시 시작 부분에 제시할 필요는 없다. 또, 교사만이 수업 목표를 제시할 수 있는 것도 아니다. 학생들과 토의하는 과정에서 학생들로부터 새로운 학습목표가 나올 수도 있다. 보통 교사가 준비를 해오기 마련인데 학생들 생각을 들어보고 함께 수정하는 것도 좋다. 학생들이 정한 목표라면 더욱 열정을 가지고 달성하고자 할 테니 배움 효과가 더 커질 것이다.

학습목표를 제시한다는 것도 잘못된 표현이다. 학습목표는 교사와 학생들 간에 공유하는 것이지 일방적으로 제시하는 것이 아니다. 수업을 통해 학생 스스로 학습목표를 도출할 수도 있고, 놀이 활동을 통해 학습목표를 스스로 체화할 수도 있다. 조금만 고민하면 학습목표를 정하고 공유하는 놀라운 방법들이 많다. 다음에 제시되는 학습목표를 공유하는 다양한 방법들 중 한 가지라도 수업 중에 활용해보자. 전보다 나아진 수업으로 나의 기쁨 뭉치가 생기는 행복한 시간이 될 것이다. 학습목표 보물찾기부터 놀이 응용까지 9가지의 놀랍고 재미있는 방법들을 소개한다.

학습목표 보물찾기 놀이 방법

① 학습목표를 한 글자씩 한 개의 포스트잇(또는 A4용지를 자른 쪽지)에 각각 작성한다.
예를 들어 경제 수업 시간의 학습목표인 '올바른 신용관리를 위한 나만의 원칙을 세울 수 있다'라는 21개 글자를 21개 포스트잇에 쓴다.

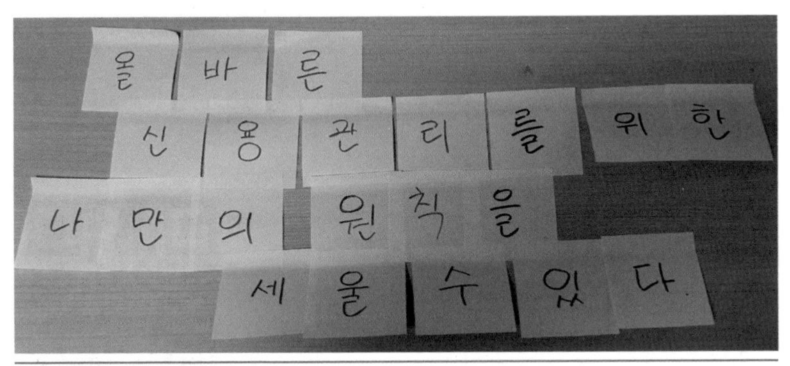

학습목표를 한 글자씩 쓰고 교실에 숨겨둔다.

② 학생들이 교실에 입실하기 전까지 교실 곳곳에 글자들을 숨겨놓는다.
③ 학생들이 교실로 들어오면 "자, 지금부터 보물찾기를 시작합니다!"라고 진행자가 말하며 학습목표 글자들을 보물찾기 활동처럼 찾게 한다.

④ 찾은 글자를 조합해서 칠판에 붙여놓으면 학생들은 학습목표임을 뒤늦게 알게 되며 감탄한다. 다함께 읽고 즐겁게 수업을 시작할 수 있다.

놀이 응용

① **숨은 학습목표 찾기**: 영상 편집 어플을 활용해서 학습목표를 숨겨놓고 찾게 하는 방법이다. 키네마스터, 블로, 비바비디오, 멸치 등 다양한 영상 편집 어플이 있다. 우선 학습목표가 적힌 그림 파일(jpg, png 등)을 하나 만든다. 영상 어플을 활용해서 간단한 동영상을 만든 후 중간에 학습목표를 2군데 정도 넣는다. 수업 중에 아이들이 숨겨진 학습목표를 찾도록 유도한다. 완전 초집중해서 학습목표를 샅샅이 뒤지는 아이들을 발견하게 될 것이다. 다음 QR코드를 휴대폰으로 찍어보면 예시를 볼 수 있다.

숨은 학습목표 찾기 예시 영상

② **학습목표 파도타기**: 학습목표를 교사가 반드시 알려줘야 할 필요는 없다. 다음 차시 교사를 도와줄 친구 1명(뒷자리 학생이면 좋음)을 선발해서 수업 시작 전 쉬는 시간에 교무실로 오게 한다. 교사는 미리 크기가 큰 종이(하드보드지나 포스트잇 이젤패드, 우드락판 등)에 학습목표를 적어서 준비한다. 도움 줄 친구는 학습목표가 적힌 것을 받아서 교실 뒤쪽 벽에 뒷면이 보이게 세워둔다. 수업시간이 되면 교사는 "오늘의 학습목표야 나와라 얍!"을 외치며 지구의 기운을 모아 기합을 준다. 약속한 뒷자리 학생은 학습목표를 '짜짠!' 하고 올리며 큰소리로 학습목표를 읽는다. 그 후 학습목표가 적힌 종이를 앞자리 학생들에게 파도를 타듯 넘기고 맨 앞 학생은 잘 보이는 곳에 붙인다. 특히 학생이 학습목표를 들고 일어설 때 모두 깜짝 놀란다. 재미있는 마술을 보여주듯 즐겁게 진행하면 효과가 만점이다.

③ **그림 속 목표 맞히기**: PPT로 학습목표 그림 위에 숫자 그림들을 가득 덮어서 하나씩 열어보며 맞히는 방법이다. 오래전 연진숙 선생님이 만든 그림 맞히기 플래시 자료를 활용하면 편리하다. 교사는 학습목표가 적힌 그림파일을 만든다. 그림 맞히기 프로그램 속에 학습목표 그림파일을 첨부한다. 숫자를 클릭하는 게임식 방법이라서 학생들이 집중하며 잘 참여한다. 플래시 자료는 블로그에서 다운받으면 된다.

④ **응원박수 활용한 학습목표**: 앞에서 제시한 8박자 응원박수를 학습목표에 활용하는 방법이다. 학습목표를 8글자로 줄일 수 있어야 활용이 가능하다. 예를 들어 '열대기후 알아보자'라고 8글자로 만든 후 학생

들과 박수를 치면서 익히는 것이다. 8글자라면 어떠한 문장으로도 응원 박수를 만들 수 있다.

처음엔 한 글자씩: 열(짝) 대(짝) 기(짝) 후(짝) 알(짝) 아(짝) 보(짝) 자(짝)

그다음 두 글자씩: 열대(짝짝) 기후(짝짝) 알아(짝짝) 보자(짝짝)

그다음 네 글자씩: 열대기후(짝짝짝짝) 알아보자(짝짝짝짝)!

마지막 다 합쳐서: 열대기후 알아보자(짝짝짝짝 짝짝짝짝)!

⑤ **비밀 봉투 놀이**: 학습목표를 큰 글자로 A4 또는 B4용지에 인쇄한다. 대형 서류 봉투에 미리 인쇄한 종이를 넣어둔다. 수업시간에 "비밀봉투 속에 무엇이 있을까 맞혀보자!"라고 호기심을 유발한다. 뭔지 맞히기 어려워하면 힌트 타임을 준다. 자음으로 칠판에 적어주거나 이번 시간에 배울 내용과 관련된다는 힌트를 준다. 정답이 나오면 칭찬 시간을 갖고 오늘의 학습목표를 봉투에서 꺼낸다. 봉투에서 꺼낼 때 "온 우주의 기운과 여러분의 열기를 모아서 얍!", "봉투 요정아 알려줘!" 등의 주문을 다 같이 외우면 재미가 배가 된다. 유치하지만 작은 노력으로 학생, 어른 모두의 웃음 포인트가 된다. 다 같이 읽고 잘 보이는 교탁 앞, 칠판 맨 위 등에 자석으로 붙여놓고 수업을 진행한다.

⑥ **학습목표 초성퀴즈**: 초성퀴즈는 칠판만 있으면 할 수 있는 초간단 놀이다. 칠판에 학습목표를 초성으로만 쓴다. 학습목표 일부만 초성퀴즈로 써도 좋다. 수업을 마무리할 때 똑같은 초성퀴즈를 다시 한 번 쓰고 맞힌다. 이번 시간의 학습목표 달성 정도와 새롭게 배운 점을 점프 발표까지 하면 환상적인 마무리가 된다. 예를 들어 "ㄱ ㅈ ㄱ ㅎ 의 ㅈ

ㅁ ㅅ ㅎ을 알 수 있다"라는 초성퀴즈의 정답은 "건조기후의 주민생활을 알 수 있다"이다.

⑦ **학습목표 눈치게임**: 1장 1번 첫 만남 놀이 응용으로 가기.

⑧ **커튼 속 학습목표**: 매년 공개수업을 하면서 학습목표를 공유하는 방법에 대한 고민을 지속적으로 하게 되었다. 그중 짧은 순간에 학생들에게 놀라움을 준 방법이 있다. 이젤패드나 전지에 학습목표를 미리 출력한다. 수업 직전에 미리 교실에 들어가서 수업 준비를 하면서 분주히 행동한다. 학생들은 처음엔 쉬는 시간에 들어온 교사를 쳐다보다가 이내 자기 할 일에 집중하며 관심이 사라진다. 그럴 때 살짝 교실 창가 쪽으로 가서 커튼 속에 학습목표 종이를 붙여놓는다. 수업을 시작하면 마치 뮤지컬 공연 배우처럼 "자, 오늘의 학습목표를 공개합니다!" 하면서 커튼을 촤르르~~ 열어준다. 학생들은 "우와, 언제 저기에

커튼 속에 숨겨놓은 학습목표 공개하는 장면

넣으셨지?" 하면서 놀라움을 금치 못한다. 교사가 쇼맨십을 발휘해서 수업에 적용하면 더욱 즐거운 방법으로 활용할 수 있다.

⑨ **전광판 어플 활용**: 휴대폰 어플 중에 전광판이라는 어플이 많다. 콘서트장 같은 무대를 바라보는 관객들이 주로 많이 사용하는 것인데 이것을 수업에 활용해서 학습목표를 제시할 때 사용할 수 있다. 교사의 휴대폰 또는 태블릿PC에 학습목표를 적어서 교실 TV에 미러링하면 된다. 공개수업 때 소소하지만 독특한 퍼포먼스를 하고 싶다면 남는 태블릿PC에 전광판 어플로 움직이는 글씨로 만들어서 교탁에 수업 내내 놓아보자. 학습목표를 수업 내내 잊지 않고 상기시킬 수 있는 꿀팁이다. 학생들도 휴대폰을 사용할 수 있는 환경이라면 학생들 모두에게 전광판 어플로 학습목표를 입력해서 다 같이 촬영하는 짧은 이벤트를 기획할 수도 있다. 학습목표가 단순히 재미없게 제시되는 내용이 아니라 축제나 콘서트처럼 즐거울 수 있다는 신선함을 주게 된다. 수업시간 이외에도 전광판 어플을 급식지도나 체육대회 등에서 다양하게 사용할 수 있다. '뛰지 말고 바르게 줄서자'는 내용을 말로 수백 번 전달하는 것보다 전광판 어플로 학생들에게 보여주면 웃으면서 잘 따라준다. 내가 가진 모든 것을 학교 활동과 연결하면 다양한 아이디어가 무궁무진하게 나온다.

유의점

① 보물찾기 활동 시 너무 어려운 곳이나 학생들 평균 키보다 높은 곳에

숨기지 말자. 찾는 시간이 오래 걸려서 수업 진행에 지장이 있고 책상 위를 밟고 올라가는 등 위험할 수 있다.

② 학습목표 제시에 너무 많은 시간을 할애하지 않도록 한다. 본 수업에 몰입하기 위한 과정으로 적절히 시간배분을 할 필요가 있다.

뇌를 자극하는 체조

신체를 움직이는 것은 뇌를 정확히 자극하는 일이다. 이는 어린이부터 노인들까지 모두에게 해당되는 말이다. 뇌 또한 신체의 일부분이므로 체조 활동을 한다면 뇌 근육도 강해지고 학습효과 또한 커진다. 몸과 마음을 모두 단단히 해주는 체조로 수업을 시작하면 활기 넘치는 시간이 될 수 있다. 가만히 있는 학생과 체조를 한 학생 중 당연히 체조로 몸을 푼 학생의 뇌 회전이 잘된다. 수업 시작 시점에 우리의 잠든 몸과 뇌를 깨우고 수업에 몰입하도록 체조를 적극적으로 활용해보자. 체조가 무기력한 학생의 에너지를 끌어올리고 수업에 몰입하는 힘을 줄 것이다. 영상은 유튜브 검색을 활용해서 수업시간에 이용하길 추천한다.

놀이 응용

① **얼굴 체조:** 칠판 쪽을 바라보며 얼굴 근육을 체조하는 방법이다. 주위

시선을 의식하지 않고 할 수 있어서 처음 도전할 때 하기 좋다. 뇌를 자극하는 체조 중 가장 낮은 단계의 체조다. 실내에서 간단히 할 수 있어서 교실에서든 교무실에서든 수시로 할 수 있다. 유튜브 검색을 통해 얼굴체조 영상을 찾는다. '김안과 눈체조'를 검색하면 눈알을 좌우 위아래로 움직이고 눈을 감았다 떴다 하는 체조가 나온다. 그 외 눈건강 체조, 3분 눈운동, 방글방글 얼굴체조, 미소근육스트레칭, 개구리 뒷다리 미소 체조, 동안 체조 등 블로그 링크를 첨부했으니 참고하자.
https://blog.naver.com/jungmal97/222680096501

② **손가락 체조**: 인간의 손을 움직이는 건 모든 신체에 자극을 주는 효과가 있다. 손과 몸속 장기들이 모두 연결되어 있기 때문이다. 디지털기기를 많이 사용하는 사람이 늘어나면서 손가락 체조의 필요성이 더욱 커졌다. 신경외과의사 펜필드는 신체의 각 부위 자극에 대해 뇌가 반응하는 비율로 호문클루스라는 인간 모습을 만들었다. 호문클루스는 전체 몸에서 손이 유난히 큰 괴생명체로 보인다. 손에는 뇌의 운동신경과 감각신경을 연결하는 세포가 가장 많이 분포되어 있기 때문이다. 그래서 손운동은 뇌 전체를 마사지하는 것과 비슷하다. 몸을 크게 움직

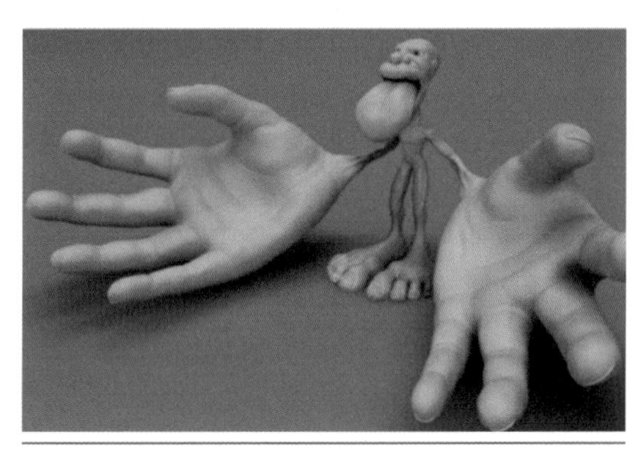
신체 각 부위 자극에 뇌가 반응하는 비율로 만든 인간, 호문클루스

이는 것이 부담스러울 땐 손가락 체조로 수업 분위기를 바꿔보고 뇌를 활성화하자. 뇌 마사지로 뇌세포도 늘어나고 집중력도 향상되니 이보다 더 좋을 수 없다.

③ **앉아서 하는 상반신 체조**: 교실이라는 공간, 강의실이라는 좁은 실내에서 몸을 최대한 움직이며 할 수 있는 활동이다. 우리 몸은 많이 움직일수록 뇌는 활성화되고 스트레스를 낮춰주는 호르몬도 나온다. 수업을 시작할 때 가볍게 상반신 체조를 하고 시작하자. 움츠러진 어깨도 펴지고 숨은 키도 커지는 효과가 있어서 수업에 열린 마음으로 참여할 수 있게 해준다. 예를 들어 유튜브에 박지성 월드컵 응원체조, Girls(sports) Day송 아침체조, 앉아서 하는 교실체조, 뇌를 깨우는 스트레칭, 의자 앉아 맨손체조 등으로 검색하면 된다.

④ **서서 하는 체조**: 공간이 가능하고 시간도 여유가 있다면 모두 일어나서 몸을 푸는 운동을 시도해보자. 일상적인 수업에서 매일 시도할 순 없지만 아이들과 라포가 충분히 형성된 후 무언가 새로운 것이 필요할 때 모두가 일어나서 몸을 풀고 수업을 시작하면 좋다. 대부분의 학생들이 하루 종일 의자에 앉아 교과수업을 듣기 때문에 한 번쯤 자리에서 일어나는 활동으로 상쾌한 시작을 해보면 좋다.

유의점

① 체조를 할 경우 주변에 위험한 물건들은 없는지 살피고 다치지 않도

록 각별히 주의한다. 몸을 건강하게 하려고 하다가 오히려 부상을 입는 경우가 있다. 의자 모서리, 책상 모서리 등에 주의하고 옆 친구와의 간격을 유지한다.

② 처음엔 작은 활동으로 시작해서 점점 동작이 큰 활동으로 옮겨가는 것이 좋다. 처음부터 과도한 동작은 학생들에게 부담을 줄 수 있다. 분위기를 보고 단계별로 체조에 참여하도록 유도한다.

③ 진행자는 시키기만 하는 게 아니라 함께 체조를 하도록 하자. 진행자와 한마음이 되어 수업이 더 수월하게 진행된다.

미디어자료 활용

수업에 미디어 자료를 많이 활용하는 추세다. 하지만 재미있는 미디어 자료도 10분을 넘어가면 학생들의 집중력이 흐트러진다. 영상 미디어 자료를 활용할 경우 수업과 관련된 적당한 부분만 보여주고 자른다. 수업 도입부에서 미디어를 보여줄 경우 수업을 배우고 싶은 동기가 형성되는 영상 정도만 보여주는 것이 좋다. 영상 내용을 수업과 자연스럽게 연결하도록 학생의 호기심을 자극하는 발문을 준비하거나 학생들에게 질문 만들기를 하도록 해보자. 그냥 영상을 보는 것이 아니라 생각하며 볼 수 있게 해야 한다.

예전엔 EBS 지식채널을 많이 활용했으나 요즘엔 유튜브 키워드 검색을 통해 좋은 수업 도입 영상을 쉽게 찾을 수 있다. 뉴스 보도 영상, 관련 영화자료, 쌤튜브 영상, 공익 광고 영상도 수업에 활용하기 좋고, 교과서를 만든 출판사에서 제공하는 영상들도 매우 좋다. 심지어 가상현실(VR)과 증강현실(AR) 자료도 제공된다. 미래앤출판에서 만든 엠

티처, 비상교과서에서 만든 비바샘, 천재교육에서 만든 티셀파, 지학사에서 만든 티솔루션 등을 적극 활용하자.

유의점

① 미디어 자료를 활용할 경우 학생들 앞에서 바로 찾아서 보여주지 말고 미리 영상 내용을 끝까지 확인하고 수업시간에 보여줘야 한다. 제목과 달리 이상한 내용이나 잘못된 지식이 담겨 있을 수 있기 때문이다.

② 유튜브를 사용할 때 원치 않는 광고가 나오는 경우가 많다. 수업시간에 광고가 나오지 않도록 프리미엄 계정을 사용하는 것이 깔끔하고 좋다.

③ 수업에서 준비한 영상자료가 소리가 나지 않거나 갑자기 재생되지 않는 경우가 있다. 특히 연구 수업이라면 난감할 수밖에 없다. 반드시 미리 영상의 재생 여부를 확인하고 대체물을 준비하도록 한다.

노래로 시작하는 수업

시한부 인생을 사는 여성의 이야기를 유쾌하게 다룬 〈인생은 아름다워〉라는 뮤지컬 영화를 감명 깊게 봤다. 암에 걸려 죽음을 앞둔 두 아이 엄마의 슬픈 현실을 노래와 춤으로 승화시켜 감동과 여운이 오랫동안 남았다. 그래서 생각했다. 마치 뮤지컬처럼 수업을 노래로 시작한다면 어떨까?

뮤지컬처럼 거창한 노래를 계속 하는 것이 아니라 10초, 20초짜리 짧은 노래만으로 입과 귀와 뇌를 활성화시킬 수 있다. 앞서 본 호문클루스 모습은 인간의 손이 가장 크게 뇌와 연결되어 있고 그다음으로 입이 매우 크다는 것을 알 수 있다. 손과 입을 동시에 움직인다면 뇌의 감각세포와 운동세포를 동시에 자극할 수 있다. 입으로 노래를 부르면 그 소리는 귀와 뇌에 다시 전달되고 나를 스스로 인식하는 메타인지도 자극한다.

수업을 노래로 시작한다면 거부반응을 일으키는 학생이 있고 교사도 있다. 우리 뇌는 주변 사람들을 무척 의식하도록 구조화되어 있다. 사실 이것은 공동체 생활을 해야만 살아남던 원시시대 유전자다. 그땐 공동체 생활을 하며 사냥과 채집으로 살아갈 수밖에 없었고 무리에서 추방되거나 소외되면 죽음이기에 다른 사람의 의견과 눈치를 볼 수밖에 없었다. 하지만 지금은 남을 그렇게 의식하지 않아도 되는 현대사회다. 나의 뇌를 깨우기 위한 노래 부르기를 안 할 이유가 없다.

남이 어떻게 생각하든지 신경쓰지 말자. 다른 사람들은 의외로 나에게 관심이 없다. 열심히 노래 부르고 수업에 참여하는 것이 자신의 발전을 위한 길임을 알리자. 교사도 노래 부르는 것이 어색하고 생뚱맞다고 생각할 수 있지만 나의 뇌를 즐거운 수업에 최적화하기 위한 수단으로 생각하고 도전해보자.

나는 수업시간을 즐겁게 시작하기 위해 뽀로로 노래 반주 위에 직접 녹음해서 수업시작송을 만들었다. 교사 연수에서도 연수 노래를 만들어서 시작해보기도 했다. 최근엔 펭수 로고송을 개사해서 미니 펭샘이라는 캐릭터로 노래부르며 수업을 시작했다. 처음엔 어색해하고 쑥스러워하는 학생도 있었지만 나중엔 자꾸 부르자고 조른다. 사회 수업을 하면 시작 노래가 자꾸 생각난다고 한다. 벌칙으로 독창하는 경우도 있었고 복도에서 사회수업송을 부르고 다니는 학생들도 있었다. 아이들에게 새롭고 신기한 경험을 줄 수 있어서 좋았고, 수업을 재미있게 기억해주는 것 자체가 의미 있는 활동이었다. 뒤이어 3장의 12번째 주제에서 노래를 활용한 수업진행 방법을 다시 다룬다.

놀이 방법

① 교사가 수업 시작 노래를 직접 만들어서 부른다면 좋겠지만 작사 작곡을 직접 하는 건 쉽지 않다. 기존 노래를 어느 정도 가사를 바꾸어 학생들과 함께 불러본다. 그다음엔 학생들과 직접 개사하는 작업을 할 수도 있다.

② 수업 시작 노래는 교사와 학생이 번갈아 불러도 좋고 자원하는 친구가 나와서 혼자 불러도 좋으며 다 같이 합창해도 좋다.

놀이 응용

① **기존 노래 가사 바꾸기**: 지형 단원을 배우며 '한국을 빛낸 100명의 위인들'이라는 노래의 개사를 시도했다. 고기습곡산지와 신기습곡산지 특징으로 학생들의 다양하고 기발한 개사가 많았다. 그날 배운 수업을 마무리할 때 개념들을 5개 이상 넣어서 제작하라고 하면 된다.

② **랩으로 수업하기**: 아직 도전해보진 못했지만 라임을 넣어서 수업 내용을 만들고 랩으로 학생들에게 알려주면 정말 재미있을 것 같다. 특히 어려운 단원에서 랩을 만들어 노래하듯 설명하면 폭발적인 반응으로 즐겁게 학습할 수 있을 것이다.

★ '한국을 빛낸 100명의 위인들' 노래를 지형 개념으로 가사 바꾸기

"아름다운 세상의 자연환경에 다양한 산지들 만들어지고

10912 민지나

아름다운 세계의 모든 자연에 다양한 산지들이 만들어지고 다양한 작용으로 깎고 풍화되 여러 가지 굉장히 산지도 많아. 젊고 험준한 신기습곡산지 히말라아 산맥 늙고 낮고 완만 고기습곡산지 우랄산맥이야 높낮이가 안 크고 평탄한 지형 고원 로키산맥 신기 우랄산맥 고기 산지는 멋지다

★★★★★(4) 평가

10913 박경진

아름다운 사회에 해안지형은 해식동굴 시스택 갯벌도 있고 산지지형 은 2개 수업 배우니 대대손손 훌륭한 성적도많아 제주도는 화산활동 한국은한반도 일본은 섬나라~~~

★★★★★(3) 평가

10914 박기석

지루하고지루한 사회시간에~
사회선생님께서 수업하시고~
미니뻥뻼뜻으로 학교세우니~
대대손손 훌륭한 인물도 많아~
경원중세운뻥뻼왕 뻥뻼사회왕~
알에서나온 뻥뻼왕~
사회시간멈춰라 뻥뻼토대왕~
사회장군 뻥뻼부~
온대기후 따뜻해~
한대기후 추워요~
사회시간 굿잡!
너무재밌 어요!
시간은 흐른다~

18번 백채훈

(우리나라 지형)
yo yo 재미있는 시간에 사회수업에 여러가지 지형을 많이 배웠고 동고서저 형으로 산지있으니 도올산과 호읇산이 드러나게돼 동해안엔 해안이 단조로워 yo 사빈 석호 해식동굴 서남해안 리아스 조차가커yo 갯벌이 드러나yo 강원도와 충청도 카르스트 석회동굴 제주도에 오름 주상절리까지 지형을 배워yo~

★★★★★(1) 평가

10919 서범

아름다운 이땅에 여러지형에 다해선생님께서 가르치시고 우리들은 재있게 수업 들으니 대대손손 훌륭한 지형도 많아
해발고도 높아요 신기 습곡산지 해발고도 낮은~ 고기습곡산지 오랫동안 침식해 해발 낮아요~ 해발 낮아서 살기좋아요~ 광업도시 발전~ 신기습곡산지 관광산업도 발달~
이렇게 많은 산지들 지형은 많아요.

★★★★(4) 평가

10920 신승민

대한민국 이 땅에 동해 해안선은 아주 단조 로아요
반면에는 서,남해는 아주 복잡해~~
지구에 대하여 배울게 많아~~~
사회 시간에서는 이런 것들 배우지
산에 가면 고기 습곡산지와 신기 습곡산지가 있습니다

10923 이서영

아름다운 한국의 해안지형은 암석해안 해식애 시스택사빈 해식동굴과석호 모래해안과 갯벌도분포하는 그런곳이지 암석해안파도침식 결과해식애 암석기둥인 시스택 모래해안에서는 사빈과석호 흙이퇴적된 갯벌 열대기후 지형엔 산호초해안있지 한국에는 이런 해안지형 많아 외우기 힘들지~

★★★½(3) 평가

10922 유지원

아름다운 이땅에 금수강산에 단군할아버지가 터 잡으시고 홍익인간 뜻으로 나라 세우니 대대손손 훌륭한 지형도 많아
산지 지형 완만한 고기습곡산지 가파른건 신기습곡산지
서해 남해 해안선 복잡도하다 동해는 단조로워
해안지형 시스택 그옆에는 시아치 갯벌도 있지요
역사는 흐른다

★★★½(3) 평가

10921원서연

사회 시간에배운 지형들중에 동해안따라 발달한 석호가 있고 대한민국 뜻으로 해수욕장과 주요 관광지로오↘이용이되죠. 흐르는 하천

★★★½(3) 평가

신기한 작용으로 깎고 풍화돼 여러 가지 멋있는 산지도 많아.

젊고 높고 험준한 신기습곡산지 히~말라야~ 로키산맥

늙고 낮고 완만한 고기습곡산지 애팔래치아 우랄산맥

해발고도 높지만 평탄한 곳도 있어

그건 바로 고원, 높고 평탄한 고원 다양한 지형들"

★ 랩으로 수업하기

안녕 재판이 뭘까 공정한 재판

재판은 한 번뿐 더 이상 못 받나? “아니 전혀 아니야”

1심 판결 맘에 안 들면 2심 재판할 수 있지

2심 판결 맘에 안 들면 3심 재판할 수 있지

이게 바로 심급제야 공정재판을 위한 우리만의 장치 예~

유의점

① 억지로 부르도록 하지 말고 수시로 노래를 들려주자. 어느새 학생들이 수업 시작 노래를 원하고 복도에서도 부르고 다닌다.

② 목소리가 변조되는 휴대용 마이크로 학생들에게 재미를 줄 수 있다.

③ 노래를 거부하는 경우 분위기를 먼저 만들어야 한다. 분위기가 허용되는 학급에서만 즐겁게 활용할 수 있다.

출석을 부르는 기발한 방법

우리는 매일, 매시간 출석을 부를 때 똑같은 방식으로 이름을 부른다. 그렇게 습관이 형성되고 그것이 내 몸에 루틴처럼 굳었기 때문이다. '야!', '너'로 부르는 것보다는 이름을 불러주는 것이 당연히 좋다. 하지만 더 새로운 방법으로 출석을 부른다면 교사도 학생도 활기차고 신이 나는 수업이 열린다. 매번 바꿔 부를 순 없지만 아주 가끔 출석을 다르게 불러보자. 썰렁한 분위기를 띄우는 아이스브레이킹 효과도 있고 학생의 닫힌 마음이 모두에게 열리기도 한다. 우선 앞장에서 제시한 별칭 출석부를 활용해서 불러보자. 여러 방법들 중 한 가지라도 시도해보자.

놀이 방법

① **다른 대답하기**: 교사가 학생의 이름을 호명할 때마다 '네!', '예!'가 아

닌 무조건 다른 단어를 답하게 한다. 앞 사람이 말한 대답과 무조건 달라야 한다.

② "얍!", "네입", "호이", "쿵쿵따", "넵넵넵", "삐리삐리삐", "유후", "헬로" 등 의미 없는 단어를 말해도 되고 사자성어나 명언이나 속담을 말해도 좋다. 학생들은 재미있는 대답에 웃음꽃이 피어난다. 서로 다른 대답을 창의적으로 고민하느라 마음이 열리고 즐거운 수업을 할 수 있는 분위기가 형성된다.

놀이 응용

① **10센티 점프 동작**: 자신의 이름이 호명되었을 때 의자에서 10센티 이상 엉덩이를 떼고 점프한다. 한 손을 들고 점프, 만세 점프, 웨이브 점프 등 단순히 대답하는 것과 차원이 다른 즐거움을 느낄 수 있다. 점프가 부담스러우면 살짝 일어섰다가 앉는다고 생각하면 된다.

② **1초 사진 포즈**: 간단한 포즈를 미리 준비하고 자신의 이름이 불렸을 때 대답과 함께 1초 포즈를 취한다. 처음엔 민망해하지만 갈수록 춤을 추는 등 대담한 포즈가 나와서 웃음이 넘치는 시간이 된다. 진행자는 손가락으로 사진 액자 포즈를 취한다.

③ **고음 대결**: 처음 출석에 대답한 친구는 낮은 '네'를 한다. 그다음 친구는 한 음을 높여서 대답을 한다. 점점 뒤로 갈수록 출석에 대한 대답이 고음으로 가는 것이다. 더 이상 높은 음을 못 내면 다시 낮은 '네'로 가

면 된다. 계속 고음을 내야 하는 부담이 없으므로 마지막 학생까지 즐겁게 대답할 수 있다. 반대로 저음 대결로 대답할 수 있다. 저음은 소리가 잘 안 들릴 수 있으므로 모두가 조용한 상태에서 진행한다.

유의점

① 다른 단어로 출석에 대답할 경우 욕설, 비방, 놀리는 말, 은어 등의 사용은 자제하도록 한다. 선생님과 학생들이 듣기에 불편한 말은 하지 않는 게 예의임을 배우게 한다.

② 점프 동작 대결 시 흥분하지 않도록 하고 점프가 싫으면 일어서면서 대답한 후 앉게 하면 된다.

③ 1초 사진 포즈는 교사가 찰칵 소리를 내며 손가락으로 네모를 만들어서 호응해주면 좋다.

④ 고음 대결 시 갑자기 낮은 음으로 내려간다 해도 야유를 보내지 않고 존중해줘야 함을 미리 안내한다. 누구나 고음에 도전하지 않고 낮은 음으로 대답해도 괜찮다는 것에 공감대를 형성해야 편안한 수업이 가능하다.

다른 그림 찾기

흔히 영재 또는 천재라고 불리는 사람들의 공통점은 관찰을 잘한다는 것이다. 천재들은 다른 사람의 작은 변화, 사소한 일상에서의 새로운 발견 등을 통해 세상을 바꾼다. 지금 우리가 누리는 편리한 생활도 누군가의 관찰이 불편한 점을 개선해나간 결과다. 호기심을 가지고 주변을 관찰할 때 인간의 상상력과 창의성이 놀랍게 증폭된다. 수업에 참여할 때도 학생들의 숨은 영재성을 끌어내주면 더욱 기발하고 확장적인 배움이 될 것이다.

교사에게 온전히 집중하게 하는 좋은 방법 중 하나가 다른 그림 찾기 놀이다. 대부분의 학생들은 상대방의 모습에 관심이 없고 관찰도 하지 않는다. 가정에서도 부모님이나 형제자매의 바뀐 모습을 말해주지 않으면 잘 모른다. 그만큼 대부분의 사람들은 주변의 것에 집중하지 않는다. 번화가에서도 정신없이 반짝이는 광고판들조차 신경쓰지 않는 사람들이 많다. 내 관심사 외엔 우리의 뇌가 피로감을 느끼기 때문이다. 하지만 수업시간에 교사에게 집중하고 교사를 관찰하게 하는 것은 학생들에게 배움이 잘 일어날 수 있게 하는 지름길이다. 교사에게 온전히 몰입하도록 유도하는 다른 그림 찾기 놀이에 도전해보자. 학생들이 교사를 뚫어져라 관찰하고 집중할 수밖에 없을 것이다.

놀이 방법

① 교사의 처음 모습을 잘 보라고 한 후 모두 엎드리라고 한다.

② 교사는 소매 걷기, 안경 벗기, 묶은 머리 풀기, 시계 풀기, 단추 잠그기, 헤어스타일 방향 바꾸기 등 최소 3군데 이상 변화를 준다.

③ 변화가 완료되었다면 학생들에게 3초 카운트다운을 한다. "자, 3초 뒤에 일어나세요. 3, 2, 1, 짠!" 모두 일어나게 하고 바뀐 부분을 맞히게 한다.

왼쪽 사진과 비교해서 다른 점 7군데를 찾아보세요.

놀이 응용

① **실물 활용 다른 그림 찾기**: 수업시간에 배워야 할 중요한 사물을 가져온다. 예를 들어 이슬람교에 대해 배울 차례라면 변화를 주는 타이밍에 숨겨둔 히잡을 쓰고 나타난다. 법에 대해 배운다면 학생들이 엎드려 있을 때 강제성을 의미하는 칼 또는 공정함을 나타내는 양팔저울을 들어주며 놀이를 진행한다.

② **학생이 출제하기**: 다른 그림 찾기는 원하는 학생을 지원받아서 직접 놀이를 하게 하도록 하자. 교사보다 더욱 기발한 변화를 주는 기특한 학생들이 나타난다. 지원받은 학생이 교탁 앞으로 나오면 모두 학생을 5초간 잘 관찰하도록 한다. 그 후 모두 엎드리게 한 후 최소 3군데 이상 변화를 준다. 다시 나머지 학생들이 일어나면 바뀐 부분을 맞히게 한다. 여러 소품을 활용하면 더욱 재미있다.

③ **온라인 다른 그림 맞히기**: 온라인 수업에서 진행자가 잠시 후 다른 그림 맞히기가 있을 것을 예고한다. 3초 정도 관찰할 시간을 준 뒤 화면을 끈다. 재빨리 3군데 이상 변화를 준 뒤 화면을 켜고 정답을 맞히도록 한다. 채팅창을 활용하면 누가 먼저 답변했는지 파악하기 쉽다. 온라인 다른 그림 찾기 놀이는 발표자의 모든 것에 초집중하는 시간이 될 것이다.

유의점

① 길어지면 지루해질 수 있으니 짧고 굵게 활동한다.

② 변화를 줄 것이 없다면 배경에 변화를 주거나 나의 위치를 조금 바꿔도 좋다. 작지만 사소한 변화라도 아이들에게 즐거움을 줄 수 있다.

3장

모두 함께 성장하는 수업 놀이

톡톡 튀는 팝콘 아이들

더 이상 예전 교실을 생각하지 말자. 요즘 아이들은 극장에서 볼 수 있는 톡톡 튀는 팝콘과도 같다. 고소한 맛, 달콤한 맛, 오리지널, 캐러멜, 갈릭, 바질어니언, 더블치즈, 치토스 맛 등 모두 열기를 가지고 세상에 나온 다양한 팝콘이다. 기존 맛에 새로운 재료를 입힌 것도 있지만 모두 다른 모양을 하고 있다. 저마다의 독특한 특성을 가지고 설레는 마음으로 튀겨져 나왔다. 어디로 튀어 나갈지 모르고 어떻게 바뀔지 알 수 없다. 차분히 앉아서 글을 읽고 선생님 말씀에 끄덕끄덕 감명받는 모범적인 모습은 애초에 기대하지 말자. 20년간 교직에 있으면서 매년, 매해 똑같은 스타일의 아이들을 본 적이 없다. 최근 코로나19라는 전염병을 통해 아이들의 행동은 더욱 특이해졌고 다양해졌다.

에듀테이너는 교육과 예능이 합쳐진 교사를 말한다. 단순한 지식 전달자에 그치지 않고 팝콘 같은 학생들의 다양한 요구와 필요에 맞게 창의적으로 수업을 이끌어가는 21세기형 교사를 일컫는 말이다. 수업을 즐기며 연구하는 교사는 에듀테이너가 될 수 있다. 에듀테이너는 놀면서 배움이 일어나는 방법을 연구하고 학생들 특성에 맞게 적절한 수업을 할 수 있는 아이디어를 고민한다. 지금은 아이, 어른 모두 뉴스보다 예능 프로그램을 더 좋아한다. 예전 TV 〈무한도전〉 프로그램에서 환경 문제의 심각성을 북극과 열대지역을 여행하는 게임을 통해 표현한 적이 있다. 똑같은 내용을 다큐멘터리 형식으로 알려주는 것보다 예능 관점에서 재미있게 표현하면 시청자에겐 더 깊이 와 닿게 된다.

팝콘 같은 학생들과 함께 4차 산업혁명에서 살아남기 위해서는 일을 즐기는 에듀테이너가 되어야 한다. 인생을 낭비 없이 살고 싶으면 일을 즐겨보자. 당장 교직을 관둘 것이 아니라면 일단 주어진 일에 열심히 몰입하자. 수업에 게임과 놀이 요소를 넣어서 뉴스 보도 같은 진행이 아닌 예능처럼 느껴지는 수업을 설계해보자. 요즘은 뉴스마저도 예능 요소를 넣어 좀 더 흥미로운 진행을 하고자 노력하는 추세다. 태어나면서부터 손에 스마트폰을 쥐고 나온 알파세대, MZ세대를 19세기와 20세기 방식으로 가르치는 건 교사에게도 학생에게도 모두가 어려운 일이다. 팝콘과 콤비인 콜라처럼 에듀테이너가 되어 학생들과 잘 어울리는 것이 좋다. 즐겁게 배움이 일어나는 방법을 고민하고 연구하며 새로운 사회에 적응하는 노력이 필요한 시대다.

수업이 너무 하기 싫을 때

수업의 성패는 학생의 수업 태도가 아니라 교사 태도에 달려 있다. 뼈아픈 말이지만 학생들의 태도를 탓하기 전에 나를 돌아보는 자세가 필요하다. 교사가 즐겁고 신이 나서 수업을 진행한다면 학생들도 좋은 영향을 받는다. 가르치는 것이 즐겁지 않은 교사가 수업을 한다면 학생들은 금세 알아차리고 만다. 몸짓, 표정, 어투 등 모든 것으로 느껴지기 때문이다. 마지못해 교실로 들어가 어두운 표정으로 교단에 선다면 학생들은 불안감마저 느낀다. 하지만 교사도 사람인지라 피곤하고 수업이 하기 싫을 때가 있기 마련이다. 늘 즐겁고 설레는 마음으로 교실에 들어가면 좋겠지만 현실은 전쟁터에 끌려나가는 느낌일 때도 있다.

그렇다면 수업하기 힘들 때 쓸 수 있는 방법에는 뭐가 있을까? 일단 억지로라도 미소를 지어보자. 어차피 할 일이라면 웃으면서 하자. 진짜 미소는 양쪽 입꼬리가 올라가고 눈 주변 근육이 수축되는 뒤센 미소라고 한다. 19세기 프랑스 신경학자 기욤 뒤센의 이름을 따서 진짜 미소를 뒤셴 미소라고 한다. 그런데 뇌과학에서 보면 뒤셴 미소가 아닌 비뒤셴 미소로 웃어도 뇌는 진짜로 웃는 것으로 여긴다고 한다. 뇌는 실제와 상상을 구별하지 못한다. 억지로 수업을 즐겁게 여기고 뇌에 긍정적인 신호를 보내며 교실에 입장해서 미소 지으면, 아이들도 선생님을 환대한다. 진정한 배움은 교사와 학생 모두 마음의 준비가 되었을 때 가장 효과적으로 이루어지기 때문이다. 교사와 학생 모두 긍정적인 뇌 회로를 가동시키면 결과는 달라질 수밖에 없다.

두 번째 방법은 억지로 긍정의 가면을 쓰는 것이 버거울 때 학생들에게 솔직하게 말하는 것이다. 예를 들어, 선생님이 오늘 컨디션이 좋지 않고 피곤하다는 것을 말해준다. 그럼에도 불구하고 최선을 다해 수업할 테니 너희들도 도와주면 좋겠다고 말한다. 언제 어디서나 솔직함은 통하기 마련이다. 좋은 수업의 가장 중요한 요소는 '신뢰'다. 학생들과 인간적인 유대 관계를 형성하고 좋은 수업 분위기를 만들기 위해서는 교사부터 마음을 열고 학생들에게 다가가야 한다. 피곤해하며 수업하는 것보다 인간적인 모습으로 다가가는 것은 친밀감 향상에도 도움이 된다. 물론 피곤하더라도 나름 최선을 다하는 모습을 보여줘야 신뢰감과 친밀감이 형성될 것이다.

세 번째 방법은 최대한 학생 활동 위주로 수업을 짜는 것이다. 하워드 헨드릭스 교수는 최대한의 배움은 최대한의 참여 결과라고 했다. 교사의 개입을 최소화하고 학생들의 자기 주도적인 학습이 되도록 수업을 구성해보자. 예를 들어 전체 학생들에게 포스트잇을 2개씩 주고 이번 단원에서 중요한 내용에 대한 퀴즈를 2개 이상 출제하게 한다. 출제자, 난이도 별표시, 정답을 뒷면에 반드시 쓰게 한다. 학생 진행자를 지원받아서 분단별 대항퀴즈 또는 모둠 대항퀴즈 대결을 하도록 한다. 교사의 진행보다 더 신나게 잘하는 모습을 볼 수 있을 것이다. 학생들에게 주도권을 넘기면 자기들끼리 의미 있는 시간을 만들어낸다. 아이들에겐 무한한 가능성이 있어서 다양한 모습으로 수업이 구성될 수 있다. 교사는 판만 깔아주면 된다.

수업이 하기 싫으면 준비를 미루거나 게을리하게 되고 찝찝한 결과를 만들 확률이 커진다. 하지만 수업이 즐겁고 기대되면 노력하는 마음을 먹게 된다. 저절로 전보다 발전적인 수업으로 가게 된다. 뇌는 내가 말하고 글로 쓰는 대로 진짜라고 인식한다. 미국 경영학 박사 톰 피터스는 "일할 때 재미가 없으면 당신은 인생을 낭비하고 있는 것이다. 인생을 낭비하지 말고 즐겨라! 그러면 저절로 아이디어가 떠오른다"고 말했다. 비록 수업이 즐겁지 않고 피곤하고 힘들 때가 있지만 신나고 즐거운 척이라도 하면 뇌는 어느새 즐기고 있는 나를 세팅하게 된다.

백화점의 불친절한 직원에게 불쾌감을 느껴본 경험이 있을 것이다. 하지만 일을 즐기는 긍정적인 직원을 만난다면 필요 없는 물건도 구매하게 된다. 일할 때 재미없는 나는 인생을 낭비하고 있는 것이다. 나를 위해 즐기는 마음으로, 웃는 얼굴로 수업에 임해보자. 결과는 완전 달라질 것이다.

모든 곳이 배움의 장소

지금부터 과거에 가지고 있던 패러다임을 깨고 현재 나의 생각도 과감히 벗는다고 가정해보자. 아무것도 없던 것에서 무언가를 만들어낸다고 생각해본다. 여기는 우주 한복판이고 내가 서 있는 곳은 교실이 아닌 우주의 어느 별 위다. 지금 나의 아이들만을 생각하고 기발하고 놀라운 배움이 일어나도록 고민해본다. 우주 한복판에 서 있는 우리는 교실에 얽매여 있지 않다. 우주 및 지구 전체가 배움의 공간이다. 수업 시간은 한정되어 있지만 4차 산업혁명 이후 우리의 수업은 우주의 어느 공간에서든 가능하다.

칠판과 프로젝트 TV만이 수업 도구의 전부라고 생각하지 않는다. 칠판은 학생을 등지고 써야 하는 도구다. 느리게 써지고 맨 뒤 학생은 안 보이고 학생들과 소통하기 어려운 구조다. 칠판을 활용할 땐 핵심 내용만을 크게 잘 보이게 빠른 속도로 쓴 뒤 아이들을 바라보며 수업을 진행해야 한다. 나는 미리 교실에 들어가서 칠판에 단원명과 판서 일부를 작성해놓고 시작한다. 최대한 판서를 적게 쓰고 글자 크기는 크게 쓰도록 노력한다.

노트북을 연결한 TV모니터 수업은 학생들을 바라보며 수업을 할 수 있어서 가장 좋은 수업 도구다. PPT, 프레지, 노션 등을 활용하여 집중할 수 있는 자료를 보여주기 좋다. 애니메이션 효과까지 겸비하면 칠판에 판서하는 것처럼 쓸 수 있다. 그 외에 다양한 교육용 어플리케이션(AR, VR 자료, 패들릿, 띵커벨, 뱀부즐, Class123, Classting 등)을 직접 보여주며 수업 집중을 유도할 수 있는 좋은 도구다. 하지만 이게 수업을 위한 전부는 아니다.

교실 밖까지 온 지구가 배움의 장소이며 교실의 모든 곳이 학습 장소다. 예를 들어 나는 인류의 진화를 설명할 때 복도에서 네 발로 걸어보기, 두 발로 걷기의 차이점을 체험하도록 했다. 물론 양 옆반이 모두 체육활동으로 교실을 비운 상태여서 다른 반에 피해가 가지 않게 복도를 활용한다. 크로마뇽인이 동굴벽화를 남겼던 일도 학생들이 직접 원시인으로 빙의해서 교실 벽에 그림을 마구 그리도록 한다. 교실 창문, 교실 문, 사물함 위에도 물백묵이나 보드 마카로 수요 공급 곡선을 그려서 수업을 할 수 있다.

교실 밖으로 나가 야외에서 입체 지구본 만들기 활동을 하기도 했다. 더 멀리 인근 공원에 가서 자연과 함께 수업을 진행해보는 것도 아이들의 생각의 틀을 깨주는 멋진 방법이다. 잔디밭에 누워서 우리나라 산맥을 몸으로 만들고 드론으로 촬영하는 것도 가능하다. 전시관, 길거리, 관공서, 도서관 등 모든 곳이 배움의 장소다.

사람을 바꾸려면 만나는 사람을 바꾸고, 생각을 바꾸고, 환경을 바꾸라는 말이 있다. 만나는 사람을 바꾸기 어렵고 생각도 쉽게 바뀌지 않는다면 환경을 바꿔야 한다. 여행지에서 인간의 뇌는 자극받아 더 기발한 아이디어들이 샘솟게 된다. 오프라인 공간을 바꿔보고 4차 산업혁명에 맞게 온라인으로 새로운 연결을 시도해보자.

예전에 캐나다로 이민 간 제자가 있었다. 제자에게 캐나다의 기후 및 문화의 특징에 대해 설명하거나 보여줄 물건이 있냐고 연락했다. 흔쾌히 응해준 제자에게 준비한 사물을 가지고 수업 중 화상통화로 만나자고 약속했다. 그 후 수업 중 화상통화로 캐나다 현지를 연결해서 TV모니터로 학급 아이들과 만났다. 서로 반가워하며 안부도 묻고, 아이들은 캐나다 단풍잎의 유래 등 친구의 설명을 집중해서 들으며 신기해했다. 기존에 해오던 대로만 수업하는 것이 아니라 우주와 지구 전체를 배움의 장소로 생각하고 아이디어를 내보자. 놀랍고 기발한 수업 방법들이 쏟아질 수 있다.

기발한 질문에 답하는 3가지 방법

특이한 분야에 관심이 있거나 놀랍고 기발한 생각을 하는 학생은 늘 있다. 아니 없는 것이 이상하다. 모두가 똑같은 생각과 행동을 하는 건 있을 수 없는 일이다. 그렇다면 기발하고 신기한 질문을 받았을 때 어떻게 대처하는 게 좋을까? 적절한 답변이 떠오른다면 가장 좋을 텐데 그렇지 못할 때가 있다. 우선 질문을 한 학생을 격려해주고 용기를 내어 질문한 것 자체에 대해 칭찬해준다. 교사가 "어떻게 그런 말도 안 되는 질문을 하니?"라는 표현을 하거나 한심한 표정을 지어 보인다면 앞으로 수업에서의 질문은 영원히 없다고 보면 된다. 아이들은 고개 숙이고 입 닫치며 수업에 소극적으로 참여하는 최악의 결과가 나온다. "정말 생각지도 못한 질문이구나. 어쩜 그런 생각을 했니? 좋은 질문을 해줘서 고맙고 기특하다"라는 칭찬만으로도 이미 질문 학생의 마음은 기쁨으로 충만하다. 더 이상 답변이 필요 없을 수도 있다. 하지만 3가지 방법으로 대처해볼 수 있다.

첫째, 질문한 학생에게 다시 되물어본다. 자신은 그 질문에 대해 어떻게 생각하는지, 어떤 생각을 가지고 있는지 되받아쳐서 답변하는 방법이다. 이 방법은 효과가 좋다. 학생이 질문을 한다는 건 그만큼 다른 친구보다 많이 고민해봤다는 증거다. 다시 답변하는 학생의 의견을 최대한 공감해주고 경청해주는 것만으로도 좋은 답변이 된다. 굳이 정확한 답을 말하지 않아도 학생의 창의적인 생각에 한 숟가락을 얹는 효과가 있다. 학생의 질문을 통해 수업 내용의 중요한 부분을 다시 한 번 강조할 기회도 생기니 고마운 학생이다.

혹시 일부러 교사를 곤경에 빠트리거나 자신의 지식을 과시하는 질문이라면 기발한 질문임을 인정해서 학생을 존중해주자. 질문자와 경쟁하지 말고 옆으로 비껴서야 한다. 다인수 학급의 학생들 사이에서 특정 학생과 맞붙는 건 어리석은 행동이다. 기싸움에서 지면 신뢰도가 급격히 하락하는 치명타를 입게 되고 이겨도 본전이기 때문이다. 맞붙으려는 학생은 따로 교무실로 오게 하여 얘기 나누는 것이 현명하다. 교실은 교사에겐 유리한 공간이 아니다. 대부분의 시간을 사용하는 학생들의 삶의 현장이다.

두 번째, 동료 친구들에게 질문의 공을 넘긴다. "혹시 친구들 중 이 질문에 답변할 수 있는 사람 있나요?"라고 전체에게 질문을 한다. 대부분 친구 중 누군가 친절한 답변을 제공해준다. 이 방법은 자유롭게 질문과 대답을 존중하는 교실 분위기가 형성되었을 때 효과적이다. 많은 아이들이 기발한 질문을 함께 고민하고 답변을 나누게 된다. 교사 한 명의 생각보다 집단 지성의 힘이 훨씬 클 수밖에 없다. 친구의 답변에 평가를 내리지 않고 존중하며 교사의 의견을 보탠다면 훌륭한 답변 이상의 가치를 갖게 된다. 하나의 뾰족한 질문으로 새로운 지혜 여러 개를 얻는 유익한 시간으로 바꿔보자.

세 번째, 솔직한 자세로 모르는 부분은 인정하며 말한다. "선생님이 잘 모르겠구나. 다음 시간에 연구해서 답변해줄게"라고 정직하게 답한다. 아이들은 선생님의 솔직하고 인간적인 모습에 더욱 친근감을 느낄 수 있다. 교사가 이 세상 모든 지식을 다 알고 있지 못하며 다 알 수도 없다. 정보의 바다 속에서 평생 익혀도 다 모를 지식과 정보들이 폭발적으로 넘쳐나는 세상이니까. 다음 수업시간에 열심히 조사한 내용을 설명해준다면 학생들은 잊지 않고 섬세하게 챙겨주는 것에 감사의 마음을 갖게 된다.

정직하고 솔직한 자세는 언제나 환영을 받을 수밖에 없다. 교실에서든 인생 한복판에서든 나의 무지를 인식하고 배우려고 노력해야 한다. 모른다고만 말하고 끝나는 것이 아니라 진정으로 해답을 고민하고 제시해주는 자세를 보여주는 것도 교육이다. 교사가 끊임없이 배우고 성장해나가는 모습을 보여주는 것만으로도 학생들에게 귀감이 된다. 이래서 교사라는 자리는 쉽지 않은 것 같다.

미치게 힘든 학생 지도법

교직 생활 동안 매해 수업을 방해하고 교사와 친구들을 공격하는 학생들이 늘 있었다. 학급 구성원 중 힘든 학생이 아예 없다면 축복받은 교사다. 평균적으로 사람이 10명 모이면 대부분은 나에게 관심이 없고 나를 좋아하는 사람이 2명 있고 나를 싫어하는 사람이 1명 있다고 한다. 여럿이 모여 있는 어느 곳에서든 누군가는 삐딱하게 나를 생각하는 1명이 있다고 여기면 맞다. 단, 그것이 교실 속 수업 활동 구성원이라면 쉽지 않은 1년을 보낼 것이다. 1명이 정말 힘들고 나를 미치게 만드는 학생이라면 어떻게 해야 할까?

첫째, 나를 미치게 만드는 학생을 교실이 아닌 다른 장소에서 따로 꼭 만나야 한다. 어떻게든 1년을 버티겠지 생각한다면 오산이다. 밀려오는 파도처럼 작은 파도가 큰 해일이 되어 온 교실이 풍비박산할 수 있다. 미리 작은 징조가 느껴졌을 때 일대일로 만나 학생의 심리적 어려움을 들어주자. 학생에게 혹시 말 못할 어려움이 있는지, 수업 중 돌발 행동을 하게 된 이유가 있는지, 선생님이 도울 일이 있는지 적극적으로 경청해준다.

처음부터 교사에게 본인을 오픈하지 않으니 교사의 마음을 먼저 I message 방법으로 들려주는 것이 좋다. 예를 들어, "다해가 수업 중에 소리를 질러서 선생님이 놀랐단다. 혹시 무슨 일 있니? 네가 소리를 질러서 수업 진행하는 동안 마음이 불편하고 어려웠어"라고 학생을 비난하는 것이 아닌, 나의 감정을 편하게 말하는 것이다. 대부분의 아이는 죄송해하며 자신의 행동에 대해 조심하려고 하게 된다. 아무리 생각 없는 사람도 남이 힘들어하는 것에 대해선 죄책감을 느끼기 마련이다.

학기 초가 바쁜 이유 중 하나는 문제를 일으키는 학생과 만나서 친밀감을 형성해야 하기 때문이다. 나를 미치게 하는 학생과 만나서 친해지고 내 편으로 만드는 시간을 가져보자. 그다음 수업부터는 훨씬 수월하고 편안한 분위기에서 만날 수 있다. 한 번의 만남으로 끝내는 것이 아닌, 계속 지켜보고 있고 관심이 있다는 표현을 자주 해준다면 일 년이 편안할 것이다.

그런데 만약 그 학생을 죽어도 따로 만나기 싫다면 어떻게 해야 할까? 방법은 내가 일을 그만두는 것이다. 일을 그만둘 수 없다면 꼭 넘어야 할 산이고 부딪쳐야 할 일이다. 고민하며 쉽게 돌아가려고 하지 말고 직접 만나자. 인간 대 인간으로 얘기를 나누고 라포를 형성해두자. 따로 만나기 싫은 이유들을 종이에 적어보자. 과연 나의 직업을 그만둘 정도인가? 내 직업을 그만둘 용기를 가지고 그 학생을 만나면 된다. 무슨 일에나 용기가 필요하다. 세상의 놀라운 일들은 그 일을 시작해낸 용기 있는 사람이 있기 때문에 생겨났다. 누군가에게 다가가는 것, 누군가와 관계를 맺는 것 모두 용기를 내야 하는 일이다.

둘째, 미치게 힘든 학생에게 모든 에너지를 쏟지 않는다. 교실에는 소란스럽고 힘들게 하는 학생뿐만 아니라 같이 떠들고 딴짓하는 학생들까지 매우 다양한 아이들이 있다. 열정이 있는 학생들이 중심이 되는 수업이 되어야지 수업을 방해하는 아이에게 자꾸 신경쓰고 지적하면 수업 분위기는 더 나빠지게 된다. 안 떠들던 친구들마저 더 떠들게 되어 수업은 안드로메다로 가고 교사는 더 언성이 높아지며 파국으로 치달을 수 있다.

미치게 힘들게 하는 학생이 있을 경우 조용히 그 학생에게 신호를 보내거나 끝나고 교무실로 오게 한다. 교사의 에너지는 수업에 열심히 참여하는 학생들에게 사용되어야 한다. 반짝이는 눈으로 선생님과 소통하며 배우려는 학생들에게 집중하자. 수업에 집중하는 학생들을 인싸로 만들고 그들에게 에너지를 쏟으면 수업의 주인공이 달라진다. 교사는 열심히 하는 아이들이 주도권을 잡도록 유도해야 한다. 참여하는 아이들이 주도하는 수업에서는 아무리 힘세고 수업을 방해하려던 학생도 조용히 있게 된다. 수업을 할 수 있는 분위기를 만드는 건 아주 중요한 일이다.

셋째, 교실에서 험악한 일이 벌어질 땐 주저하지 말고 바로 도움을 요청하자. 학급회장을 생활지도부나 교장 교감 선생님께 보내서 와주시라고 부탁한다. 옆 교실 선생님께도 적극 도움을 청한다. 교사 혼자 학급 내에서 발생하는 험한 일을 모두 처리하긴 역부족이다. 대부분의 교사들은 수업에 대한 책임감이 강하고 독립적이어서 외롭게 해결하는 경우가 많다. 하지만 우린 혼자가 아닌 학교라는 공동체에 속한 교사다. 공동체 구성원들에게 적극적으로 어려운 일을 나누고 도움을 요청하는 건 부끄러운 일이 아니다.

한번은 교실에서 한 학생이 친구에게 욕설을 하며 의자를 휘두르는 일을 혼자 처리하려다 낭패를 본 적이 있다. 교사 여럿이 힘을 모아 돕는다면 더 빨리 일이 해결되는 것은 너무나 확실하다. 혼자 끙끙대지 말고 적극적으로 관리자 분들과 연륜 있는 선배교사 및 동료에게 알리고 주변에 조언을 구하는 마음을 가져라. 대부분 열일 제쳐두고 도와주러 오신다. 함께 일하는 동료들을 의지하고 다 같이 학생들을 지도해나간다는 마음을 갖자. 나 또한 다른 선생님을 적극 돕게 될 것이다.

온몸으로 강의 잘하는 법

강의는 누구나 할 수 있다. 교사는 매일 강의의 연속이지만 교사가 아니더라도 부모님이 아이에게, 내가 친구들에게, 직장인이 동료에게 갑자기 강의를 할 수 있다. 사람들과의 수다가 아닌 누군가에게 이야기를 전달하는 것은 모두 강의다. 강의는 활동 수업과 다르게 일방적으로 전달하는 것으로, 사실상 가장 효과적이고 빠르게 무언가를 전달하는 방법이다. 오랜 세월에 걸쳐 강의라는 수단이 사라지지 않고 계속되는 것을 보면 알 수 있다.

강의를 잘하려면 자신감을 가지고 온몸을 잘 활용하면 된다. 우리 몸의 머리부터 발끝까지 상대에게 전달되기 때문이다. 강연장에 들어섰을 때는 우선 관객을 크게 세 부분으로 나누어 시선을 골고루 배분해준다. 강의를 듣는 사람들에게 시선을 주고 시작하면 더욱 신뢰감을 줄 수 있다. 이때 자신감을 갖지 않으면 동공이 흔들리거나 관객을 바로 쳐다볼 수 없다.

말을 할 때는 입안과 입술 근육을 최대한 사용한다는 마음으로 크고 명료하게 말한다. 목소리와 억양에 자신감이 묻어나야 한다. 무선 마이크라면 손이 자유로워서 손동작을 크게 하며 강의할 수 있다. 만약 마이크를 잡고 한다면 마이크 잡은 팔을 겨드랑이에 붙이지 않고 띄워서 마이크를 잡는다. 그래야 손동작이 크게 나오기 때문이다. 두 다리는 좌, 우, 앞, 뒤로 움직이면서 내용을 전달하면 효과적이다. 교탁 자리에 고정되어서 계속 전달식 강의를 한다면 금세 지루한 강의가 되기 때문이다. 마치 뮤지컬 배우처럼 교실 앞쪽 전체를 무대처럼 사용해야 하고 활동식 수업일 경우엔 궤간 순회를 하며 교실 전체를 돌아다녀야 한다. 머리부터 발끝까지 관객을 향해 열린 자세와 움직임을 보이면서 강의를 하면 그 효과는 배가 된다.

예를 들어 '인간의 사회화 과정'에 대한 강의를 한다고 치자. 어릴 적 아기가 태어났을 때, 학교에 입학할 때, 군대에 갈 때, 직장에 취직할 때 등 그 상황을 에피소드와 함께 설명한다. 에피소드를 얘기할 땐 배우처럼 빙의되어 온몸으로 연기해야 재미가 있다. 단순한 지식을 전달하는 것도 손동작 발동작을 크게 해서 온몸으로 설명해야 한다. 지형 단원을 설명할 때 신기습곡산지가 얼마나 험준하고 위험한 곳인지 동작과 목소리를 크게 해서 설명한다. 고기습곡산지처럼 완만하고 오래된 산지를 얘기할 땐 목소리를 낮추고 부드럽게 완만함을 표현하며 강의한다.

강의를 처음 시작한다면 강의할 내용의 핵심 키워드를 뽑아놓고 거울을 보거나 인형이나 강아지를 상대로 수십 번 연습해야 한다. 자신의 강의를 녹화해서 다시 보는 것도 좋다. 나를 정면으로 마주하는 것이 쉽지 않지만 내가 성장하기 위해서는 필요한 과정이다. 강의 대본을 줄줄 외우는 것은 긴장했을 때 모두 까먹을 수 있으니 내 강의의 핵심 단어들만 몇 가지 적어놓고 연습하는 것이 효과적이다. 말 잘하는 아나운서들도 갑자기 제시된 주제를 가지고 매일 3분 스피치로 연습한다고 한다. 얼마나 연습이 중요한지 더 이상 말할 필요가 없다. 잘할 수 있다는 자신감을 가지고 여러 번 연습하고 온몸을 활용한 강의를 시도해보자.

학생 뽑기 꿀팁

수많은 학급 아이들이 서로 발표를 하겠다고 아우성치면 행복하다. 모든 선생님이 무기력하게 있지 않고 생동감 넘치는 교실을 사랑한다. 발표하고 싶고, 질문하고 싶고, 말하고 싶은 아이들은 정말 예쁘다. 반면 친구들 앞에서 발표해야 할 때 선생님과 눈맞춤을 피하고 고개를 숙이며 서로 안 하려는 경우도 있다. 수업 이해도가 떨어지거나 관심 없는 주제일

적극적으로 수업에 참여하는 학생들

때, 침체된 분위기가 교실에 가득할 때 그렇다. 서로 발표를 하려는 상황과 서로 발표하기 싫어하는 상황 모두 진행자가 어떻게든 이끌어나가야 한다. 서로 발표하겠다고 난리가 날 땐 발표 우선순위를 공정하게 정해줘야 한다. 손을 먼저 든 사람, 랜덤 뽑기로 뽑힌 사람 등 누가 봐도 공평한 방법을 써야 뒤탈이 안 생긴다. 아무도 발표를 안 하려는 상황에서는 누군가를 지목하며 발표 물꼬를 터야 하는 경우가 생긴다. 이런 다양한 경우에 학생들을 선별할 수 있는 여러 가지 꿀팁들을 소개한다.

뽑기 유형

① **묻지마 번호 뽑기**: "오늘 14일이네. 14번 일어나서 발표해보세요", 나의 학창시절에 몇몇 선생님들이 학생을 뽑는 방법이었다. 지금 시간(분), 갑자기 떠오른 번호, 눈을 감고 출석부를 가리킨 번호, 무작위 번호, 선생님과 눈 마주친 학생 등 전통적인 학생선별 방식도 나쁘지 않다. 시간 여유가 없을 땐 전통적인 방법을 이용해도 좋다. 나에게 잘 맞는 학생선별 방식이 있다면 갑작스런 상황에서 바로 써먹는다. 다만 계속 같은 방법을 사용하지 말고 나의 발전과 성장을 위해 점진적인 변화를 준다.

② **사물 찬스 뽑기**: 사물 찬스라고 명명하고 학생들을 선별한다. 물병 찬스(물병을 책상 위에 놔둔 사람), 안경 찬스(안경 쓴 사람), 검정 지우개 찬스(검정 지우개를 쓰는 사람), 연두 형광펜 찬스(연두색 형광펜을 쓰는 사

람), 체육복 찬스(체육복 입은 사람), 머리카락 찬스(머리 만진 사람) 등을 활용할 수 있다. 예를 들어 물병 찬스로 특정 친구를 지목한 후 그다음 사람은 지목된 학생이 원하는 사물을 말해서 친구를 뽑을 수 있다. 사물 찬스는 주변 사물에 관심을 가지고 관찰해보는 자세도 키울 수 있다.

③ **사물 던지기**: 사물을 던져서 받은 사람이 뽑히는 방식이다. 물론 다치지 않도록 안전한 사물을 던져야 한다. 종이비행기를 날려서 받은 사람, 지구 모양의 공을 던져서 받은 사람, 인형을 던져서 받은 사람, 종이 뭉치를 던져서 받은 사람 등 진행자가 사물을 던지고 받는 사람이 발표를 시작한다. 예를 들어 선생님이 받을 학생에게 눈빛으로 신호를 보내고 공을 던지면 공을 받은 학생은 발표를 한다. 그 후 받은 학생이 주변의 다른 친구에게 던져주면 그다음 발표자가 된다.

④ **비주얼 최강-탁구공 뽑기**: 의욕 넘치던 신규시절에 무작정 스포츠매장에 가서 탁구공 40개를 구입했다. 유성매직으로 1부터 40까지 번호를 써서 학생 뽑기 교구를 만든 것이다. 탁구공이 크기가 있기 때문에 멀리서도 숫자가 잘 보여서 좋다. 그중 한 개의 공을

신규 때부터 써왔던 탁구공 번호 뽑기

뽑을 때면 학생들이 긴장하고 설레게 된다. 비주얼적으로 수업 재미를 더해주는 비중 큰 요소다. 학급 행사에서 우리 반 로또 뽑기, 숟가락으로 탁구공 옮기기 등에도 유용하게 사용했다. 단, 탁구공 통의 뚜껑을 잘 닫지 않으면 복도와 교실 바닥에 탁구공이 마구 쏟아지는 불상사가 생길 수 있다. 부피도 큰 편이어서 교실을 이동할 때마다 다른 짐들과 함께 번잡해질 수 있다.

⑤ **스푼, 빨대, 설압자, 젓가락 뽑기**: 아이스크림 스푼이나 설압자(치과에서 치료할 때 혀를 누르는 도구)에 유성매직으로 숫자를 써서 뽑기를 한다. 스푼이나 설압자가 없을 경우 나무젓가락 끝쪽에 볼펜으로 이름을 쓰거나 견출지를 매달아 쓸 수도 있다. 주변 도구를 이용해서 간단히 뽑기 도구를 만들 수 있다. 도구가 아무것도 없을 땐 쪽지에 번호를 쓰고 통에 접어 넣어서 제비 뽑는 방법을 쓸 수 있다. 가장 편리하게 오랫동안 사용한 것을 추천한다면 단연 설압자 뽑기다. 크기도 적당하고 숫자나 이름을 쓰기 좋은 형태이기 때문이다. 인터넷에 검색하면 저렴한 가격에 대량 구매가 가능하다. 동료들과 함께 설압자를 구매해서 뽑기 도구 만드는 것을 추천한다.

완벽하게 칭찬하는 법(긍정적인 강화법)

칭찬은 고래도 춤추게 하므로, 나는 매사에 최대한 칭찬을 해주려고 노력한다. 학생들을 격려하고 응원하는 방법으로는 칭찬이 가장 좋다. 어린아이부터 어르신까지 칭찬을 받으면 누구나 없던 힘도 솟아난다. 무기력하거나 자기효능감이 낮거나 정서상 어려움이 있는 학생들의 경우 칭찬은 더욱 강력한 효과를 발휘한다. 존재만으로도 사랑스럽고 사랑받아야 마땅한 학생들에게 칭찬은 삶의 비타민 역할을 한다. 학생들의 눈과 얼굴을 자주 쳐다보며 칭찬과 긍정적인 표현을 많이 해주자. 학생들뿐만 아니라 주위 동료들과 나 자신에게도 칭찬은 에너지를 충전하게 하는 큰 힘을 발휘한다.

하지만 칭찬은 무조건 좋기만 한 것일까? 아니다. 잘못된 칭찬은 오히려 독으로 작용하는 경우도 있으니 주의해야 한다. 배움은 학습자가 적당하게 동기를 부여받을 때 가장 효과적이다. 칭찬은 잘못하면 독이지만 잘하면 수업의 동기유발 및 윤활유 역할을 한다. 이때 학생의 학습 결과를 가지고 능력 자체를 칭찬하는 것은 잘못된 방법이다. 학생에게 이미 주어진 능력 또는 외모를 칭찬하는 건 부담으로 작용할 수 있다. 가령 지능이 높다거나 똑똑하다거나 잘생겼다는 칭찬은 자칫 상대가 앞으로 실망할 수도 있겠다는 마음이 들게 하여 마음의 짐이 된다.

결과가 아닌 과정을 보고 구체적인 칭찬을 해야 한다. 학습하는 과정에서의 노력과 성취, 이전의 나보다 더 잘하게 된 상황 등을 구체적으로 칭찬하면 학생은 뿌듯함을 느끼고 앞으로도 노력하는 모습을 보여주려고 할 것이다. 학생의 작은 성공부터 큰 성취에 관심을 가지고 칭찬을 해준다. 칭찬으로 동기를 부여받은 아이에겐 효과적인 배움이 일어나기 쉽다. 가령 게임활동에서 승리자를 칭찬하는 경우가 있다. 이때도 승리하기까지 열심히 노력한 점에 대한 칭찬을 해주어야지 1등 자체를 축하해서는 안 된다.

예를 들어, "민준이가 수학 문제를 포기하지 않고 잘 풀어줬구나", "심부름이 귀찮고 하기 싫었을 텐데 해줘서 고마워", "시험이 떨리고 긴장됐을 텐데 끝까지 잘했다", "네 생각 참 멋지다. 어떻게 그런 생각을 했니?", "색칠까지 꼼꼼하게 노력하는 모습을 보니 기쁘다", "오늘 앞머리를 단정하게 손질을 잘했구나." 등등. 이렇게 점수나 등수, 외모가 아닌 성취와 나아지는 과정 자체를 칭찬해야 한다.

완벽한 칭찬은 실수했을 때 믿음과 신뢰를 보여주는 것이다. 칭찬은 학생이 무엇인가를 잘했을 경우에 필요한 것만은 아니다. 그것은 칭찬의 한 면만을 보고 있는 것이다. 사실 무언가를 해냈을 때는 이미 스스로 성취감을 느끼고 자신감을 가지게 된다. 외부 칭찬이 없어도 스스로 만족감을 느끼게 된다. 오히려 실패했을 때 혹은 실수했을 때

지지해주고 조언해주는 것이 완벽한 칭찬이다. 예를 들어 "성적이 낮게 나왔지만 너의 노력은 사라지지 않았어. 이번 시험은 뒤로 후퇴했지만 3보 전진을 위한 1보 후퇴란다. 공부하느라 고생 많았다", "비록 컵을 깨트렸지만 이번 일을 계기로 조심성을 배우게 된 것 같아 기쁘다. 깨지기 쉬운 물건은 어떻게 다뤄야 할지 알게 되었구나." 등 실수와 실패를 했을 때 칭찬의 말 한마디는 무너진 자존감을 급상승하게 도와주는 큰 힘이 된다.

수업시간에 랜덤 뽑기에 자주 뽑힌 친구가 스티커를 많이 모았다. 스티커를 많이 모은 것은 실력보다 운에 영향을 받은 것이라면 어떻게 칭찬해야 할까? 운이 좋다는 것을 칭찬할 수는 없다. 운도 있었지만 운이 찾아왔을 때 자신이 노력을 더해서 스티커를 모은 점을 격려하면 된다. 주사위를 잘 굴려서 게임 활동에 이겼다면 열심히 주사위를 굴리고 게임에 집중한 점을 칭찬하자.

우리의 인생 성공도 운과 노력이 함께 작용하는 게 사실이다. 랜덤 뽑기에 잘 뽑히는 것도 팔자다. 학생 입장에서 잘하는 학생이 더 잘 뽑히는 느낌도 받는다. 운의 영역은 우리가 통제할 수 없는 부분이다. 인생이란 게 모두가 똑같은 조건에서 시작하지 않는다는 것도 현실이지 않을까. 학생들에게 인생이란 애초에 불공평하고 운의 요소가 있다는 점을 말해두자. 다만 행운이란 공기 중에 떠다니다가 노력하고 준비한 사람에게로 쏙 들어간다는 점을 일깨워준다.

칭찬을 잘하기 위해서는 어떻게 해야 할까? 3가지 방법이 있다. 우선 학생에게 관심을 가지고 늘 관찰해야 한다. 나태주의 시 "자세히 보아야 이쁘다. 너도 그렇다" 문구처럼 자주 보고 관심을 줘야 이쁜 점이 보이기 시작한다. 지난번보다 좋아진 점, 어제보다 발전한 점, 아까보다 잘한 점 등을 칭찬해야 한다. 문제를 일으키는 학생도 사소한 칭찬을 통해 올바른 행동을 하려고 노력하게 된다. 작은 칭찬이라도 해주려고 관찰하고, 잘한 행동이 없더라도 문제 행동을 안 한 것만으로도 칭찬할 수 있다. 인간은 누구나 성장 욕구가 있고 이전의 나보다 잘하려는 마음이 있기 때문에 칭찬은 고래도 춤추게 하는 것이다.

두 번째 칭찬 방법은 칭찬을 위한 다양한 기회를 제공하는 것이다. 심리학자 가드너는 다중지능이론에서 지능이 다차원적인 여러 하위능력들로 구성되어 있다고 말한다. 각 개인에게는 여러 능력들이 있고 각각 서로 다른 강점과 약점을 가지고 있다. 사람마다 다양한 능력이 있기 때문에 여러 기회를 통해 학생의 능력을 발휘하도록 도와주는 게 좋다. 예를 들면 읽기, 쓰기, 말하기, 그리기, 뛰기, 점프하기, 추리하기, 암기하기, 춤추기, 잘 듣기, 공차기, 공 잘 받기, 공 던지기, 섬세한 작업하기, 아이디어 생각하기, 창의적 표현하기, 공감하기, 대본 쓰기, 종이접기, 바른 글씨 쓰기 등등 종류가 정말 많다. 최대한 다양한 활동을 펼치도록 도와주고 학생들의 장점과 강점을 찾아낼 수 있게 해줘야 한다.

세 번째는 잘하는 것에 집중하도록 해주는 것이다. 사람은 누구나 잘하는 것이 있고 못하는 것이 있다. 특히 자라나는 아이들은 매일 눈에 띄게 달라지며 성장한다. 학생이 잘하는 것에 집중하고 그 부분에서 칭찬을 하도록 노력한다. 큰 문제가 없다면 잘못한 것은 살짝 못 본 척 넘어가기도 한다. 잘하는 부분을 열심히 했을 경우 크게 관심을 주고 칭찬한다. 예를 들어 암산을 잘하는 학생에겐 "암산을 노력해서 참 잘한다", 그림을 잘 그리는 학생에겐 "특징을 잘 잡아서 그려내려고 노력 잘했다"고 한다. 모둠활동에서도 바람직한 행동을 한 모둠에게 집중해서 칭찬한다. 교실 분위기가 야단맞지 않게 눈치 보는 것이 아닌 모두가 잘하려고 노력하는 분위기로 바뀐다.

칭찬 유형

① **액션 칭찬(칭찬 박수)**: 칭찬해주고 박수 쳐주는 액션 칭찬 방법이다. 그냥 말로만 칭찬하는 것이 아니라 재미있는 행동을 함께하기 때문에 시너지효과가 더 커지는 방법이다. 예를 들어 교사가 시작 구호를 외친다. '칭찬 박수 시작!'이라고 하면 교사와 학생 모두 '짝짝 칭찬!', 이렇게 소리를 내며 두 번 손뼉을 치고 칭찬 대상 학생에게 칭찬 화살표를 날린다. 처음 칭찬 박수를 받은 학생은 쑥스러워한다. 감사 표시로 손가락 하트를 하거나 손을 흔들어주며 화답해주면 된다. 잘 정착되면 칭찬받은 학생이 자리에서 일어나서 춤도 추고 난리가 난다. 잠깐의 칭찬으로 인해 웃음 넘치는 수업이 된다.

② **칭찬 암행어사 활동**: 중고등학교 담임교사는 하루 종일 학급 아이들과 수업으로 만나지 못하는 경우가 있다. 오늘 담임 교과목 수업이 없는 경우는 학급 학생들과 조종례 시간 외에 만나서 상호작용하기 어렵기 때문이다. 칭찬 암행어사를 두면 담임교사가 모르는 학급 아이들의 칭찬거리를 알게 되고 아이들의 또 다른 면모를 보게 된다. 예를 들어 조종례 시간을 활용해서 매주 1명의 칭찬 암행어사를 뽑는다. 암행어사 하고 싶은 사람은 선생님한테 문자나 톡을 보내라고 한다. 암

행어사를 잘한 친구는 생활기록부에도 기록해준다는 소소한 팁을 흘리면서 홍보한다. 본인이 원해서 하는 암행어사가 제일 열심히 잘하기 때문이다. 칭찬 방법은 하루 3명, 3가지 칭찬거리를 찾아서 종례 후 1시간 이내로 칭찬 문자를 선생님께 전송하도록 하는 것이다.
칭찬 문자를 받은 후 전송해준 친구를 마구 칭찬해주면 기분이 좋아진 암행어사는 다음날 또 칭찬거리를 찾게 된다. 암행어사 친구도 깜박할 때가 있으니 독려문자도 보낸다. 단, "한 번도 칭찬 안 받은 친구를 칭찬하자"라고 조건을 걸면 학급에서 조용한 친구들에게도 관심을 갖고 칭찬거리를 찾게 된다. 매일 아침 조회시간에 학생들은 어제 누가 칭찬을 받았냐고 자꾸 재촉하며 기다린다. 발표 전에 책상을 살짝 두드리며 두구두구두구! 다 같이 외치다가 '발표!'를 외친다. 암행어사한테 칭찬받은 이야기를 해주고 칭찬 박수를 날리면 끝이다. 이때도 결과가 아닌 과정을 칭찬하도록 독려해야 한다.

③ **칭찬 상장**: 특별한 칭찬거리가 있을 경우 모든 친구들 앞에서 상장을 주며 칭찬한다. 임명장, 상장 등을 못 받아본 친구들은 담임의 상장을 평생 간직하기도 한다. 약간 두툼한 상장 용지에 상의 명칭과 학생 이름을 넣고 가장 진지해 보이는 궁서체로 출력한다. 상장 부착용 골드 라벨 스티커까지 붙여준다면 더 좋다. 상장 용지가 없다면 A4용지에 출력한 후 손코팅지로 코팅해서 주는 방법도 있다. 학기말에 우리 반을 위해 봉사한 친구들에게 상장을 제작해주거나 수업 도우미로 활약한 친구에게 상장 수여식을 해도 좋다. 빈 상장을 나눠주고 고마웠던 친구 이름을 쓰고 학생들끼리 상장을 주고받게 하는 방식도 있다. 상

장을 주면서 격려와 칭찬을 해주고 서로 축하해주는 따스한 분위기를 만들자.(상장 파일은 제 블로그에서 다운받으세요.)

④ **칭찬 메달 걸어주기**: 칭찬을 할 때 칭찬 박수나 칭찬 상장을 주는 것도 좋지만 메달을 걸어주는 것도 색다른 방법이다. 한 예로 코로나로 원격 실시간 수업을 하고 있을 때 학생들이 조회 시간에 늦는 경우가 많았다. 그래서 조회 요정을 2명 지원받아서 늦는 학생들에게 연락해주는 역할을 부여했다. 교사나 부모님보다 친구가 연락해서 깨워주면 더 잘 일어나기 마련이다. 이 친구들을 칭찬해줄 방법을 고민하다가 학기말에 칭찬과 함께 메달 수여식을 거행했다. 메달 뒤에는 편지를 써서 수고한 조회 요정을 격려했다. 학급행사로 장기자랑에 참여한 친구들에게 메달을 걸어주며 칭찬해주기도 했다. 교사의 손편지가 적힌 메달을 받고 기뻐하는 아이들이 참 귀여웠다.

⑤ **칭찬 릴레이**: 포스트잇을 1인당 3장씩 나눠준다. 자신의 앞, 뒷번호 학생 2명과 또 다른 친구 아무나 1명까지 총 3장에 칭찬하는 내용을 쓴다. 칠판에 번호를 쓴 네모 칸을 만들어서 해당 번호 학생에게 붙여준다. 한 사람당 최소 2개의 칭찬을 받게 되어 모두가 기쁜 시간이 될 수 있다. 친구 칭찬은 상대의 타고난 외모나 성취 결과가 아닌 과정이나 태도적인 면을 칭찬하도록 유도해야 한다. 랜덤으로 한 명을 뽑아서 포스트잇에 쓴 칭찬내용 한 가지를 발표하게 한다. 칭찬을 받은 학생이 릴레이로 일어나서 자신이 쓴 내용 중 한 명의 칭찬을 발표한다. 릴레이 형식으로 칭찬받은 학생들이 발표를 해나가면 모든 학생들의 칭

찬 내용이 발표된다.

⑥ **칭찬 샤워**: 매일 칭찬 주인공을 랜덤으로 2명씩 뽑는다. 교사는 한 번 뽑힌 친구를 명렬표에 기록해두고 겹치지 않도록 한다. 온라인이라면 나머지 친구들 모두가 칭찬 주인공에 대해 채팅창으로 격하게 칭찬 내용을 써준다. 친구들 칭찬을 받은 학생은 칭찬해준 친구들에게 감사 표현을 꼭 하도록 한다. 오프라인에서는 포스트잇에 주인공에 대한 칭찬을 적어서 칠판에 붙이고 교사가 읽어준다. 그 후 색지에 모아 붙여서 주인공 친구에게 전해주면 끝! 칭찬 샤워를 받고 난 느낌을 말하는 것을 잊지 않도록 한다. 더욱 격하게 칭찬을 해주려면 학생들 모두 2줄로 서서 그 길을 통과하는 친구를 칭찬하며 박수 쳐주는 것이다. 칭찬 길을 지나가며 칭찬 박수를 받으면 정말 행복한 기억으로 남을 것이다. 미리 칭찬 내용들을 모아서 모든 학생들이 칭찬 샤워를 받을 수 있게 활동을 구상해보자.

⑦ **자화자찬 박수**: 수업 중 발표를 하거나, 과제를 잘 해왔거나, 퀴즈를 잘 맞혔을 경우에 스스로가 자신을 칭찬하는 박수다. 아무것도 잘한 것이 없더라도 그날 수업에 잘 참여했다면 그것도 칭찬받을 만한 일이다. 진행자는 청중을 향해서 "오늘 강의를 열심히 들은 나에게 자화자찬 박수를 칩시다!", "발표를 열심히 한 자신에게 박수를 쳐줍시다!", "잠을 자지 않고 끝까지 수업을 들은 나에게 박수를 쳐줍니다!"라고 박수 기회만 수시로 열어주면 된다. 간단하면서도 자존감도 끌어올릴 수 있는 박수치기 방법이다. 평소에 자신을 위한 박수를 많이

쳐주면 자기가 자신을 위로할 수도 있고 스스로를 기특하게 여기는 방법도 알게 된다. 특히 감정 기복이 심한 사춘기 아이들의 멘탈을 강하게 만들 수 있는 초간단 방법이다.

사춘기를 위한 벌칙 아이디어

체벌 금지 이후 우리 교실은 비교적 안정적이 되었다. 체벌이 사라지면서 학생도 안전함을 느끼고 교사도 학생을 체벌 대상으로 보지 않는다. 그렇다고 수업 분위기가 좋아졌다는 건 아니다. 체벌 상황이 여전히 발생하는 건 사실이다. 무질서하고 혼란스러운 교실, 교권이 실추된 상황 등에 대한 뉴스 보도가 끊임없이 나오고 있다. 어떻게 처신해야 할지 현명한 판단이 필요한 시기다.

우선 무언가에 도전했다가 실패했을 땐 격려를 해주고 그때 느끼는 부정적 감정을 있는 그대로 인정해주고 공감해줘야 한다. 감정은 수용하되 행동에는 단호함을 가져야 한다. 사람은 누구나 실패를 반복하며 성장하기 때문에 오히려 실패는 환영받아야 할 부분이다. 많이 실패해야 성공한다. 실패했을 땐 지지와 격려로 앞에서 말한 칭찬 방법을 적용해야 한다. 학생이 실패로 좌절을 겪을 땐 손을 내밀어주고 안아주는 자세를 갖는다.

학생들이 잘못한 상황에서는 먼저 본인이 잘못했음을 인지케 한다. 그러면 자존심이 상하기도 하고 자신에 대해 실망하며 자책하기도 한다. 이때 교사까지 비난하게 된다면 자존감은 끝없이 하락하고 스스로 하찮은 사람으로 여길 수도 있다. 학생이 바르지 못한 행동을 했을 때는 무조건적으로 비난하기보다 사춘기 학생들도 수용할 수 있는 즐거운 벌칙을 준비하면 좋다. 이미 잘못은 스스로 인지했기 때문에 그 부분을 헤집어서 상처를 낼 필요는 없다. 잘못한 부분을 객관화해서 알려주고 앞으로 어떻게 달라질 수 있을지 고민하고 이야기 나누는 것이 좋다.

소위 문제 행동을 보일 때 교사가 정한 벌칙을 주는 것은 다시 생각해봐야 한다. 문제 행동이 나오기를 기다렸다는 듯이 벌칙을 주는 것은 더욱 문제 행동을 유발하는 방법이다. 수업 중 친구들과의 잡담, 대놓고 딴짓하기, 큰소리로 욕하기 등 수업 방해 행위가 나오기 전에 수업 규칙을 세우고 그에 합당한 여러 벌칙을 미리 정해놓아야 한다. 수업시간에 늦은 경우, 과제를 안 한 경우, 준비물을 안 가져온 경우, 다른 사람에게 피해를 준 경우 등 여러 상황이 존재한다. 교사는 최소 3가지 이상의 벌칙을 아이들과 협의해놓고 문제 행동을 보일 때 약속한 벌칙을 고르도록 하면 된다. 학생들에게 벌칙 선택권을 주는 건 자기 결정권을 강화하는 좋은 방법이다.

벌칙 유형

① **5개 투명계단 벌칙**: 투명계단이 5개 있다고 생각하고 한 계단씩 오르고 내려오는 것이다. 아주 자세를 낮춘 후 5단계로 몸이 올라왔다가

다시 내려가면 된다. 교실 앞 교탁에서 하면 하체가 안 보이기 때문에 부담 없이 하기 좋다. 온라인 화면에서도 제자리 걷기 방식으로 할 수 있는 벌칙이다.

② **3번 웨이브 벌칙**: 혼자서 양손을 벌리고 웨이브를 세 번 그린다. 왼손에서 시작해서 오른손으로 웨이브를 만든다. 여러 명이라면 함께 손을 잡고 벌칙 웨이브를 만들면 된다. 몸으로 웨이브가 가능한 학생은 묘기 부리듯 유연성을 보여주는 벌칙 같은 장기자랑이다.

③ **동물 흉내 벌칙**: 좋아하는 동물이 무엇인지 물어보고 그 동물처럼 흉내 내기를 벌칙으로 부여한다. 동작을 흉내 내면서 소리까지 함께 보여주면 완벽하다. 최소 5초 이상 하도록 한다. 오랑우탄, 코끼리, 까마귀, 토끼, 고양이, 강아지, 캥거루, 나무늘보 등 다양한 동물들로 간단한 벌칙을 할 수 있다.

④ **댄스 타임**: 막춤 추기, 국민체조, 유행하는 춤추기 등 무반주 댄스 또는 반주를 틀어주고 10초 이상 댄스 타임을 갖도록 한다. 물론 학생이 댄스 타임 벌칙을 선택한 경우다. 보는 친구들에게 잠깐이나마 기쁨을 주는 장기자랑 같은 벌칙이다.

자발적 댄스 타임을 하는 학생

⑤ **얼굴에 포스트잇 붙이기**: 이마, 볼, 턱에 각각 포스트잇을 단단하게 붙여준다. 포스트잇이 없는 경우 종이에 물을 살짝 묻혀서 붙여줄 수 있다. 손으로 얼굴을 건드리지 않고 표정으로만 포스트잇을 모두 떼면 성공이다.

얼굴에 붙은 포스트잇을 표정만으로 떼고 있는 학생

⑥ **노래 부르기 벌칙**: 노래 부르기는 쉽고도 어려운 벌칙으로 수업에 늦는 친구들에게 주로 노래 벌칙을 권장했다. 내가 직접 부르고 녹음한 영상을 활용했다. 수업시작송, 펭샘 로고송 등 반주에 맞춰 개사해서 만든 영상을 보여주고 벌칙 학생들에게 함께 부르게 했다. 원래 수업 시작할 때, 수업을 마칠 때 함께 부르려고 만든 영상인데 수업 중에 벌칙으로도 사용한 것이다. 학생들은 로고송을 부르거나 짧은 동요 또는 본인이 좋아하는 노래를 유튜브 반주에 맞게 불렀다. 노래 부르기는 지각자를 제로로 만드는 훌륭한 벌칙이다.

⑦ **발음아 날 살려라(5장 6번 참조)**: 벌칙 대상 학생에게 어려운 발음을 따라하게 해서 성공하면 통과시켜주는 벌칙이다. 예를 들어, 서울특별시 특허허가과 허가과장 허과장, 저기 저 뜀틀이 내가 뛸 뜀틀인가 내가 안 뛸 뜀틀인가, 검찰청 철창살은 쌍철창살이고 중앙청 철창살은 외철창살이다 등 어려운 문장을 발음 안 틀리고 3회 읽으면 성공이다.

블로그에서 50가지 발음 파일을 다운로드받아서 활용할 수 있다.

⑧ **높은 음 대결**: 2명 이상의 벌칙 학생이 있을 경우 음 대결을 한다. 낮은 음부터 시작해서 서로 어느 음까지 올라가는지 대결을 펼친다. 가위바위보로 진 사람부터 시작한다. '낮은 도'부터 높은 음까지 가능한 데까지 올라가본다. 예를 들어 잘하는 학생 '김민수'를 지목해서 대결을 펼쳐도 좋다. '김민수를 이겨라!'라는 구호를 쓰고 잘하는 친구와 벌칙 대결을 해도 재미있다.

⑨ **성대모사 벌칙**: 친구, 선생님, 연예인, 가족, 지하철 방송, 새소리, 동물 소리, 사물 움직이는 소리까지 다양한 성대모사를 해서 10명 이상의 박수를 받으면 성공하는 벌칙이다. 사람을 흉내 내는 성대모사 이외에 사물의 움직이는 소리 등 주변을 관찰하면 신기하고 다양한 소리가 많다. 가령 창문 열리는 소리, 학급 교실문 여닫는 소리, 까마귀 소리, 급식실에서 맛난 음식을 급히 먹는 소리 등 학생들에게 다양한 소리 벌칙을 제안한다. 학급마다 벌칙으로 인해 숨겨진 성대모사의 달인이 탄생하기도 한다.

⑩ **소리 질러 벌칙**: 아주 간단하게 벌칙을 끝낼 수 있는 방법이다. 만세삼창, 무야호외치기 및 나는 할 수 있다, 여러분 사랑합니다, 일찍 오겠습니다, 친구들아 미안해, 실패는 성공의 어머니다 등의 문장을 외치게 하는 것이다. 이곳이 높은 산이라고 생각하고 3회 이상 크게 외치도록 한다. 나머지 학생들은 벌칙 학생의 소리를 메아리로 함께 외쳐

주면 된다.

⑪ **교실 경보 벌칙**: 경보란 왼발 또는 오른발이 지면에 붙어 있으면서 빨리 걷는 것을 겨루는 경기다. 두 발 중 하나는 땅에 붙어 있어야 해서 뛰거나 점프할 순 없다. 교실 바깥 테두리를 2바퀴 경보로 돌고 오게 한다. 정신이 번쩍 들게 운동장을 돌고 오게 해도 좋다. 에너지 넘치는 시기라 의외로 움직이는 벌칙을 선호하는 아이들이 많다.

⑫ **글쓰기 벌칙**: 예전에는 반성문, 성찰문 등을 주로 많이 썼다. 여전히 반성 글을 쓰며 자신에 대해 성찰케 하는 경우가 있지만 가끔씩 다른 벌칙을 활용해보는 것을 추천한다. 친구들과의 다툼이 있었던 학생의 경우 친구의 장점 30개 써오기, 학급 전체 친구들의 장점 하나씩 찾아 써오기, 명심보감 쓰기, 좋은 시 따라 쓰기, 감사한 일 30개 써오기 등 글쓰기로 할 수 있는 벌칙들은 무궁무진하게 많다.

⑬ **인싸 거울 벌칙**: 인싸 역할자를 1명 지원받는다. 인싸 역할 학생의 모든 행동을 거울처럼 따라하는 벌칙이다. 벌칙 대상자들은 거울 역할을 맡는다. 인싸 학생과 서로 마주보고 서서 모든 것을 똑같이 따라해야 한다. 벌칙 학생들이 10초 이상 인싸 학생을 똑같이 잘 따라했을 때 벌칙은 성공이다. 인싸 역할자는 어려운 동작으로 벌칙의 난이도를 높여주면 더욱 재미있다.

⑭ **이상한 안경 벌칙**: 일정 시간 동안 이상한 안경을 쓰고 수업을 듣게 하

는 것이다. 이상한 안경이 없다면 인터넷으로 구입하거나 휴지심 등을 이용해서 만들어도 좋다. 새로운 안경을 쓰면 전보다 더 멋진 사람으로 변신한다는 최면도 걸어준다. 안경 쓰기가 새로운 내가 되는 기회로 여기도록 학생에게 안내한다. 따로 벌칙 시간을 할애하지 않아도 되는 좋은 방법이다.

⑮ **벽 보고 명상**: 교실 벽 어느 곳에든 지워지는 점을 하나 찍어준다. 기준이 되는 점이다. 학생에게 잠시 점을 쳐다보며 1분간 명상을 하도록 한다. 물론 눈을 감아도 된다. 내가 무슨 일을 했는지, 앞으로 어떻게 살아야 할지 스스로 고민하는 시간을 갖도록 한다. 같은 벌칙이라도 "뒤로 1분간 나가 있어~!"보다 "1분간 명상하자"는 말은 훨씬 부드럽고 듣기 좋다. 학생 입장에서 체벌이 아닌 스스로에 대해 성찰하는 시간을 갖게 하는 효과가 있다.

⑯ **어깨 이름 쓰기**: 과거 전통적인 벌칙이었던 엉덩이로 이름 쓰기가 이젠 사라졌다. 엉덩이를 보여주며 이름 쓰는 것은 수치심을 상당히 느끼게 하기 때문이다. 이젠 어깨로 자신의 이름을 쓰는 벌칙을 해보자. 사실 눈알로, 머리로, 무릎으로 이름을 써도 된다. 어깨로 이름 쓰기가 가장 쉽고 보기에도 불편하지 않다. 양쪽 어깨 중 어느 어깨로 할지 정하고 두 다리를 고정한 채 어깨만을 이용해서 이름을 쓰도록 한다. 나머지 학생들은 한 글자씩 이름을 외치며 글자를 확인한다.

⑰ **참 참 참**: 초간단 벌칙 중 하나다. 진행자의 손 위치랑 다른 방향으로

얼굴을 움직이면 성공하는 것이다. 총 3회 이상 성공해야 인정한다. 진행자와 학생은 서로 마주본다. 손을 정가운데 둔 상태에서 '참참참'을 외치며 좌, 우, 위, 아래 방향으로 손날을 움직인다. 움직이는 방향을 따라가면 실패이며 다른 방향으로 움직여야 성공이다. 단시간 내에 벌칙을 끝내려면 성공 횟수를 조절해주면 된다. 실패한 친구들은 뒤로 가서 다시 줄을 서거나 수업 후에 남아서 교실정리정돈을 돕기로 하면 좋다.

⑱ **청기백기**: 청색 깃발과 흰색 깃발로 진행자 지시에 따라 빠르게 움직여야 하는 벌칙이다. 보통 깃발이 없기 때문에 청색과 흰색 또는 청색과 빨강색 학용품으로 대체해서 하면 된다. 진행자는 "청기 올려, 백기 올려, 백기 내리지 말고 청기 올려, 청기 올리지 말고 백기 내려~"

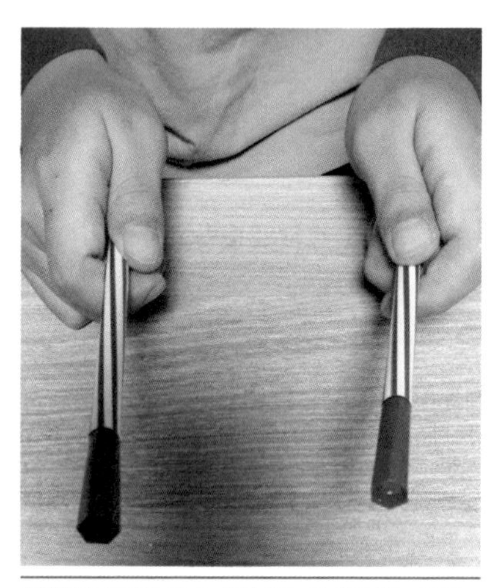

청기백기 게임을 파란, 빨간 펜으로 하고 있는 아이

등등 미션을 빠른 속도로 준다. 진행하기 어렵다면 미리 여러 버전을 휴대폰에 녹음해놓고 틀어주거나 잘할 수 있는 사람을 지원받아서 해도 즐겁다. 우리집 어린 아들도 쉽게 할 수 있는 미션이다. 엄마표 놀이로도 재미있게 할 수 있다. 나중엔 "청기 돌려, 백기 흔들어, 청기 백기 밖으로 던져" 등 한바탕 소란이 일기도 한다.

졸릴 때의 깜짝 활동

수업을 진행하다 보면 필연적으로 졸린 순간이 온다. 수업 내용 자체가 지식 나열식일 때나 점심을 먹은 직후, 또는 체육 수업 후에도 위기가 찾아온다. 인간의 생체리듬상 몸이 너무 피곤해질 때도 있다. 이럴 땐 과감히 수업을 접고 쉬거나 놀면 좋겠지만 여건상 무작정 쉴 수는 없다. 어린이부터 성인까지 졸음이 쏟아질 때 간단히 할 수 있는 놀이 방법을 소개한다.

놀이 유형

① **그림 높이 따라하기**: 칠판에 무작정 네모 칸을 크게 그린다. 네모 안에 선을 그려준다. 왼쪽 아래 낮은 지점에서 시작해서 오른쪽 위로 점점 높은 곳을 향해 그린다. 계단식으로 그려도 되고, 그래프 형식으로 그려도 좋다. 선 모양을 그리면서 학생들은 선의 높낮이와 모양에 따라

서 소리를 낸다. 낮은 지점에 선이 있을 땐 낮은 소리로, 높은 지점으로 선이 올라가면 높은 소리를 낸다. 선 모양이 울퉁불퉁하면 소리도 모양을 가진 것처럼 오르락내리락 흉내 내면 된다. 잠이 확 달아나는 웃음 터지는 시간으로 바뀐다.

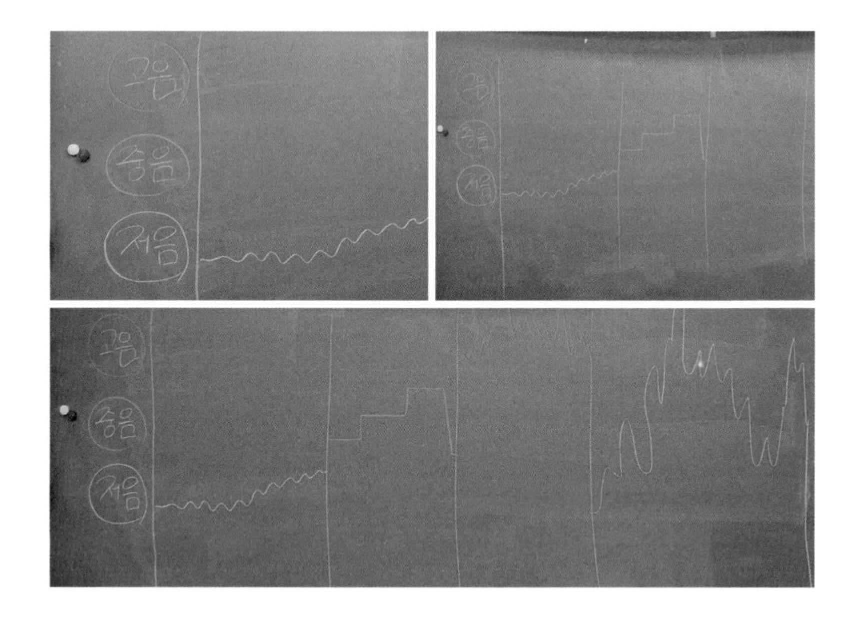

② **릴레이 종치기**: 줄별로 맨 앞사람 책상 자리에 종(퀴즈버저)을 놓고 칠판 쪽으로 책상을 밀어둔다. 앉은 순서대로 종을 치고 자리로 들어간다. 가장 앞줄 사람이 종을 치고 자기 자리로 들어오면서 바로 뒷사람과 하이파이브를 하고 선수를 교체한다. 그 사람도 종을 치고 바로 뒷사람과 선수를 교체한다. 같은 방식으로 진행하다가 맨 뒷자리 학생들 중에서 가장 먼저 종을 치는 줄이 승리한다. 단순한 놀이로 졸릴 때 하기 좋은 깜짝 활동이다.

③ **머리 위에 교과서 얹기**: 학생들이 전반적으로 졸려하고 자세도 엉망이라면 모두 책을 덮으라고 한다. 책의 중심을 잘 잡은 채로 머리 위에 살포시 올리게 한다. 책이 떨어져서 앞뒤 친구들이 다치지 않도록 조심하며 짧은 명상을 한다. 졸음으로 인해 흐트러진 자세를 바르게 하고 잠도 달아나게 할 수 있는 초간단 방법이다.

그 외 1장에서 소개된 첫 만남 놀이 활동 중 한 가지를 수업 중에 하면 된다. 예를 들어 파워 눈치게임, 어깨파도 놀이, 터치 터치 놀이 등 몸을 깨우는 놀이를 시도해보자. 또는 2장에서 소개된 응원 박수, 계단 박수, 집중 박수, 3초 점프 발표, 뇌를 자극하는 체조를 적극 활용하자. 잠이 확 달아나고 활기 넘치는 수업을 할 수 있다.

하브루타 질문 파티

겨우 전 세계 0.2% 인구를 가진 유대인은 노벨경제학상 수상자 중 42%를 차지하는 놀라운 민족이다. 스티브 잡스, 빌 게이츠, 마크 저커버그, 래리 페이지, 세르게이 브린, 스티븐 스필버그, 알버트 아인슈타인 등이 모두 유대인이다. 하브루타는 부와 지혜를 상징하는 유대인 성공 비결로 알려진 질문과 토론식 교육방법을 말한다. 유대인들은 경전을 연구할 때 짝과 본문을 큰소리로 읽고 토론하고 분석한 후 다른 본문과의 관계를 살피고 그들의 삶과 관련지어 생각한다. 짝을 지어 논쟁하며 진리를 찾아나가는 독특한 방식으로 누군가가 정답을 알려주지 않는다. 스스로 답을 찾아나가는 과정에서 다양한 의견을 듣고 생각의 크기가 확장되는 것이다. 원래 하브루타는 파트너 자체를 의미하는 말이었으나 짝을 지어 질문하고 토론하는 교육 방법을 일컫는 말로 확대되었다.

유대인 나라인 이스라엘 속담에 '두 사람이 모이면 3가지 의견이 나온다'는 말이 있다. 여러 사람의 다양성이 존중됨을 알 수 있다. G20서울정상회의 폐막식에 오바마 전 대통령이 개최국 나라라며 한국 기자들에게만 질문 기회를 줬었다. 하지만 우리 기자 어느 누구도 질문하지 못했던 충격적인 일이 있었다. 질문이 몸에 배어 있지 않기 때문 아니었을까? 하브루타 질문 파티는 모둠별로 모여서 질문을 다양하게 만들어가며 생각의 그릇을 키우는 활동이다. 놀이처럼, 파티처럼 질문을 많이 만들어서 주고받으며 지혜를 키울 수 있다. 설령 답을 모른다고 해도 질문을 만들어나가는 과정 자체가 두뇌를 빛나게 해주는 작업이다.

모둠별로 다양한 질문을 만든 사례

놀이 방법

① 모둠별로 포스트잇을 넉넉히 준비한다. 진행자는 오늘 수업 내용 중에서 토론할 주제를 정한다. 예를 들어 대통령제와 의원내각제 특징을 배우고 '우리나라에 적합한 정부형태는 무엇일까?', 청소년제의 특징을 배운 후엔 '청소년기의 방황은 필연적인가?' 등의 주제를 만든다.

② 모둠원끼리 5분간 자유 토론 시간을 갖고 자신의 의견을 치열하게 나

눈다. 그 과정에서 서로 질문하고 답을 찾아간다.

③ 포스트잇에 개념을 묻는 질문부터 토론에서 나온 내용들로 질문을 마구 만든다. 파티 음식처럼 책상 가득 붙인다.

④ 질문을 적은 포스트잇을 모둠별로 모아놓고 그중 최고의 질문을 뽑는다. 좋은 질문에 스티커 붙이기를 하거나 모둠원들과 상의해서 최고의 질문을 선정하고 발표한다.

놀이 응용

① **릴레이 질문 대결**: 칠판에 모둠별로 칸을 만든다. 모둠 칸 맨 위에서부터 시작한다. 진행자는 주제를 정하고 모둠별로 포스트잇에 질문을 열심히 작성한다. 진행자의 시작 신호에 맞춰 질문을 쓴 포스트잇을 맨 위에서부터 붙이고 그다음 질문 포스트잇을 연결해서 붙인다. 포스트잇은 서로 어느 면이든 닿아 있어야 하고 연결되어야 인정한다. 제한시간 5분 내에 가장 길게 포스트잇 질문을 많이 연결한 모둠이 승리다.

② **질문 공격**: 모둠별로 오늘 배운 단원에서 최대한 질문을 많이 만든다. 만든 질문 중 모둠원들과 논의를 통해 우수한 질문을 3가지로 압축한다. 모둠별로 돌아가면서 상대 모둠에게 압축한 질문으로 공격한다. 가령 A모둠이 B모둠을 향해 질문 공격을 한다. “사람 1인당 평생 배출하는 쓰레기가 너무 많습니다. 쓰레기 문제가 점점 심각해지는데 출산장려정책을 적극적으로 펼치는 이유는 무엇일까요?” B모둠이 답변

을 잘하면 A모둠은 추가 질문을 할 수 있다. 질문 공격에 대해 B모둠이 수비를 잘했다면 점수를 준다. 그다음 B, C, D 모둠이 공격권을 얻고 질문 공격을 한다. 모든 모둠이 공격을 다 완료했다면 점수가 높은 모둠이 승리한다.

유의점

① 학생들의 자발성이 발휘되도록 유의한다. 교사의 일방적 지식이 아닌 학습자의 관심과 흥미를 존중하여 심화 주제를 스스로 잡도록 한다.
② 상대 질문을 존중해주고 나의 질문만이 좋다고 우기지 않는다. 다른 친구의 질문을 보고 따라하지 않고 자신만의 질문을 만든다. 질문을 생각한 것만으로도 칭찬한다.
③ 디벗(개인 스마트기기)을 사용할 수 있도록 한다. 디벗으로 관련 지식을 깊이 있게 검색해서 수준 높은 질문을 만들어내도록 유도한다.
④ 답은 따로 없으며 채점이 애매하고 불가능한 상황이 있음을 인정하도록 한다.
⑤ 질문 만들기가 어렵다면 교과서 문장 끝을 '~까?'로 바꾸는 것으로 쉽게 만들 수 있음을 알려준다.

노래를 활용한 수업 진행

흥이 많은 우리나라 사람들은 자기를 표현할 때 노래를 가장 선호한다. 축제나 장기자랑을 말하면 당연히 노래 부르는 것을 떠올린다. 사실 아이들뿐만 아니라 어른들도 흥얼거리고 노래 부르듯 주어진 일을 할 때 확실히 재미가 있다. 초중고 학생들이 가장 시간을 많이 보내는 학교에서 노래로 수업을 진행하면 흥도 나고 즐거울 것이다. 앞서 2장에서 이미 노래로 시작하는 수업을 소개한 바 있다. 노래로 시작하는 것을 넘어서서 수업 자체를 노래로 진행해보자. 나와 너, 우리 모두가 신바람 속에 수업을 하게 된다.

몇 년 전 드라마 주제곡으로 유명해진 '흔들리는 꽃들 속에서 네 샴푸향이 느껴진 거야' 노래를 개사해서 활용한 수업 내용을 학생과 함께 촬영해서 유튜브에 올렸었다. 유튜브에서는 나에게 경고 메일을 보냈고 저작권 침해로 영상이 삭제되었다. 처음이라 당황스러웠지만 저작권에 대해 잘 모르던 때라 공부하게 된 계기가 되었다. 그 후 드라마 '슬기로운 의사생활' OST를 수업 내용으로 개사해서 수업시간에 만 들려주었다.

실제로 여러 선생님들이 노래를 활용한 수업을 직접 제작까지 해서 하고 있다. 안성진 지구과학 선생님의 자작곡 '대리암'은 과학 수업 내용을 쉽게 이해하도록 만들었다(유튜브에서 검색해보자). 지금은 학교를 그만두고 사교육 기관으로 스카우트되셨지만 그분의 수업을 향한 열정은 끝이 없는 듯하다. 정말 대단하신 분이다.

유튜브에 수업 내용을 검색하면 관련 노래가 은근히 많이 나온다. 중등학교에 근무하고 있지만 기초 개념이 필요할 땐 초등학생들을 위해 노래로 제작해놓은 자료를 참고한다. 예를 들어 중1 사회 단원에 위도와 경도 개념을 가지고 시차 계산, 기후대 학습을 한다고 하자. 유튜브에서 위도와 경도 사회송을 듣고 위도 경도의 기초를 배운 후 심화학습을 진행하면 훨씬 수월하게 어려운 내용을 접할 수 있다. 노래 자체만으로 수업을 진행하긴 어렵지만 학습 동기를 높여줄 수 있는 아주 좋은 수업 도구라고 볼 수 있다.

놀이 유형

① **조선왕 순서 노래로 배우기**: 조선시대에는 27명의 왕이 등장한다. 특히 중고등학교 역사를 배울 땐 왕의 순서를 알아야 이해가 쉽고 역사적 사건의 개연성도 파악할 수 있다. 학생이 피아노로 연주해서 녹음해온 음원 '산토끼' 반주로 조선왕조 왕 이름을 매시간 수시로 노래했다. 산토끼 반주는 신기하게 가사가 딱 맞아떨어졌다. 음원 없이 수시

로 막 불러도 좋고 유튜브에서 반주음원을 틀어도 된다. 산토끼 노래 외에도 '봄나들이(나리나리 개나리~)' 노래 또는 '학교 종이 땡땡땡' 또는 송창식 선생님의 '가나다라마바사' 노래에 맞춰 외워도 된다. 좋아하는 곡으로 여러 명이 같이 외우면 훨씬 재미있고 금방 외운다. 졸업 후에도 노래로 왕 순서를 기가 막히게 기억하는 아이들을 만날 수 있을 것이다.

산~~토끼 토끼야 어~디를 가느냐 깡충깡충 뛰면서 어디를 가느냐
태 정태세문단세 예 성연중인명선 광인효현숙경영 정순헌철고~순

② **중국 왕조 순서 노래로 익히기**: 세계사 내용 중 동양사 편을 보면 중국의 여러 왕조들이 우리나라와 인근 나라 역사에서 계속 등장한다. 중국 왕조를 익혀두면 한국사와 세계사를 배울 때 이해의 폭이 훨씬 넓어진다. 세계 최초의 4대 문명 중 황하문명을 배울 때 미리 중국 왕조를 외우도록 노래를 자주 부르게 하자. 사진처럼 왕조 순서를 만들고 동요 노래에 맞춰 처음엔 한 줄씩, 그다음엔 두 줄씩, 그리고 세 줄씩, 마지막으로 네 줄을 순차적으로 외우도록 하면 된다. 동요는 '봄나들이' 반주에 맞춰 부르면 딱 맞다.

중국 역사 순서 노래부르기♬
학번: ( ) 이름: ( )

3황5제 - 하 - 은(상) - 주
춘추전국 - 진 - 한 - 삼국
진 - 남북조 - 수 - 당 - 5대
송 - 원 - 명 - 청 - 중화민국

③ **신재생에너지 노래로 배우기**: '멜로가 체질' 드라마 OST였던 장범준의 노래 '흔들리는 꽃들 속에서 네 샴푸향이 느껴진 거야'를 자원 단원

에 활용했다. 신재생에너지 내용으로 가사를 개사해서 노래를 바꿨다. 수업 전에 선생님과 함께 촬영하고 싶은 학생을 물어보니 여러 명이 손을 들고 지원해줬다. 그중 사회수업 로드매니저였던 학생이 가위바위보에 이겨서 함께 녹음 작업을 했다. 방과후에 흔쾌히 시간을 내서 함께 노래해준 학생은 녹음과정이 재미있었고 평생 기억에 남을 것 같다고 했다. 가사에 수업 내용을 녹여냈고 크로마키천을 활용해서 배경을 수업 내용과 관련된 것으로 바꿨다. 수업 시 학생들과 함께 불러보며 익혔는데 자세한 심화 내용을 연결해서 학습하기가 좋았다.

학생 윤서와 노래로 하는 수업 장면

오늘 사회 수업해보자
신재생에너지 배워보자
환경친화적이며 고갈되지 않단다
그냥 장래성이 매우 좋단다
다 써가는 화석연료를
재활용하거나 대체하는 거야
한 번 쓰면 사라지는 고갈자원 아니야
그냥 더 좋은 자원이라 생각해

쓰다가 보면 항상 신재생에너지
재생 가능한 자원
기다렸다고 말할까
지금 태양열 지열 바이오 풍력
태양광 조력 정말 다양하게 있네

지나치는 태양 속에서
태양에너지만 보이는 거야
건조기후에서는 태양광에너지
그냥 개발해서 쓰기 좋아요

쓰다가 보면 항상 신재생에너지
재생 가능한 자원
기다렸다고 말할까
지금 태양열 지열 바이오 풍력
태양광 조력 정말 다양하게 있네

강한 바람이 부는
네덜란드랑 덴마크에선 풍력에너지
지각운동이 활발한
아이슬란드 일본은
지열발전하며 전기를 생산해
좋겠다고 할까

곡물을 보면 항상 바이오 에너지
옥수수랑 감자
사탕수수도 말할까
곡물 발효 기다리고
때론 효율 낮고 곡물 가격 올라
바이오 에너지가 논란이 되기도 해

화석연료 비해 대량 생산 어려워
초기 투자 비용 많아
그래도 신재생에너지
오늘 수업에 계속 집중 잘했니
아쉬운 것은 없니 질문 있음 하렴

④ **툰드라 기후 노래로 배우기**: 당시 아이들이 좋아하는 '슬기로운 의사 생활' 드라마 OST를 툰드라 수업 내용으로 바꾸었다. 코로나가 심해지는 상황이라 혼자 녹음해서 실시간 원격수업에서 활용했다. 부끄럽기도 했지만 학생들이 노래를 통해 수업 내용에 관심을 가지는 좋은 계기가 되었다. 선생님의 노력을 크게 생각해주는 기특한 학생도 있었고 노래가 귀에 잘 들어와서 이해가 더 잘된다고 해서 뿌듯했다. AR이모지를 활용해서 얼굴에 캐릭터로 입힌 후 영상을 제작했다. AR이모지로 촬영하면 말하는 입모양도 그대로 녹화되기 때문에 실제감이 크다. 크로마키천 앞에서 촬영을 하고 뒷배경은 툰드라 기후 관련 영상을 넣었다. 날로 발전하는 기술이 신기할 따름이다.

오늘 사회 수업 시작하자
삶의 지식들을 배워보자
교과서는 펴놨니 프린트는 있니
정신줄을 놓지 마요~

걱정 마
사막과 달라
지표는 다습한 편이야
2~3개월
짧은 여름도 있어
영원히 겨울만은 아니거든

툰드라에서 어찌 살까?
순록 유목하고
사냥도 하면서
고상 가옥에 살아가지

한대기후
툰드라
백야현상은 뭔가요
여름철
밤에도 해가 떠 있어
영원히 낮이 계속되는 거야

빙하랑 오로라 같은 것
신비한 모습
보러 관광객도
많이 찾아온다는구나

오늘 배우는 건 오직 하나
툰드라 기후를 배운단다
가장 더운 달 평균이 10도씨 미만이야
나무는 자라기 어려워

영구동토층은 뭘까?
일 년 내내 녹지 않는 곳이란다
오직 한대기후에 있다고 오!

왜 고상 가옥에서 살죠?
여름에 얼었던 땅이 녹아
건물이 기울어지면 안 되는 거잖아
그래서 고상 가옥야

지구 자전축 기울어져
있기 때문이야 고위도지방만
오직 백야현상 나타나 오

오늘 수업 다 끝난대도
후회하지 않아
오직 너를 위한
툰드라기후 잊지 마요
영구동토층 까먹지 마~~~

⑤ **영화 노래로 '인권' 수업하기**: 영화 <레미제라블>의 OST인 '민중의 노래(Do you hear the people sing?)'를 듣고 인권 또는 시민혁명에 대한 수업을 하면 좋다. 영화에서 나오는 영어 버전으로 불러도 좋고 촛불집회

때 우리나라 뮤지컬 배우들이 부른 우리말 버전도 좋다(유튜브에 있다). 함께 따라 부르면서 가사를 해석하고 음미한다. 가사의 의미 하나하나를 생각하고 당시 민중의 상황에 공감해보는 시간은 의미와 감동을 함께 느낄 수 있는 시간이다. 예를 들어 '분노한 민중의 노래'에서 민중들이 분노한 이유는 무엇인지 토의한다. 사람들이 바라는 '밝은 아침'의 의미를 모둠별로 토의하고 발표한다. 노래가 들을수록 중독성이 있어서 수업 이후에도 학생들이 자주 흥얼거리는 모습을 볼 수 있었다.

Do you hear the people sing? 너는 듣고 있는가?
Singing a song of angry men? 분노한 민중의 노래

It is the music of a people who will not be slaves again!
다시는 노예처럼 살 수 없다 외치는 소리

When the beating of your heart 심장 박동 요동쳐
Echoes the beating of the drums 북소리 되어 울릴 때

There is a life about to start when tomorrow comes!
내일이 열려 밝은 아침이 오리라.

Will you join in our crusade?
Who will be strong and stand with me? beyond the barricade
모두 함께 싸우자 누가 나와 함께 하나, 저 너머 장벽 지나서 꿈꾸던 곳으로

Then join in the fight 자, 우리와 싸우자
That will give you the right to be free! 자유가 기다린다

♬ 첫 소절 반복 ♬

Will you give all you can give so that our banner may advance
너의 생명 바쳐서 깃발 세워 전진하라

Some will fall and some will live
Will you stand up and take your chance?
살아도 죽어서도 앞을 향해 전진하라

The blood of the martyrs will water the meadows of France!
저 순교의 피로써 조국을 물들이라

⑥ **시장에 가면 놀이**: 이것은 어린이들 놀이 중 하나이지만 어른들이 하기에도 재미있고 간편한 게임이다. 참여자들이 둥그렇게 앉아 시장에서 판매할 만한 것들을 하나씩 얘기한다. 첫 번째 주자를 뽑고 그 사람부터 반시계방향으로 돌면서 하나씩 말한다. 단, 앞사람이 말한 것을 순서대로 따라서 말한 뒤 자신이 하나 더 말해야 한다. 교실에서는 모둠별 대표자 또는 분단별, 줄별 대표자를 뽑아서 교실 앞쪽으로 나와서 대결하면 된다. 앞에 말할수록 유리하고 뒤쪽에서 말할수록 외워야 할 단어들이 많아져서 불리한 놀이다.

예를 들어 지형 단원을 배울 땐 '산에 가면', 경제 단원을 배울 땐 '시장에 가면', 도시 단원을 배울 땐 '도시에 가면', 해안지형을 배울 땐 '바다에 가면' 등으로 수업 도입부에 하면 좋다. '00에 가면'을 '00를 보면'으로 바꿔도 된다. 대중매체 단원을 배울 때 '대중매체를 보면', '문화단원을 보면', '다큐를 보면' 등으로 무궁무진하게 수업에 활용하기 좋다.

첫 번째 학생이 '바다에 가면 모래가 있고'

두 번째 학생은 '바다에 가면 모래가 있고, 갯벌도 있고'

세 번째 학생은 '바다에 가면 모래가 있고, 갯벌도 있고, 석호도 있고'

네 번째 학생은 '바다에 가면 모래가 있고, 갯벌도 있고, 석호도 있고, 시스택도 있고'

이런 식으로 놀이를 진행하되 순서를 틀리거나 개념을 한 글자라도 잘못 말하면 실패다. 끝까지 순서 및 개념을 틀리지 않으며 거기에 자신만의 단어를 추가하면 성공이다. 온라인 수업에서도 즐겁게 할 수 있는 놀이다.

즐거운 수업 행사 - 지식토크쇼

TV 프로그램 '옥탑방의 문제아들'을 보던 중 떠오른 수업 아이디어가 지식토크쇼였다. 지식 토크쇼는 내가 아는 지식과 상식을 토크쇼처럼 이야기 나누며 대결하는 놀이다. 우리가 배우는 수업 내용 중 토크쇼 주제로 알맞은 것을 잡고 토크쇼에 참여할 패널들을 모집하면 된다. 예를 들어 자원 단원에는 태양에너지, 풍력에너지, 수력에너지, 조류에너지, 지열에너지, 바이오에너지, 폐기물에너지가 나온다. 여러 종류의 에너지 중 패널들이 원하는 에너지를 하나씩 선택해서 토크쇼 수업 날까지 연구해오면 된다. 지식 토크쇼 당일엔 서로 반박과 반박을 거듭하면서 의외의 답변들이 나와서 정말 재미있

다. 결국엔 준비를 철저하게 많이 해온 학생이 빛나게 된다.

놀이 방법

① 지식토크쇼 주제를 정하고 주제별 패널을 모집한다. 예를 들어 '21세기 재생에너지의 대세는 무엇인가?'라는 주제를 잡고 에너지 종류별 담당자(패널)를 모집한다.

② 담당자들은 자신이 맡은 주제에 대해 연구해서 토크쇼를 준비한다. 태양열에너지를 맡았다면 태양열이 21세기를 대표할 재생에너지임을 증명할 수 있는 여러 자료 및 반박 내용들을 치밀하게 연구한다. 사회를 맡은 학생에게는 진행 절차를 안내한다.

③ 지식토크쇼 당일에는 플랜카드 및 마이크를 준비하고 책상배치를 토론식으로 해둔다.

④ 사회자 진행으로 열띤 토론을 펼친다. 1분씩 주장 발표 후 서로 질의응답시간을 가진 후 청중의 질문을 받는다. 사회자가 토론 내용을 요약정리하며 마무리한다.

놀이 응용

① **자유주제 토크쇼**: 유명한 강의 플랫폼 TED처럼 자신만이 잘 아는 분야를 정해서 친구들에게 설명하고 질의 응답하는 시간을 갖는다. 학급 장기자랑처럼 나만이 잘 아는 지식 분야를 정해서 친구들과 토크쇼를 하는 것이다. 예를 들어 '용돈 잘 쓰는 법', '과학 공부 쉽게 하는

법', '집중 잘하는 법', '친구와 친하게 지내는 법', '방청소 쉽게 하기' 등 자유 주제로 지식토크쇼를 진행하면 교과서 주제보다 훨씬 몰입해서 참여하게 된다. 교과서를 넘어서 자신만의 이야기를 펼칠 수 있으며 친구들 토크쇼에서 또래를 통한 삶의 지혜를 얻을 수 있다.

② **음악 토크쇼**: 초등 고학년 이상쯤 되면 자신만이 좋아하는 음악 분야가 생긴다. 자신이 좋아하는 음악을 소개하고 음악이 좋은 이유, 이 분야에서 내가 좋아하는 연주자 및 가수, 연주자와 가수에 대한 숨겨진 이야기 등으로 토크쇼를 진행한다. 미리 토크 참여자와 음악 분야를 신청받아서 똑같은 주제에 몰리지 않도록 주의한다.

유의점

① 지식토크쇼 성패는 세부 주제를 선택한 패널들의 연구 수준에 달렸다. 패널들에게 자신의 세부 주제를 돋보이게 할 강력한 논거들을 준비해오라고 하며 의지를 북돋아줘야 한다.
② 서로 의견을 존중해주는 분위기 속에서 발전적인 비판이 이루어지도록 한다.
③ 인격모독, 비아냥 등의 자세가 아닌 논거로만 공격할 수 있게 한다.

(제 블로그에서 파일을 다운받으세요.)

신나는 수업 행사 - 지식장터

지식을 돈 주고 살 수 있을까? 그렇다. 저작권, 지적 재산권이 중요해진 시대에 지식도 하나의 재산으로 취급된다. 아이디어 경진대회에서 지식의 가치를 측정하기도 하고 온라인 지식 스토어에서 지식 생산자와 소비자를 연결해주기도 한다. 교실이라는 좁은 공간에서 지식을 주입받는 학생들은 내가 배운 지식을 활용할 수 있는 기회가 좀처럼 없다. 배움의 현장인 학교에서 우리가 공부하고 배운 지식들을 사고파는 장터를 열면 학생들이 더욱 즐겁게 배움과 나눔을 할 수 있다는 생각을 했다. 자신이 연구한 분야, 수업시간에 배운 내용으로 장터를 열고 지식을 사고파는 과정에서 재미와 메타인지능력도 키울 수 있다. 지식장터 이벤트를 통해 지식을 나누며 배움의 기쁨과 지식 나눔의 뿌듯함을 느껴보게 하자.

지식장터에서 학생은 친구를 가르쳐야 한다는 의무감을 가지고 책을 읽거나 자료를 조사하거나 다른 사람에게 물어서 스스로 공부해야 한다. 학생 자신이 교사가 되어 친구에게 가르쳐야 하기 때문에 주제에 대해 제대로 이해하려는 강한 동기가 발생한다. 동일한 내용을 학습할 경우 강의 전

지식장터를 위한 준비물

달은 5%, 읽기는 10%, 시청각 교육은 20%, 시범이나 현장견학은 30%의 낮은 학습 효율성을 보인다. 하지만 토론은 50%, 직접 해보는 것은 75%, 다른 사람을 가르치는 것은 90%의 높은 학습 효율을 갖는다. 친구를 가르치는 것은 메타인지를 작동하게 하므로 강의를 듣는 것보다 18배나 좋은 효과를 갖게 된다. 또한 하브루타를 위해 스마트기기를 활용하여 자료를 수집하고 분석하는 과정에서 인간 삶에 대한 역동적인 이해를 촉진할 수 있다.

지식장터란 지식을 사고파는 시장이다. 지식 판매자는 본인이 연구한 지식을 구매하러 온 친구에게 설명하고, 구매자는 판매자의 설명을 다 듣고 궁금한 점을 질문하고 지식의 가치를 엽전으로 지불한다. 엽전 말고 토큰, 종이 화폐, 스티커 등을 활용해도 된다. 설명은 친구 가르치기 하브루타 방식을 활용한다.

세종대왕은 질문 대왕으로 유명했다고 한다. 질문으로 생각이 열리고 질문을 거듭함으로써 최고의 답을 얻을 수 있었다. 하브루타는 누군가의 일방적인 설명이 아니라 친구의 가르침에 질문하고 토론하는 방식이다. 동갑, 또래 친구의 언어로 가르쳐주는 것이 교사의 언어보

다 더 이해가 쉽고 질문도 편하게 할 수 있다는 장점이 있다.

진행 방법

지식장터의 큰 주제를 정하고 모둠을 구성한다. 모둠별로 큰 주제 중 원하는 것을 심화주제로 정한다. 예를 들어 조선시대 '왜란과 호란의 극복'을 주제로 지식장터를 한다면 당시의 왕을 기준으로 심화 주제를 선택하면 된다. 선조, 광해군, 인조, 효종 시대에서 모둠별로 주제를 잡고 연구를 시작한다. 지식장터 당일은 전반전과 후반전으로 진행한다. 모둠원 중 절반은 판매자, 절반은 구매자다. 후반전에는 역할을 바꿔서 진행한다.

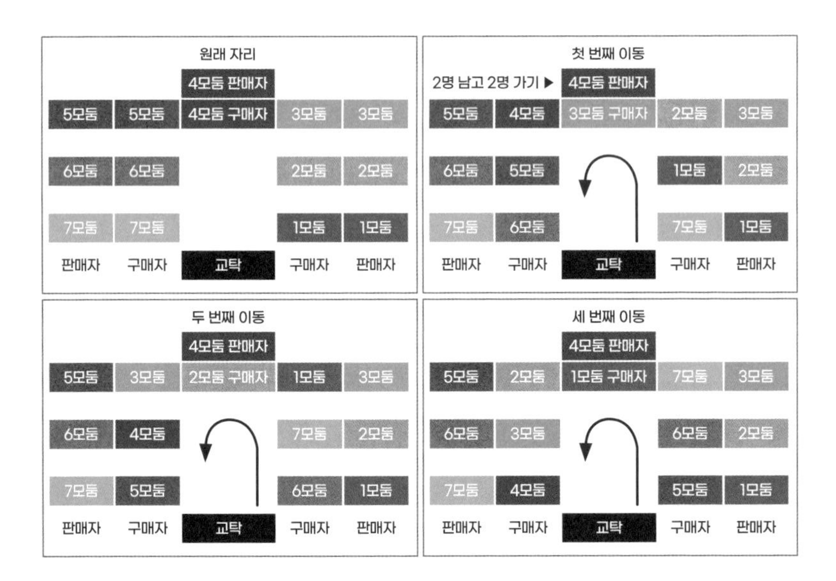

① 모둠별 심화주제를 정한다.

② 심화주제(=판매할 주제)를 학습하고 발표를 준비한다.

③ 역사 지식장터가 시작되면 구매자는 옆 모둠으로 한 칸씩 이동하고 판매자는 심화주제를 구매자에게 설명한다.

④ 판매자와 구매자를 바꿔서 후반전을 진행한다.

⑤ 모둠별 심화주제에 대한 평가를 하고 엽전을 교환한다.

수업 응용

① **갤러리 워크**: 각자 모둠별로 판매할 지식을 우드락 또는 포스트잇 이젤패드에 그림, 문자, 팝업, 사진, QR코드 등을 활용해서 만든다. 교실 동서남북에 산출물을 고르게 전시하고 진행 방향을 반시계방향으로 정한다. 모둠별로 도슨트 2명, 관람자 2명을 정해서 전반전과 후반전으로 역할을 바꾸며 진행한다. 갤러리 워크가 시작되면 도슨트는 관람자에게 설명하고 관람자는 반시계방향으로 이동하며 자유롭게 질의응답을 한다. 갤러리 워크가 종료되면 모둠별로 상대 모둠의 산출물을 평가하고 엽전을 지불하며 소감을 작성한다.

② **모두가 전문가**: 모둠별로 같은 주제를 학습하는 것이 아니라 각 모둠원이 다른 주제를 학습한 후 친구 가르치기 하브루타로 다시 만나 모둠원에게 알려주는 방식이다(원래 모둠→전문가 집단→원래 모둠으로 돌아가서 하브루타). 우선 모둠을 정한 후 주제 4가지 중 원하는 학습 주제를 선택한다. 예를 들어 주제가 대통령, 국회, 정부, 헌법재판소일 때 원 모둠에서 '대통령' 주제를 선택한 친구들끼리 전문가 집단 모둠을 구

성해서 대통령의 임무와 권한 등에 대해 함께 학습한다. 전문가 집단의 학습 후 원래 모둠으로 돌아가서 자신의 주제를 친구에게 알려준다. 모두가 전문가가 되어 친구들에게 설명하는 과정을 겪어야 하므로 책임감이 높아지고 메타인지도 강화될 수 있다.

유의점

① 심화 주제를 학습할 때 태블릿PC, 교과서, 역사부도 등을 충분히 활용해서 발표 준비를 다양하게 하도록 유도한다. 스마트기기를 활용하여 정보를 모으고 선별하여 정확하고 유용한 내용을 친구에게 설명하도록 한다.

② 모둠원이 홀수일 경우 판매자와 구매자의 비율을 적절히 조절한다.

③ 학생들의 동선과 사고 예방을 충분히 고려하여 자리배치를 둥그렇게 한다.

세상의 모든 물건으로 수업하기

강의식 수업은 효율성이 높기 때문에 많은 양의 지식을 가르칠 때 흔히 사용한다. 이때 설명을 잘해야 함은 물론이고 학생들의 집중을 지속적으로 끌고 가야 한다. 하지만 일방적인 강의만으로는 강력한 동기유발이 있지 않는 한 지루할 수밖에 없다. 이때 실물을 활용해서 수업에 변화를 주면 강의식 수업의 효율성도 높이고 수업 쪼개기 효과도 얻을 수 있다. 사실 설명의 가장 기본 기술은 실물을 제시하는 것이다. 실물의 위력은 오감을 자극하는 데 있으며 직접 눈으로 보고 만진 것은 학생들이 단번에 이해할 수 있다. 상대가 쉽게 이해한다는 것은 궁극의 설명력이 된다.

나는 수업시간에 실물 활용하는 것을 좋아한다. 간단한 것이라도 실물을 통해 접근하면 기억이 훨씬 잘되고 놀이 활동처럼 즐겁게 배울 수 있으니 1석 2조 효과가 있다.

실물 수업 유형

① **터번과 키파 쓰기**: 중학교 사회의 종교 갈등 단원에는 이슬람교와 유대교 사례가 나온다. 이때 이슬람교 사람과 유대교 사람이 나와서 가상의 대화를 하는 역할극을 꾸민다. 이슬람교와 유대교 사람이 직접 만나 이야기를 나누면서 종교 간의 특성을 엿볼 수 있다. 이슬람교 역할을 맡은 친구에게 사막기후가 대부분인 이슬람 지역에서 쓰는 터번과 여성용 히잡을 주었다. 학생들에게 쓰는 방법을 알려주고 직접 씌워줬다. 이슬람교 사람들의 언어인 아랍어 책자를 보여주며 우리에게 낯선 종교를 친숙하게 설명하기도 했다. 유대교를 맡은 학생에겐 성스러운 곳에서 유대인들이 머리에 쓰는 키파를 씌워줬다. 예전 유대인 하브루타 사례 영상을 봤을 때도 키파를 쓰고 있는 모습을 자주 봤던 아이들은 친숙하게 키파를 쓸 수 있었다. 작은 변화지만 아이들은 터번과 히잡, 키파를 쓰고 역할을 체험하는 것을 즐거워했다.

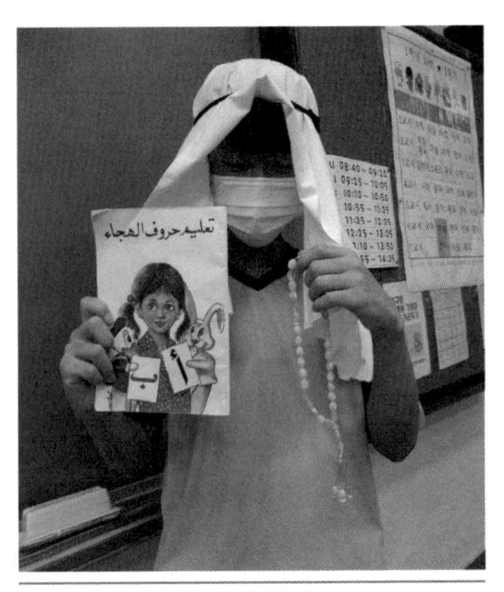

이슬람권 문화를 체험해보는 학생

참고로 터번은 하얀색 천으로 만들고 터번의 고정밴드는 쇼핑백의 검정 끈을 연결해서 만들었다. 이슬람교를 믿는 지역은 대체로 기후가 건조해서 뜨거운 태양으로부터 머리를 보호하기 위해 터번을 주로 쓴다. 건조기후 단원과 문화의 다양성을 배울 때도 쓰면 효과적이다. 이때 아랍어 책자와 이슬람교 사람들의 기도용 묵주도 함께 보여준다. 유대교도들이 쓰는 키파는 동그랗고 작은 모자처럼 생겼다. A4용지를 부채꼴 모양으로 잘라서 스카치테이프로 고정하고 원뿔 모양의 키파를 완성했다. 머리핀을 이용해서 아이들 머리에 고정해주었는데 중3 남자 아이들도 재미있어했다. 그 후 하브루타 수업에서 학생들에게 키파를 여러 개 나눠주고 토론 수업을 진행했더니 다들 유대인으로 빙의해서 열심히 참여했다.

② **지역 물건 활용**: '동남아시아의 농업'은 학생들에게 생소한 내용이 가득한 단원이었다. 여기서 동남아시아 지역은 기후가 농사에 알맞아 1년에 2회 또는 3회도 농사가 가능하다는 내용이 나온다. 도시 학생들에겐 너무나 먼 이야기로 아이들은 한숨을 쉬며 오늘 배울 내용을 접하게 된다. 마침 베트남을 다녀온 제자가 준 베트남 모자 농(NON LA)이 있어서 나는 그것을 쓰고 교실로 들어갔다. 학생들은 농 모자에 대해 관심을 가지고 서로 써보고 싶다고 아우성쳤다. 모자의 소재를 만져보고 뜨거운 태양 아래 농사를 지을 때 왜 이런 모자가 필요한지 깜짝토의

제자가 가져온 모자(농)를 쓰고 수업을 진행하는 교사

도 하며 학습 흥미가 높아졌다. 단순한 모자이지만 소품 하나만으로 지루했던 농업 수업이 즐거운 시간으로 변신할 수 있었다.

벼농사에 유리한 베트남에서 만든 팝업카드

또한 어린이 책 중에 쌀과 밀과 보리 샘플이 투명 케이스에 들어 있는 경우가 있다. 농업 단원을 배울 때 쌀과 밀과 보리의 모습을 직접 볼 수 있는 책을 활용하는 것도 좋은 방법이다. 뭐든 관련된 실물을 가지고 오면 종이 글자와 사진으로 보는 것보다 학생들의 관심과 몰입도가 크게 향상되는 효과가 있다. 베트남에 직접 가서 사온 팝업카드를 펼쳐서 보여줬더니 아이들은 농사 짓는 분들의 모습과 농작물을 보며 더욱 수업에 빠져들었다. 사물을 활용한 수업은 언제나 반응이 뜨겁다.

③ **정의의 여신 활용**: 재미가 없는 것뿐만 아니라 어렵기까지 한 단원이 바로 '법 단원'이다. 아직 어린 중학교 1학년 학생들이 배우는 법은 정의, 공공복리, 상소제 등 어려운 한자어와 함께 난해한 내용들로 가득하다. 하지만 어려운 내용이라도 피해가지 않고 부딪혀야 한다. 나는 법 단원 도입에 등장하는 정의의 여신을 재현하며 정의의 의미를 나눠보기로 했다. 발달심리학자 장 피아제는 직접 체험하고 체험한 내용에 대해 생각하도록 하면 가장 잘 배울 수 있다고 했다.

서양 정의의 여신은 서 있는 상태에서 오른손엔 양팔저울을, 왼손에는 칼을 들고 있다. 양팔저울은 평등한 판단을, 칼은 법의 강제성을 의미한다. 재현해보고 싶은 친구가 나와서 정의의 여신을 보여주고 각 사물이 의미하는 바에 대해 얘기를 나눴다. 우리나라 정의의 여신은 대법원 앞에 세워져 있다. 앉아 있는 모습을 하고 있고 오른손에 양팔저울을, 왼손에는 법전을 들고 있으며 눈은 뜨고 있다. 서양 정의의 여신이 눈을 가린 것과 우리 정의의 여신이 눈을 뜨고 있는 것은 각각 의미가 다르다. 눈을 가린 것은 주관적인 시선 없는 공평한 판단을 의미하고, 눈을 뜬 것은 사회적 약자를 더 자세히 바라보겠다는 의지의 표현이다. 이런 내용들을 알려주며 교실에서 직접 재현해보니 법이라는 것이 더 친숙하게 다가왔다.

정의의 여신을 멋지게 재현하는 우리반 학생

양팔저울은 과학선생님께 빌려온 것이고 칼은 동료교사가 협찬한 것이다. 이로써 정의의 여신을 재현하는 데 겨우 2~3분 정도의 시간이 소요되었다. 간단한 변화로 법 단원을 놀이처럼 배울 수 있는 기회를 준 것이다. 어렵고 딱딱한 내용일수록 놀이처럼 즐겁게 접근해볼 필요가 있다. 수업 내용에서 놀이로 접근할 수 있는 부분이 없는지 늘 고민한다면 아이디어는 언제나 생길 것이다.

④ **에너지 자원 활용**: 실물을 보여줄 수 있는 게 가장 많은 것이 자원 단원이다. 말 그대로 자원을 가져와서 보여주고 수업을 진행하면 학생들의 이해도가 탁월해질 수밖에 없다. 그림과 사진, 영상 자료도 좋지만 직접 실물을 보여주고 만져보게 하는 것은 아예 차원을 달리하는 접근이다. 책에는 광물 자원, 에너지 자원, 식량 자원 등 다양한 자원 이야기가 등장하지만 그중 우리 생활과 가장 밀접한 것은 에너지 자원이다. 석유, 석탄, 천연가스 3인방은 우리 삶과 뗄 수 없는 밀접한 관계를 갖는다.

이번에도 과학 선생님의 도움을 받아 여러 광물 자원 표본 중에서 석탄을 빌려왔다. 천연가스는 아들이 가지고 놀던 천연가스 버스(타요 버스)를 활용했다. 석유는 검정색 액체괴물(슬라임)을 인터넷으로 구입해서 교실로 가져갔다. 학생들과 석유 자원에 대해 배울 때 검정색 액체괴물을 쏟을 것처럼 연기했더니 소리 지르고 난리가 났다. 실제 석유는 아니지만 즐겁게 석유에 대해 배울 수 있었다. 그 후 애정

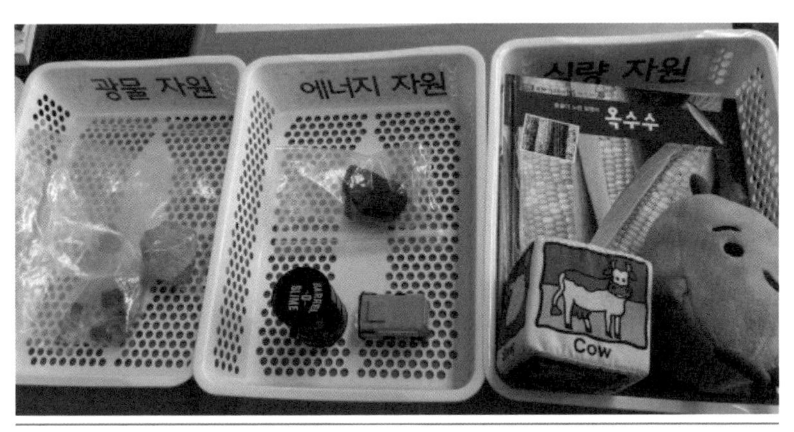

자원 단원을 배울 때 실제로 보여주는 자원 사례들

하는 제자가 집에 있던 원유를 가져와서 수업의 질을 높여줬다. '쿠웨이트 오일컴퍼니'라고 쓰여 있는 진짜 원유를 가져온 것이다. 수업 들어가는 10개 반의 3백여 명 학생들이 진짜 원유를 볼 수 있어 좋았고, 이로써 머릿속에 각인되는 자원 수업이 이루어졌다.

신재생에너지 부분에서는 바이오에너지가 나온다. 바이오에너지에는 옥수수, 사탕수수, 감자 등의 당분을 발효시켜 만드는 바이오에탄올과 콩기름, 팜유, 폐식용유에서 뽑아 만든 바이오 디젤, 그리고 음식물 쓰레기, 가축 배설물 등을 발표시킬 때 나오는 바이오 가스가 있다. 집에 있던 옥수수 그림책과 아들 방에 있던 콩 인형을 들고 와서 바이오에너지 수업을 진행했다. 옥수수 그림책을 넘기며 옥수수의 특성도 알려주고 콩을 크게 만든 인형과 함께 특성을 얘기해주니 집중을 잘 해주었다. 어려운 바이오 에너지를 실물로 배우니 학생들의 이해도와 반응이 남달랐다. 학생들은 친근한 그림책과 인형을 통해 놀이처럼 수업을 진행하면 더 집중하는 모습을 보여준다.

⑤ **역사 유물 만들기**: 역사는 과거를 통해 현재를 이해하고 미래를 준비하는 과목이다. 나는 과거의 사람들이 당시에 얼마나 현명하게 도구를 만들어 사용했는지 학생들과 직접 만들어보며 수업을 진행했다. 교과서에 나온 그림이나 박물관의 유물은 눈으로만 보는 것이라서 학생들에게 크게 와 닿지가 않는다. 직접 만들어보고 사용해보면 유물에 대한 활용방법도 이해되고 기억에 오래 남는 수업이 된다.

예를 들어 신석기시대 유물인 반달돌칼을 종이박스로 만들었다. 박스 조각을 반달모양으로 자른 후 송곳으로 두 개 구멍을 뚫어서 끈을 연결했다. 학생들은 끈에 손을 넣어서 직접 식물을 잘라보는 경험을 통해 반달돌칼의 용도를 체화할 수 있었다. 물론 실제는 종이박스가 아닌 납작한 돌을 이용해서 날을 갈아 반달돌칼을 만들었음을 분명히 인식시켜줘야 한다.

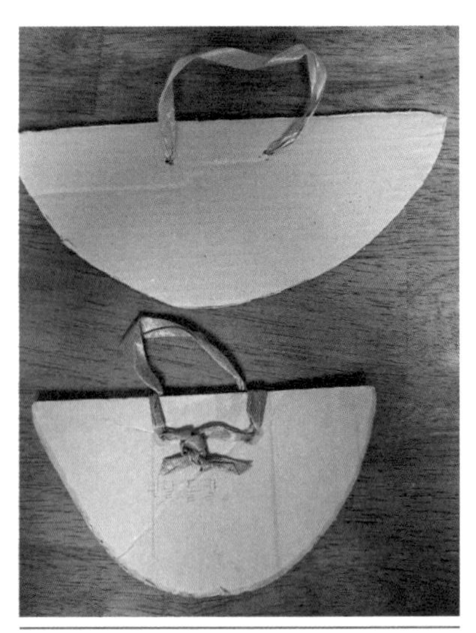

박스를 잘라서 만든 반달돌칼, 실물 활용 수업 사례

청동기시대의 중요한 무기이자 제사용 도구인 청동검(비파형동검)은 두꺼운 청색 서류판을 오려서 제작했다. 교무실에서 여러 개를 제작한 후 청동기시대를 배울 때 지시봉으로 활용했다. 구리에 주석을 섞어서 거푸집이라는 틀에 부어서 만드는 원리라는 것을 알려주면서 수업을 진행한다. 왜 비파형 모습을 띠고 있는지, 동검이 시간이 지나면 어떻게 색이 변하는지에 대해 이야기를 나누면서 청동기시대를 배웠다.

학생들의 이해력을 조금이라도 높이기 위해 만든 김에 청동거울 목걸이도 함께 만들었다. 거울 뒷면에 끈을 연결할 수 있는 고리 2개를 만들어서 끈을 연결했다. 학생들이 도대체 청동거울이 왜 거울이냐고 궁금해하는 경우가 많았다. 청동거울 뒷면에는 무늬가 있고 고리에 끈을 끼울 수 있으며 거울 앞면을 반짝반짝하게 닦으면 태양빛 반사를 받아 빛나 보이고 거울처럼 얼굴을 비춰볼 수 있다. 이를 재현하니 아이들은 그때서야 유물을 이해했다.

삼한시대를 배울 땐 솟대를 제작했다. 당시 제사를 지내던 천군이 지배하는 곳을 소도라고 한다. 주변에 솟대를 세우고 경계를 표시했는데 신성한 구역이었으므로 죄인들도 이곳에 들어오면 잡을 수 없었다. 서류 봉투와 지시봉으로 솟대를 만들어서 교실 한쪽에 임의로 경계를 표시했다. 지원자를 받아서 도둑 3명, 경찰 2명으로 짧은 깜짝 놀이를 진행했다. 솟대 반대편에서 시작해서 솟대로 가기 전에 경찰이 도둑을 잡으면 경찰이 승리하고, 만약 못 잡으면 도둑이 이기는 놀이다. 나머지 학생들은 즐겁게 관전하며 재미있어했다. 작은 소품으로 깜짝 놀이도 하고 삼한시대를 이해하는 계기가 되었다.

솟대 표시를 만들어 실물 활용 수업을 진행한 사례

고대 그리스 시대에는 민주 정치가 매우 발달했다. 이때 정치적으로 독재 위험이 있는 인물을 투표해서 10년간 국외로 추방하는 '도편추방제'가 있었다. 도자기 파편이나 조개껍질 등에 이름을 써서 6천 표 이상 득표한 사람이 나올 경우 추방하는 제도다. 세계사 수업을 하기 전에 미리 도자기 조각이나 없는 사람은 조개껍질을 준비해오라고 안내했다. 학생들은 의외로 조개껍질을 잘 준비했고 도자기 조각을 가져오기도 했다. 학급에서 잠시 복도로 나갔다 올 시끄러운 학생을 투표해보았다. 의외로 선생님 이름을 쓴 사람이 많아 모두가 폭소했다.

도자기 파편이나 조개껍질을 준비하기 복잡하면 이면지를 도자기 조각처럼 찢은 후 나눠주고 도편추방제를 체험하게 하면 된다. 도편추방제에 대해 잊지 못할 추억을 만들 수 있었고 당시 제도를 쉽게 익힐 수 있었다.

실제 조개껍질과 도자기 파편으로 도편추방제를 진행한 사례

⑥ **코스튬 활용**: 코스튬이란 무대에서 시대나 인물 역할을 나타내는 의상을 의미한다. 교실을 무대라고 생각하고 코스튬을 활용해보자. 세계사 시간 중 로마시대를 배울 때였다. 로마인들이 입는 옷을 직접 입어보고 수업을 한다면 더욱 실감나고 즐거운 수업이 될 거란 아이디어가 떠올랐다. 동대문 상가에 가서 천을 사와서 로마인들이 입는 토가를 만들어 수업 중에 함께 입어봤다. 학생들이 눈을 반짝이며 로마시대로 와 있는 듯한 마음으로 수업에 열심히 참여했다.

세계 문화를 배울 때 지역별 의상을 입고 패션쇼를 해도 좋다. 비싼 의류가 아닌 작은 소품으로 표현할 수도 있고 심지어 신문지로 간단히 의상을 만들 수도 있다. 세계사 수업 중 이집트 문명을 배울 땐 투탕카멘 모자를 쓰고 이집트 이야기를 나누기도 한다. 의상을 입는 것과 입은 모습을 보는 것은 학생들 모두에게 신기하고 재미있는 경험이 된다. 눈으로 보고 만지고 입어봤던 경험은 단순히 교과서 글로 배우는 것을 뛰어넘는 확산적 사고를 가능하게 해준다.

기모노를 직접 입고 일본문화 배우기

법 단원 중 민사재판과 형사재판을 배울 때는 판사복, 검사복을 주문해서 직접 입고 모의재판을 진행한다. 요즘은 재판장에서 재판봉을 두드리진 않지만 실감나는 수업을 위해 재판봉도 구입해서 두드리는 장면도 연출했다. 학생들은 옷부터 도구까지 완벽하다면서 더 열심히 재판 과정에 임해서 수준 있는 모의 법정 수업을 진행할 수 있었다. 예를 들어 판사 역할을 맡은 학생은 옷을 입는 순간 판사의 마음을 가지고 근엄하게 재판에 임한다. 옷이 주는 무게감과 현장감은 역할에 더욱 몰입하게 만드는 효과가 있다.

이집트 투탕카멘 모자 쓰고 이집트 문명 배우기

⑦ **레고 블록 활용**: 아이들이 무엇이든 직접 만들어볼 수 있는 레고 블록으로 다양한 수업을 할 수 있다. 예를 들어 레고 블록으로 세계 여러 나라들 간에 맺어진 경제 블록을 설명한다. 공통된 경제적 목적으로 단합한 경제 블록은 인접한 나라끼리 결속해서 경제적 이익을 극대

화하는 것이다. 경제 블록에 해당하는 나라와 그렇지 못한 나라 간의 차이를 레고 블록으로 장벽을 만들어 설명했다. EU, ASEAN, NAFTA 등의 경제 블록을 실물 블록을 놓고 설명하니 몰입도가 훨씬 높았다. 블록 안쪽의 나라들과 블록 바깥 나라들의 관계를 비교하거나 EU에서 빠져나간 영국을 예로 들 때 블록 바깥으로 나가는 모습을 재현하며 레고 블록을 통해 설명하는 것이다.

레고로 도시 내부구조 만들기 수업을 진행한 사례

도시의 내부구조를 배울 때는 직접 도시 만드는 작업을 했다. 미리 도시 내부에 어떤 건물들이 있는지, 땅값에 따른 건물 모습이 어떠한지, 도심과 부도심, 위성도시 역할은 무엇인지를 배우고 도시 밑그림을 그린다. 그 후 모둠별로 레고 블록으로 실제 도시를 제작했다. 아이들은 어릴 적 가지고 놀던 레고를 교실에서 만지는 것도 좋아하고 나만의 도시를 만드는 활동이 학생들의 자기결정권을 높여줘서 적극적으로 참여하게 된다. 그 외에도 레고로 랜드마크 건축물 만들기, 나만의 공간 꾸미기, 우주기지 만들기, 미래의 수중도시 만들기 등 여러 가지로 응용해서 활용할 수 있다. 레고 블록에 얇은 포스트잇으로 건물 이름을 써서 붙여놓으면 완성된 레고 작품을 이해하는 데 도움이 될 수 있다.

무궁무진한 칠판 활용법

꿈속에서도 가끔 등장할 법한 초록 칠판은 교실의 얼굴이자 하이라이트 부분이다. 공연장으로 치면 무대이고, 교실에서 가장 잘 보이는 중심부에 위치해 있다. 칠판을 잘 사용하면 수업 효과를 100배 높일 수 있다. 요즘은 칠판보다 프로젝트 TV나 디지털 칠판 등을 많이 사용하는 추세다. 하지만 백묵으로 직접 쓰는 칠판은 디지털기기와 다른 새로운 느낌으로 뇌에 각인되는 유용한 수업 도구임은 확실하다.

칠판에 한 글자 한 글자 적어가며 설명하면 아이들도 뇌의 빈 공간에 글자가 적어지듯 칠판 내용이 머릿속에 천천히 스며든다. PPT로 개념 설명을 진행할 경우 볼 때는 쉽게 이해되지만 PPT 화면이 사라지고 나면 기억에서도 함께 사라지는 경험을 해봤을 것이다. 칠판을 잘 활용한다면 효율적으로 아이들 머릿속 공간에 차곡차곡 지식을 쌓을 수 있다.

칠판 활용 방법들

① **칠판 100% 활용하기**: 학생들이 한눈에 칠판 전체를 쳐다보기 때문에 구석에 조그맣게 쓰는 것은 뇌의 구석 어딘가에 작은 흔적을 남기는 것일 뿐이다.

사막 탈출 놀이를 진행하는 수업 사례

오늘 배울 내용을 구조화해서 꽉 차게 쓴다면 뇌의 중심영역에 수업 내용이 크게 자리 잡게 된다. 전체 내용을 고려해서 수업이 끝날 때쯤 칠판 전체가 가득 채워져 있도록 하는 것이 가장 좋다.

중2 때 담임선생님이 국어 수업 시간에 조그마한 글씨로 칠판 왼쪽부터 오른쪽 아래까지 필기만 하다가 끝내는 수업을 하신 적이 있다. 글씨도 작고, 뒤돌아서 계속 칠판에 적고만 있으니 지루한 학생들이 딴짓을 해도 잘 모르셨다. 그 기억을 반면교사삼아 나는 되도록 큰 글씨로 쓰고, 학생을 등지고 칠판 쪽만 바라보는 행동을 최소화하려고 노력하는 편이다. 조선시대 왕들에 대해 배울 땐 왕 이름을 순서대로 써야 해서 칠판이 매일 터져나갔다. 이전에 배웠던 왕은 작게, 오늘 배울 왕들은 크게 써서 되도록 하나의 칠판에 왕들이 전부 들어오도록 노력했다. 순서가 중요할 땐 일부러 칠판 밖까지 연결해서 쓰기도 했다.

학생들은 칠판 밖에 써주는 것을 새롭게 생각하고 나를 괴짜처럼 여기기도 한다.

사막 탈출 놀이 활동 중 탈출하는 데 필요한 것 4가지를 고르는 수업 시간이었다. 칠판 가득 미션과 모둠 표시를 하고 수업을 진행했다. 한눈에 보기 좋게 칠판을 적절히 나누어서 100% 활용했다. 학생들이 고개만 들어도 오늘의 수업 미션과 모둠 현황을 볼 수 있게 했다. 단, 학급 도우미(주번) 친구들은 꽉 차게 쓰는 것을 힘들어하므로 수업 후에 교사가 칠판 지우는 것을 도와주기도 한다.

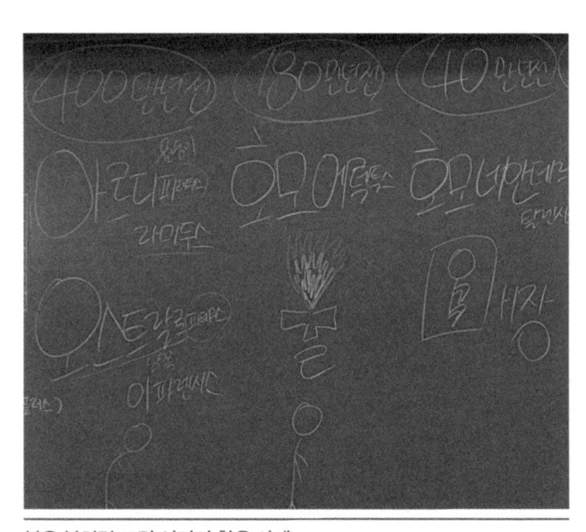

불을 불처럼 그린 이미지 활용 사례

② **이미지로 표현하기**: 최대한 수업 내용을 이미지를 활용해서 칠판에 표현하려고 노력하면 좋다. 그림을 잘 그리진 못하지만 학생 입장에서 글씨만 보는 것과 그림을 함께 보는 것은 수업 이해도에 큰 차이를 가져온다. 불은 불처럼 그리고 산은 산처럼 그려서 보는 즉시 무엇인지 알 수 있게 판서하면 학생들에게 더 기억에 남게 된다. 단순한 글자가 아닌 이미지로 각인되고 구조화되는 수업을 기획해보자(4장 10번에 나오는 '타이포셔너리' 참고).

오른쪽 사진은 원격 기간 진행한 기후 수업을 촬영한 모습이다. AR이모지를 활용해서 얼굴을 촬영했다. 칠판 가득 거대한 원을 그려서 지구를 표현했고 그 위에 세계 기후의 전반적인 모습을 설명했다.

칠판에 꽉 차게 지구를 그려서 활용하는 수업 사례

③ **색분필로 전하는 시각 자극**: 색은 학생들에게 전하는 메시지이자 언어다. 한 가지 색으로 수업을 진행하는 것과 여러 색을 활용하는 것은 엄연히 다르다. 색을 통해 정보를 전달하고 색에 따라 분위기도 바뀐다. 서로 다른 색을 사용함으로써 똑같은 내용이 뇌의 저장 장치에 다르게 각인될 수 있다. 내용을 효과적으로 전달하고 학생들 뇌에 더 오래 남기기 위해서는 색을 적절히 활용하는 것이 좋다.

수업의 기본 내용은 하얀색으로 쓰되 중요한 부분은 노란색으로 쓰고, 따로 기억해야 할 부분은 파란색, 가장 비중 있는 것은 빨간색 색분필을 이용한다. 다만, 파란색은 아이들이 빛반사로 안 보일 때가 있어서 파란색을 대체할 색을 만들거나 하늘색을 구하기도 한다. 물백묵을 쓰는 학교에서는 하얀색과 파란색을 섞어서 하늘색을 만들어서 썼고, 백묵을 쓰는 학교에서는 추가로 색분필을 사서 보라색, 주황색 등을 활용했다. 보라색처럼 새로운 색분필만 가지고 수업을 해도 반응은 폭발적이다. 수업 끝나고 너도 나도 써보고 싶다고 칠판으로 달려나오는 아이들이 참 귀엽다. 보통 개념을 명확히 정리해줘야 할 경우 손가락 사이사이에 색분필을 하나씩 끼우고 수업할 때가 많다. 바로바로 중요한 것을 설명해야 할 경우 색깔별로 강조하기 좋다. 흐름을 놓치지 않기 위해 손가락에 미리 색분필을 끼워주는 센스를 갖춰보자.

④ **칠판 및 주변까지 온전히 활용하기**: 칠판 위치가 메인이기 때문에 칠판만을 따로 떼어서 사용해야 하는 건 아니다. 칠판을 수업 도구 중 하나로 생각하고 조화롭게 여러 활동에 칠판을 활용해야 한다. 칠판에 모둠별 의견을 적은 종이를 전시하거나, 칠판을 릴레이 퀴즈를 푸는 벽으로 사용하거나 놀이 활동의 기준점으로 활용할 수 있다. 수업을 매끄럽게 도와주는 기능으로 칠판을 잘 사용하도록 고민하면 새로운 아이디어가 계속 나오게 된다.

칠판 및 주변 공간까지 활용한 수업 사례

⑤ **칠판 사용 안 하기**: 무궁무진한 칠판 활용 방법 중 하나가 백묵 칠판을 아예 사용 안 하는 것이다. 칠판을 플랜카드로 가리거나 대놓고 천으로 막아서 무대처럼, 배경 그림처럼만 활용한다. 예를 들어, 사회 시간 행사로 '모의재판'을 진행했을 때 플랜카드를 걸어만 놓고 칠판은 전혀 사용하지 않았다. 칠판 쪽은 그냥 배경처럼 있었고 각종 안내는 프로젝트 TV나 유인물로 대체해서 안내했다. 칠판이 있다고 매시간 꼭 사용하라는 법은 없다. 칠판을 활용하는 방법 중 하나는 칠판을 전혀 사용하지 않고 수업하는 것이다. 칠판을 모두 막고 교실 나머지 공간들을 최대한 활용해서 기발하고 신나는 수업을 준비해보자.

참고로 요즘은 환경보호를 위해 출력 제작한 1회용 플랜카드를 지양하고 플랜카드 파일 자체를 교실 앞쪽에 띄워만 놓는 것을 추천한다. 매년 계속 사용할 플랜카드만 인쇄해서 계속 재활용하는 것이 좋다. 사진은 매년 재활용으로 인해 구겨진 플랜카드 모습이다.

모의재판 플랜카드로 칠판을 가득 채운 모습

텍스트를 읽는 다양한 방법

수업 진행 시 교과서나 유인물, 참고자료에 나온 지문을 함께 읽어야 할 경우가 있다. 물론 진행자가 본문 내용을 요약해줄 수도 있지만 함께 눈으로, 입으로 읽어야 효과적인 배움이 일어난다. 교과서 본문 읽기, 신문기사 읽기, 시 읽기, 소설 일부분 읽기 등 내용을 함께 읽어야 할 때는 대부분 지루한 시간이 될 수밖에 없다. 누군가가 읽기만 하는 활동이 변화 없이 지속되기 때문이다. 읽는 사람도 다 읽어야 한다는 부담이 크고 지루한 읽기를 외롭게 해야 한다. 이럴 때 놀이처럼 즐겁게 읽는 방법을 활용해서 읽는다면 활기 넘치는 분위기가 될 수 있다.

첫 번째 읽을 주자를 선택하는 방법은 3장의 '학생 뽑기 꿀팁' 파트를 참고하면 좋다. 단, 긴 시간 읽어야 하는 방대한 자료일 경우 학생들 각자의 속도대로 묵독하는 것이 더 좋다. 여기서 제시하는 것은 한 페이지 내의 짧은 텍스트를 수업 중에 함께 봐야 할 경우에만 한정한다. AI가 자동으로 읽어주는 프로그램이 나오지만 인간적인 읽기 방법들로 수업 재미를 더해본다.

읽기 유형

① **글자 점프 읽기**: 첫 번째 읽을 사람을 뽑은 후 그 뒤로 읽을 순서를 정해놓는다. 첫 번째 주자가 읽다가 한 글자라도 발음이 틀리거나 띄어쓰기가 틀린 경우 그다음 사람으로 차례가 넘어간다. 모든 학생들이 제대로 읽는지 집중하면서 보게 된다. 긴장해서 한두 마디만 하고 차례가 끝나는 학생이 생기면 모두가 웃으며 즐거워한다.

② **줄별로 주고받기**: 읽는 순서를 정하고 한 문장씩 교사와 번갈아 읽기를 한다. 예를 들어 앉은 좌석별로 읽기를 한다고 할 때 한 사람당 마침표가 있는 한 문장씩만 읽는 방법이다. 학생, 교사, 학생, 교사가 번갈아 읽기 때문에 지루함이 덜하고 한 문장만 읽는 학생은 부담이 덜하다. 최대한 많은 학생들이 읽도록 하려면 교사와 주고받기보다 학생들끼리 한 줄씩 읽으면 된다.

③ **분단별 대항 읽기**: 한 줄씩 1분단 → 2분단 → 3분단 → 4분단이 읽고 다시 1분단으로 돌아가며 번갈아 읽기를 한다. 큰목소리로 하나의 소리를 만들어서 잘 읽은 분단에게 보상을 주거나 격려의 칭찬을 한다. 경쟁도 하며 즐겁게 텍스트를 접하게 될 것이다.

④ **캐릭터 성대모사**: 텍스트를 읽기 전에 캐릭터를 선택한다. 아나운서,

할머니, 어린아이, 교장선생님, 연예인, 만화 캐릭터 등 다양한 인물 중에서 고른다. 아예 AI 로봇스타일로 읽어볼 수도 있다. 랜덤 뽑기를 통해 순서를 정하고 캐릭터에 빙의하여 성대모사하는 것처럼 읽도록 한다. 혼자서 읽기보다 차례를 정해놓고 여러 명이 읽으면 더욱 재미있다.

유의점

① 내용 이해도를 높이기 위해서는 텍스트를 읽은 후 어떤 이미지가 떠올랐는지를 물어본다. 읽으면서 머릿속에 이미지를 만들어내면 훨씬 이해가 잘되기 때문이다. 또는 텍스트를 읽으며 한 가지 이상 질문을 만들기로 약속하며 읽는 것도 좋다. 질문을 만들어내는 작업은 두뇌를 계속 활동하게 하기 때문이다.

② 난독증, 읽기 부진 아동 등을 최대한 배려하며 활동해야 한다. 교실 내 부진 학생들을 미리 파악하여 작은 기회를 주고 성공의 경험을 갖도록 독려하자.

4장

유쾌 발랄한 마무리 수업 놀이

강렬한 마무리

수업을 마무리하는 것은 수업 시작만큼이나 중요하다. 학생들 두뇌 속에 수업의 첫 시작이 강렬하게 남은 채로 전체 수업이 진행되었다면 수업 후에는 마지막 장면이 가장 오래 여운처럼 남기 때문이다. 누군가를 만나고 헤어진 후에도 마지막 장면이 가장 오래 기억되는 것처럼 수업도 마찬가지다. 마무리를 강렬하게 해서 다음 수업을 기대하도록 만들어보자. 모두가 설렘을 가지고 다음을 기다리게 된다.

최근 인기리에 방영되는 드라마들도 모두 가장 흥미진진하고 궁금한 클라이맥스 장면에서 끝을 낸다. 드라마 마지막에 다음 시간 장면을 살짝 보여주며 궁금증을 자아낸다. 그러면 시청자는 어쩔 수 없이 다음 회가 시작하는 날까지 손꼽아 기다리게 된다. 수업도 드라마 구조처럼 궁금하고 기대하게 만들 수 있다. 강렬하게 마무리를 짓고 다음 시간을 기다리도록 단서 한 가지를 흘리고 마치는 것이다.

강렬한 마무리 방법에는 아주 간단한 것부터 다양한 놀이 활동까지 마음만 먹으면 누구나 할 수 있는 것들이 많다. 1장에서 언급한 첫 만남 놀이부터 3장의 수업 진행 놀이를 반복해서 활용하는 것도 좋다. 나에게 맞는 스타일의 놀이들을 하나씩 시도해가며 수업에 변화를 주면 된다. 수업 마무리에 힘을 주고 강렬한 끝맺음을 해야겠다는 생각만으로도 뭐든 할 수 있다. 마지막 목소리를 굉장히 크게 한다거나 칠판 가득 강조하는 글자를 쓰는 것만으로도 좋다.

예를 들어, 나는 역사 수업 마지막엔 다음 시간 이야기를 꼭 흘리고 끝을 맺었다. 16세기 사림이야기 중 성종의 얼굴을 할퀸 폐비 윤씨 사건을 알려준다. 폐비 윤씨의 종말과 그 후 아들의 복수를 알려주겠다고 예고한다. 아이들은 폐비 윤씨와 그 아들(연산군) 이야기가 너무 궁금하다고 하며 다음 시간이 빨리 오길 손꼽아 기다렸다. 특별한 수업 준비 없이 다음 시간 내용 중 궁금증을 자아낼 만한 소재를 투척하고 나오는 것이다.

강렬한 마무리 방법 중 하나는 오늘 배운 내용을 1~3가지로 요약해서 강조하는 것이다. 마치 광복절에 만세삼창을 하듯 중요한 핵심내용을 큰목소리로 말하고 끝맺는 것이다. 아무런 준비도 필요 없고 아이들과 한목소리를 만들어 외치기만 하면 된다. 그리고 진행자는 "오늘 수업 끝!"을 외치자. 아이들의 함성 소리와 함께 교실은 수업을 끝냈다는 성취감과 해방감에 축제 분위기가 된다.

또 하나, 수업 내용이 클라이맥스에 다다랐을 시점에 학생들이 예상치 못한 순간 갑자기 수업을 끝내는 것이다. 가장 어렵거나 내용이 복잡할 때 학습내용을 설명하자마자 "오늘 이렇게 중요하고 어려운 내용을 배웠으니 수업은 여기까지다!"라고 크게 외친다. 이보다 더 강렬한 수업 마무리는 없다. 전혀 예상 못한 상황에서 수업 종료를 선언한다. 실제 어려운 부분이므로 복습의 필요성과 함께 강렬한 수업 내용이 머릿속에 각인되어 남게 된다. 이때는 좀 더 이해하기 위해 스스로 복기하는 학생들도 생긴다. 수업의 마무리 장면이 잔상으로 남는 효과도 있고 갑작스런 수업 종료로 학생들은 말 못할 기쁨을 누린다. 씁쓸한 현실이지만 수업을 일찍 끝내주는 것을 그렇게 좋아할 수가 없다. 강렬한 마무리를 위한 방법들을 고민하다 보면 다양한 아이디어가 나올 수 있으니 수시로 새로운 방법을 생각해보는 습관을 가져보자.

5자 토크 점프 발표

앞서 2장에서도 점프 발표를 다뤘었다. 5자 토크 점프 발표 놀이는 점프 발표 방법을 활용하면서 5자 토크 기법을 더한 수업 마무리 방법이다. 5자 토크란 다섯 글자로 말하는 것이다. 예를 들어 '끝나서좋다', '개념어렵다', '재미있었다', '이해가안감', '나도잘몰라', '다시해줘요', '이해가쏙쏙', '보람있었다' 등등 무조건 5글자로만 말하는 것이다. 점프 발표를 5자 토크로 하면 오늘 수업에 대한 정리 및 학생들 의견을 들을 수 있어서 좋다. 발표하기 싫은 친구는 자리에서 일어나며 '점프'를 외치면 되지만 연속으로 '점프' 사용은 금지된다.

놀이 방법

① 오늘 수업에 대한 평가 또는 학생 의견을 오직 5글자로만 말해야 한다. 5글자를 미리 생각해놓는다.

② 진행자가 발표 순서를 정하면 그 순서대로 5자 토크를 시작한다.

③ 자기 차례에 발표를 거부하는 '점프'를 외칠 수 있으나 내 앞 친구가 '점프'를 외쳤다면 반드시 발표해야 한다. 연속 '점프'는 안 되기 때문이다.

④ 한 학급 아이들이 모두 발표하면 다 같이 '수업 끝!'을 외치고 마친다.

놀이 응용

① **6자 토크 점프 발표**: 5자 토크가 잘되면 여섯 글자 토크(6자 토크)에 도전해본다. 학생들은 창의적으로 여섯 글자를 잘 만들어낸다. 짧게 5자 토크로 만든 말에 존대 어투 '~요'를 붙이면 쉽게 6자 토크 문장이 된다. 학생들 스스로 잘되면 7자 토크, 8자 토크까지 도전해보자고 조르기도 한다.

② **워드클라우드 완성**: 학생들의 5자 토크 내용을 바로 워드클라우드 사이트에 받아 적으면 멋진 그림이 완성된다. 가장 많이 나온 단어가 '너무어려워'라든지 '이해가안됨' 등이면 진행자는 쉽고 명료하게 다시 수업 내용을 설명해줄 수도 있다. 이로써 수업에 대한 학생들의 빠른 반응을 얻을 수 있고 상호 피드백해주는 발전적인 수업이 된다. 워드클라우드 제작 플랫폼은 4장 6번 내용을 참고하자.

③ **5자 토크 대결**: 일상에서 가족들이나 친구들과 5자 토크 대결을 벌이면 참 재미있다. 순발력과 기발함이 더해진 승부사가 등장한다. 2명

이상의 가족 및 친구들과 모여서 주제를 정하고 5자 토크를 시작해보자. 더 이상 다섯 글자가 생각나지 않은 사람이 지게 되는 창의력 높이는 놀이다.

유의점

① 앞사람이 말한 것과 똑같은 5자 토크 내용은 안 되니 새로운 것을 만들기로 미리 정한다.

② 비속어나 은어, 욕설 등을 넣거나 비하발언 등을 하지 않도록 5자 토크 예시를 들어준다. '이해가잘됨', '즐거운수업', '경제는좋아', '볼수록모름', '절반이해함' 등 다양하게 나타낼 수 있다.

③ 교실 내에서는 5미터 이상에서도 들릴 정도의 큰소리로 발표하도록 독려한다. 친구들의 발표 소리가 잘 들려야 본인이 준비한 것도 크게 발표할 힘이 생긴다. 칠판에 5자 토크를 적어주는 학생을 지원받아서 게임을 진행하면 모두가 칠판에 집중하며 놀이를 부드럽게 진행하기 좋다.

디지털 학습 플랫폼 활용

시중에 나와 있는 마무리 퀴즈용 디지털 학습 플랫폼은 대단히 많다. 학생들은 게임을 기반으로 실시간 퀴즈를 제공하는 플랫폼을 가장 선호한다. 수업시간에 배운 내용을 게임처럼 놀이처럼 진행하니 몰입도 잘되어서 열심히 참여한다. 디지털 학습 플랫폼은 처음 출시되었을 때 무료였다가 유료로 전환되어 쓰기 불편해진 것도 많지만, 여전히 무료버전에서도 쓸 만한 것들이 있다. 다양한 어플들을 접해보고 자신의 수업 스타일에 잘 맞는 어플을 만난다면 유료로 결제해서 쓰는 것도 추천한다. 요즘은 워낙 수업 진행용 플랫폼들이 많아서 학교 예산으로 적극 지원해주는 경우도 많아졌다.

플랫폼 유형

① **카훗(Kahoot.com)**: 카훗 어플은 쉽게 접속할 수 있고 참여자(kahoot.it)들

의 초단위 반응을 집계할 수 있어서 전 세계 수십억 명 사람들이 이용하는 유명한 플랫폼이다. 실시간 마무리 퀴즈로 활용하기 좋아서 우리나라에서도 5만 명 이상의 사용자가 있다. 퀴즈를 풀 때 제한시간이 있고 빨리 답을 맞힐수록 높은 점수를 얻는 방식이다. 한 문제마다 전체 랭킹이 매번 나타나서 흥미진진하다. 하지만 무료버전은 한계가 많은 편이므로 간단한 퀴즈 정도만 이용한다고 생각하면 추천할 만한 게임기반 플랫폼이다. 개인전과 팀전으로 나누어 활용 가능하므로 같은 공간에 있는 사람들과 하는 버전과 온라인상 함께하는 버전으로 선택해서 진행한다. 다만 무료버전은 객관식 문제와 OX퀴즈만 출제할 수 있다.

유료는 주관식도 가능하며 문항들을 순서대로 배열하는 문제, 토론, 설문생성도 가능하다. 유료는 언어를 선택하면 퀴즈 문장을 자동 인식하여 오디오를 만들어 대화를 듣고 문제를 맞히는 형식도 가능하다. 객관식도 무료버전은 4지선다형이지만 유료는 최대 6지선다형으로 출제할 수 있다. 또 유료에는 워드클라우드 기능이 있어서 주관식 문제의 답 중 가장 많이 나온 답변은 크게 보이게 된다. 퀴즈 참여 학생들도 중요한 키워드에 직접 하이라이트 표시를 해서 제출하는 것이 가능하다. 무료버전의 가장 치명적인 단점은 퀴즈당 10명까지만 참여가 가능하다는 점이다. 따라서 우리나라의 다인수 학급에서는 유료버전 사용을 추천한다.

② **밤부즐(www.baamboozle.com)**: 게임처럼 즐겁게 퀴즈를 이용할 수 있는 재미있는 디지털 플랫폼이다. 무료버전에서도 웬만한 퀴즈게임을 즐

길 수 있다. 내가 제작한 게임 외에 다른 유저들이 이미 만들어놓은 퀴즈들도 바로 이용이 가능하다. 특히 영상을 첨부해서 출제하기 좋고 이미지만으로도 흥겨운 퀴즈 게임을 쉽게 만들 수 있다. 객관식 및 주관식 모두 출제 가능하다. 무료버전에서 팀은 최대 4개까지 만들 수 있으므로 모둠을 4개로 만들어서 팀 대결 퀴즈대회를 개최하면 좋다. 팀을 나누어 게임을 시작하면 문제가 랜덤으로 나오고 모둠 점수도 자동으로 누적 계산된다. Quiz 모드는 정석대로 퀴즈대결을 하는 것이고 Classic 모드와 Classic Jr 모드는 운의 요소가 작용한다. 중간에 다른 팀과 점수 바꾸기, 문제 안 풀고 추가 점수 얻기, 다른 팀 점수 깎기, 점수 잃어버리기 등이 나와서 원래 퀴즈에 행운의 요소를 가미했다. 초등 저학년들처럼 운 때문에 크게 이기거나 지는 것에 힘들어할 경우 운의 요소가 작게 가미된 Classic Jr 모드나 일반 Quiz 모드를 추천한다. 나는 대부분 Classic 모드로 진행하는데 끝까지 결과가 어떻게 될지 알 수 없는 흥미진진한 게임이 되어 정말 재미있다.

유료버전에서는 팀을 8개까지 만들 수 있다. 그 외 뱀주사위게임, 기억력테스트, Tic Tac Toe게임(O와 X를 3×3 판에 써서 같은 글자를 가로, 세로, 대각선에 놓게 하는 놀이) 등을 추가로 이용할 수 있다. 특히 뱀주사위놀이는 우리나라 보드게임으로만 생각했는데 'shakes and ladders'라는 이름으로 뱀 사다리 게임이 있어서 신기했다.

③ **플리커스(plickers.com)**: 진행자의 스마트폰 1개만으로 멋진 퀴즈대회를 열 수 있는 재미있고 유용한 플랫폼이다. 학생과 손쉽고 빠르게 소통할 수 있고 모두를 참여하게 만드는 놀라운 앱이다. 학생들에게 번

호를 부여하고 해당 번호가 쓰여 있는 도형 종이를 나눠준다. 한번 나눠준 도형 종이는 오랫동안 쓸 수 있으므로 상장용지 같은 두툼한 종이에 인쇄하는 것이 좋다. 사진처럼 도형 모서리에 있는 번호가 자신의 번호다. 도형의 변에는 각각 ABCD가 적혀 있다. 4지선다형 퀴즈를 출제했을 때 A가 답이라고 생각되면 A가 쓰여 있는 부분이 가장 위에 오도록 진행자에게 보여주면 된다. OX퀴즈를 진행한다면 도형에 있는 A와 B의 답변만 사용하면 된다. A, B, C, D를 몇 명의 학생이 답했는지 바로 알 수 있고 답변 안 한 사람도 바로 뜬다.

진행자는 플리커스에 접속해서 학생들이 들고 있는 도형을 비추기만 하면 된다. 1~2초 만에 정답 여부를 인식하고 누가 무슨 답을 했는지 교사는 볼 수 있다. 80명이 넘는 교사연수에서도 사용했는데 순식간에 통계를 내고 정답을 인식할 수 있었다. 진행자는 참여자들 중 누가 답을 안 했는지, 집중을 안 하고 있는지도 자연스럽게 알게 된다.

플리커스 어플로 퀴즈 맞히기를 하는 학생들

④ **띵커벨**(www.tkbell.co.kr): 띵커벨은 우리나라에서 만든 카훗과 같은 게임형 콘텐츠로 사용하기가 훨씬 쉽고 편하다. 외국의 게임형 퀴즈 콘

텐츠를 여러 개 써보고 나서 띵커벨을 이용했는데 메뉴들이 더 친숙하고 외국 콘텐츠에 비해 부족함이 없었다. 실시간 퀴즈부터 토의·토론, 다양한 보드 공간, 워드클라우드, 워크시트 기능까지 웬만한 기능이 다 있다. 만들기를 누르고 퀴즈를 직접 만들거나 다른 사람들이 만든 것을 스크랩해서 활용하는 것이 가능하다.

띵커벨은 최근 유료화되었지만 무료버전으로도 충분히 이용 가능하다. 교사인증을 할 경우 무료 5개의 보드가 10개로 늘어난다. 유료버전의 경우는 보드 100개를 만들어서 이용할 수 있고 보드에 올리는 게시물 용량이 5M에서 10M로 늘어난다. 띵커벨에서의 퀴즈는 방번호를 입력하면 누구나 회원가입이나 로그인 없이 참여가능하다. 진행자가 알려주는 번호를 입력해서 참여하면 된다. 혹시 중간에 튕겨나가면 다시 들어가서 중간 참여도 가능하다. 참여자는 학번과 이름을 쓰거나 닉네임을 쓰도록 안내한다. 퀴즈가 시작되면 몇 명이 정답을 입력했는지 지금 문제의 순위와 전체 랭킹이 나와서 흥미진진하다. 배경음악을 켜고 하면 더 재미있게 퀴즈를 진행할 수 있다.

최근 새로운 기능으로 실시간 퀴즈 외에 퀴즈 배틀이 생겼다. 참여자들끼리 얼마나 잘하는지 눈으로 보며 참여할 수 있어서 생동감 넘치는 시간이 된다. 참여자 이름이 쓰여 있는 로켓이 앞으로 전진해나가는 방식으로 보여준다. 퀴즈 배틀은 제한시간을 두고 가장 먼저 퀴즈를 다 풀고 오른쪽 목적지까지 가는 학생이 우승하는 방식이다. 진행자의 조절하에 같은 시간에 퀴즈를 끝마치고 싶다면 wifi-on 버튼을 누르고 실시간 퀴즈로 진행하는 것을 추천한다. 온라인 퀴즈학습 결과는 바로 다운로드받을 수도, 리포트 메뉴에서 지금까지 진행했던 퀴즈 결과를 언제든 볼 수도 있다. 즐거운 음악과 흥미진진한 진행 방식으로 띵커벨의 퀴즈 플랫폼은 앞으로도 많이 사용할 예정이다.

⑤ **패들렛(padlet.com)**: 온라인 학습 기간 동안 가장 많이 사용했던 디지털 학습 플랫폼이 패들렛이다. 패들렛은 담벼락 '패들렛'이라는 가상의 게시판에 모여 포스트잇을 붙이듯이 사진, 영상, 녹음파일 등을 첨부하고 참여자끼리 소통할 수 있는 신기한 플랫폼이다. 띵커벨을 알기 전까지 패들렛만으로도 다양한 수업을 진행할 수 있었다. 디자인 구성 및 전반적인 보드 활용의 질은 패들렛이 매우 우수하다. 개인적인 취미활동부터 강의 노트, 시험대비 공간, 런웨이쇼까지 우리 삶을 정리하는 데 어디든 활용할 수 있는 웹 플랫폼이다.
패들렛은 계정당 무료로 사용 가능한 담벼락(수업용 보드)이 3개까지 가능하다. 설정에 들어가서 교육용 계정으로 바꾸면 5개까지 만들 수 있다. 구글 계정이 여러 개라면 계정당 5개씩 만들고 공유하기를 통해 더 많은 담벼락을 하나의 공간에서 이용할 수 있다. https://padlet.com으로 접속해서 로그인하면 플러스 버튼을 누르고 쉽게 보드를 만들 수 있다.

⑥ **워드월(wordwall.net/ko)**: 워드월은 다양한 교육용 게임을 쉽게 제작해주는 디지털 플랫폼이다. 미로 찾기, 게임쇼 퀴즈, 랜덤휠, 상자 열기, 두더지게임, 풍선 터트리기 등 간편하게 만들 수 있도록 제작되었다. 가장 놀라운 사실은 한 종류의 템플릿으로 문제를 만들면 '템플릿 전환하기'를 눌러서 같은 내용의 새로운 게임으로 1초 만에 바꿔준다는

것이다. 교사뿐만 아니라 학생도 쉽게 제작할 수 있고 다른 사람이 공유한 것도 쉽게 이용할 수 있다. 학생들에게 과제형으로 제출받아도 되고 학급 단체 게임으로 수업 마무리에 활용하기 좋다.

무료로 18개 게임을 충분히 이용할 수 있으나 인쇄형으로는 접근할 수 없다. 유료버전은 33개의 템플릿을 모두 이용할 수 있고 인쇄형 16개 게임과 무제한 문제 생성이 가능하다. https://wordwall.net/kr에 접속해서 로그인 후 원하는 템플릿을 선택한다. 기존에 다른 사람이 올려놓은 것도 바로 볼 수 있다. 원하는 문제가 없다면 새로 만들어서 공유하자.

불일치 텔레파시 게임

특정 단어나 개념, 상황을 접했을 때 떠오르는 단어가 친구들과 같으면 기분이 좋고 공감하는 마음에 뿌듯하기까지 하다. 또는 전혀 다른 단어들이 떠오른다면 친구들의 다양성에 신기한 마음이 든다. 텔레파시 연상 게임은 진행자가 특정 상황을 주거나 특정 단어를 줬을 때 나머지 학생들이 텔레파시를 느끼며 같은 답을 하거나 모두가 전혀 다른 답을 해야 성공하는 게임이다. 모두 같은 단어로 일치되는 것도 어렵고 모두가 전혀 다른 답을 써야 하는 것도 성공하기 쉽지 않다. 그나마 둘 중 더 쉬운 것은 다 같이 다른 단어를 쓰는 불일치 텔레파시 게임이다. 여러 사람이 단 하나의 같은 단어를 생각하기가 그만큼 쉽지 않은 것이다. 쉬운 난이도부터 도전해서 어려운 것까지 즐겁게 놀이를 시도해보자.

놀이 방법

① 불일치 텔레파시 게임의 진행자는 텔레파시를 통해 모두가 서로 다른 답을 써야 성공한다고 공지한다. 1인당 모두에게 미니 보드판과 보드 마카와 지우개 또는 이면지와 매직을 나눠준다.

② 모둠 순서를 정하고 첫 번째 모둠원들이 나와서 서로의 답이 보이지 않도록 최대한 멀리 떨어져 위치한다.

③ 진행자는 주제어를 준비한다. 학생이 주제어를 즉석에서 제시해도 된다. 예를 들어 진행자가 '경제'라는 주제어를 제시하면 모둠원들이 '희소성', '경제재', '수요법칙', '공급법칙', '가격' 등 모두 다르게 불일치된 답을 쓰면 높은 점수를 부여받는다.

④ 모둠별 순서대로 퀴즈를 다 풀고 나서 점수가 가장 높은 모둠이 승리한다.

놀이 응용

① **일치 텔레파시 게임**: 진행자는 텔레파시를 통해 모두가 같은 단어를 써야 성공한다고 알려준다. 진행자는 주제어를 제시하고 모둠원들이 한마음으로 같은 단어를 쓰도록 한다. 오늘 배운 내용 중 가장 핵심이 되는 단어를 주제어로 제시하면 좋다.

② **그림 텔레파시 게임**: 진행자가 제시하는 주제어를 듣고 연상되는 그림을 개인 보드판에 그린다. 모두가 같은 그림 또는 모두가 다른 그림

을 그리면 성공함을 미리 공지한다. 그림으로 개념을 표현하면 각인되는 효과가 있어서 개념 이해에 큰 도움이 된다. 비슷한 맥락의 그림은 텔레파시가 통한 것으로 인정해준다.

유의점

① 배운 개념들로만 주제어를 제시하기 부족하다면 '봄', '학교', '연예인', '대한민국' 등 새로운 주제를 섞어서 제시해준다.

② 퀴즈 놀이는 인성교육의 하나이므로 졌다고 누군가를 비난하지 않도록 교육하고 시작한다. 모두 다른 답이나 모두 똑같은 답을 못 쓴 학생을 비난하거나 궁지에 몰리지 않게 한다. '괜찮다'는 말로 위로해주는 분위기로 가야 한다. 만약 누군가를 비난한다면 모두가 비난받을 두려움 때문에 놀이에 참여하기 어렵다.

③ 같은 모둠원끼리 최대한 멀리 떨어져서 답을 작성하도록 한다. 교실 모서리, 교실 뒷벽 한가운데, 양쪽 벽의 기둥 등으로 모둠원을 배치한다.

내 문제를 맞혀라

수업시간에 배운 내용을 제대로 알고 있는지 모르는지를 아는 건 쉽지 않다. 스스로 배운 내용을 되짚어서 질문을 만들고 답을 만들어간다면 내가 얼마나 아는지 파악할 수 있다. 이것을 메타인지라고 하는데 자신이 얼마나 아는지를 파악하는 과정에서 진정한 배움이 일어날 수 있다. 수업 중에 배운 내용을 출제자 입장에서 만들어봄으로써 지식의 확장을 경험하는 시간을 만들어주자. 스스로 문제를 만드는 과정은 배움의 시간을 뛰어넘어 학생을 더욱 성장하게 한다.

놀이 방법

① 4~5명씩 모둠을 만든다.

② 범위를 나눈다. 오늘 배운 내용이 5페이지라면 5개 모둠에 한 페이지씩 출제 구역을 지정해준다.

③ A4용지를 8등분해서 1인당 2장씩 나누어 가지고 출제자, 문제, 정답, 채점기준, 출제근거를 쓴다.

④ 모둠별로 베스트 문제를 2개씩 뽑아서 진행자에게 제출한다.

⑤ 진행자는 출제 모둠을 제외한 나머지 모둠이 문제를 맞히도록 즉석 퀴즈 대회를 연다.

⑥ 모둠별로 미니 보드판에 답을 적는다.

⑦ 모둠별로 맞힌 점수를 기록하여 가장 많이 맞힌 모둠이 승리한다.

내 문제를 맞혀라

1. 출제자:
2. 문제:
3. 정답:
4. 채점기준:
5. 출제근거(교과서 어느 부분과 관련되는지 단원 또는 페이지):

놀이 응용

① **개인전-골든벨 놀이**: 대단원이 끝날 때 모든 학생들에게 쪽지를 2~3장 나눠주고 가장 쉬운 문제 1개, 중간 난이도 문제 1개, 가장 어려운 문제 1개씩 직접 출제하도록 한다. 출제자 이름과 문제, 그리고 답, 채점기준, 난이도까지 명확히 쓰도록 한다. 쉬운 문제, 중간 난이도, 가장 어려운 문제를 각각 배점을 달리해서 전체 골든벨 퀴즈 대회를 연다. 물론 자신이 출제한 문제는 답하지 않기로 정한다. 문제를 맞힐 때마다 학급 명렬표 또는 클래스123 어플에 학생들 점수를 기록해둔다.

기록 점수가 가장 높은 학생에게 선생님이 준비한 최고난이 문제를 풀 자격을 준다.

내 문제를 맞혀라
1. 출제자:
2. 문제:
3. 정답:
4. 난이도: 상· 중 · 하
5. 채점기준:
6. 출제근거(교과서 어느 부분과 관련되는지 단원 또는 페이지):

② **문제 뽑기 게임**: 모든 학생이 문제를 출제해서 겉이 보이지 않는 상자에 넣는다. 모둠별로 대표가 나와서 상자에서 문제를 뽑는다. 해당 문제의 답을 맞힌 모둠은 성공, 못 맞힌 모둠은 실패다. 단, 본인의 모둠 문제가 나왔을 땐 다시 잘 접어서 문제통에 넣어둔다.

③ **거꾸로 십자말 퀴즈**: 십자말 날말풀이는 가로세로의 문제를 보고 정답 날말을 찾아가는 추억의 방식이다. 교사가 미리 수업에서 배운 지식을 총정리하여 제작해놓는 것도 좋지만 매시간 만들기는 쉽지 않다. 집단지성을 이용해서 학생들이 직접 십자말 퀴즈를 거꾸로 만드는 활동을 해보자. 수업 중에 배운 중요한 키워드 단어, 개념 등을 먼저 생각해보고 가로와 세로의 질문을 만드는 것이다. 문제를 만드는 과정에서 자신이 배운 지식이 명확히 자기 것이 되는 경험을 할 수 있다. 모둠을 나누고 수업시간에 배운 내용으로 십자말 단어를 만든다.

겹치는 단어를 구상하는 것도 중요한 포인트다.

예를 들어 문화 단원 수업 후 십자말 퀴즈를 만든다면, '다문화현상', '문화경관', '종교갈등', '소수문화존중', '문화전파', '문화의 다양성' 등의 단어를 활용해서 만들도록 한다. 종이에 직접 그릴 수 있지만 온라인상에서 십자말 퀴즈 만드는 프로그램을 활용하면 더 멋진 십자말을 만들 수 있다. 학생 개인용 디지털기기가 있다면 온라인으로 작업하고 공유하면 된다. https://puzzel.org, Crossword Puzzle Maker 등 검색창에서 십자말퀴즈(크로스퍼즐)를 찾아보고 만들어보자.

문제 단어에 따라 간편하게 십자말 퍼즐을 완성해준다. 완성한 십자말 링크를 교사에게 보내면 이를 공유한다. 자신의 모둠이 만든 것 이외의 다른 팀 문제를 빠르게 맞힌다. 모둠끼리 협의해서 퍼즐을 맞히며 집단지성을 활용하게 된다. 자신의 모둠이 만든 문제와 다른 모둠의 문제를 비교하며 문제 난이도를 평가할 수도 있다. 가장 먼저 다른 모둠의 십자말 퍼즐을 모두 맞힌 모둠이 승리한다.

유의점

① 스스로 문제를 출제할 경우 자신이 국가고시 시험 출제자라고 생각하고 진지하게 좋은 문제를 만들도록 한다.

② 난이도를 잘 모르겠다면 체크하지 않아도 좋다.

③ 채점기준은 특정 용어가 들어가야 정답으로 인정하는 등, 자기만의 명확한 기준을 만들어 쓰게 한다.

워드클라우드

수업 마무리로 함께 배운 개념들을 되새기며 워드클라우드(워드아트)를 만드는 것은 쉽고도 매우 의미 있는 활동이다. 반복을 통해 휘발되는 것이 아닌 복습 효과도 얻을 수 있고 다양한 색깔과 모양을 통해 머릿속에 각인되기 때문이다. 손그림으로 직접 워드클라우드를 만들 수도 있고 각종 워드클라우드 어플, 워드클라우드 생성기(wordcloud.kr, art.wordrow.kr)나 앞에서 설명한 띵커벨 등을 활용하면 된다.

워드클라우드 만들기를 수행평가의 한 항목으로 출제한 적이 있었다. 지금까지 배운 단원을 개념으로 정리하는 방법이기에 모두들 다시금 교과서를 제대로 볼 수 있었다고 한다. 수업을 정리하며 학생들이 즉석에서 부르는 단어로 바로 워드클라우드를 만들고 화면에 공유하면 센스 있게 마무리할 수 있다. 온오프라인 수업 모두에서 손쉽게 사용할 수 있어서 좋다. 학생들이 만든 최종 작품들은 복습자료로 다음 시간에도 훌륭하게 활용할 수 있다.

놀이 방법

① 띵커벨 사이트에서 만들기를 클릭하고 토의토론 항목을 선택한다.
② 띵커벨 에디터 화면에서 제목, 학급을 입력하고 문제 유형 워드클라우드를 선택한다.
③ 질문을 입력하고 제한시간 및 의견 횟수를 입력한다. 의견 횟수란 한 사람이 워드클라우드에 들어갈 단어를 쓸 수 있는 개수다. 1인당 3개까지 쓰도록 설정가능하다.
④ 완료버튼을 누르고 보관함에 가서 wifi-on을 누르면 실시간 워드클라우드 생성이 가능하다. 오프라인으로 진행할 경우 결과 리포트는 제공되지 않는다.

놀이 응용

① **워드클라우드 생성기**: 검색창에서 워드클라우드 생성기를 검색하면 바로 사용할 수 있다. 학생들이 무작위로 부르는 중요 개념들을 교사가 입력해서 워드클라우드를 즉석에서 생성하고 실시간으로 보여줄 수 있다.

② **신문기사 워드클라우드**: 신문 또는 뉴스 기사를 보고 중요한 개념들을 통해 워드클라우드 만드는 활동을 한다. 매일 키워드만 잘 봐도 사회에서 중요시하는 트렌드를 금세 익힐 수 있다. 수업시간에 신문기사 워드클라우드 활동을 루틴처럼 넣어도 좋다.

③ **TV교양프로그램 워드클라우드**: 교양프로그램을 함께 보고 워드클라우드 만드는 활동을 하면 중요 키워드를 기억할 수 있어서 유익하다. 단순히 영상을 보고 끝내는 것이 아닌, 키워드를 익힘으로써 맥락을 이해할 수 있다. 영상 시청 전에 시청 후 워드클라우드 활동을 예고한다. 워드클라우드를 만들어야 하므로 시청 자세가 달라지며 더 집중해서 영상을 보게 된다.

유의점

① 중요한 개념이 크고 굵게 표현되도록 한다.
② 변두리 내용의 단어가 아닌 핵심단어로 워드클라우드를 완성한다.
③ 워드클라우드가 특정 모양이 나오기 어렵다면 동그라미, 하트, 십자가, 네모 등 쉬운 모양으로 만들 수 있도록 독려한다.

끄덕끄덕 공감이동 놀이

가만히 앉아 있는 사람과 움직이는 사람 중 어느 쪽이 창의력이 높을까? 당연히 몸을 움직이는 사람의 창의성이 높고 두뇌활동이 활발할 수밖에 없다. 수업에서 창의성을 높이기 위해 학생들에게 몸을 움직이는 활동을 하게 하자. 전과 다른 활기차고 창의적인 수업이 이루어질 수 있다. 수업이 졸리거나 지루하다면 진행자부터 몸의 움직임을 크게 하여 분위기를 전환할 필요가 있다. 앉아 있는 자리부터 확 바꾼다. 둥글게 바꾸거나 둥글게 앉는 게 어려우면 'ㄷ'자 형으로 앉기를 추천한다. 그것도 어려우면 모두가 뒤를 보고 앉거나 짝꿍과 등을 대고 앉아본다. 자리배치를 새로 하는 것만큼 큰 변화를 주면 좋고 자리도 모두가 보이는 것이 좋다.

끄덕끄덕 공감놀이의 효과를 가장 크게 하는 것은 어떤 가림막도 없이 모든 게 노출되어 앉아 있는 상황이다. 이때는 서로의 눈을 마주보게 된다. 서로 쳐다보는 것은 교실의 공감 분위기를 높인다. 물론 다인

수 학급에서 수업 중에 자리배치를 아예 바꾸는 건 어렵다. 미리 수업 전에 바꾸거나 기존 자리에서 살짝만 변형해도 끄덕끄덕 공감놀이는 가능하다.

수업시간에 배운 내용으로 생각할 거리를 포스트잇 또는 쪽지에 쓰게 한다. 생각할 거리가 없다면 질문을 적어도 좋다. 물론 정답은 없다. 정치를 배웠다면 '우리나라는 대통령제가 잘못 운용되고 있다', '넓은 의미의 정치는 우리 일상에도 적용된다', '개인은 혼자서 살 수 없고 함께 도와가며 살아야 한다' 등으로 아이들의 생각을 담는다. 환경문제에 대해 배웠다면 '지금의 환경문제는 대량생산과 대량소비를 만든 선진국들 책임이다', '한 명이 평생 동안 배출하는 쓰레기는 얼마나 될까?', '나부터 쓰레기를 만들지 말아야겠다' 등을 쓸 수 있다.

놀이 방법

① 자리를 동그랗게 또는 ㄷ자로 배치하여 참가자들이 서로를 볼 수 있게 한다.

② 오늘 배운 수업 내용 중 질문이나 생각할 거리를 쪽지에 쓴다.

③ 진행자는 쪽지를 모아서 무작위로 뽑아서 읽어준다. 생각할 내용에 공감하는 사람은 고개를 '끄덕끄덕'하며 다른 자리로 이동한다. 좋은 질문에도 고개를 '끄덕끄덕'하며 이동한다. 공감하지 않는 사람은 고개를 '도리도리' 움직이며 그 자리에 그대로 있는다.

④ 끄덕끄덕을 했는데 자리를 못 바꾼 친구가 술래가 되어 다음 쪽지를 뽑는다. 끄덕끄덕한 친구가 이동할 때 얼른 자리에 다시 앉는다.

⑤ 진행자는 학생들의 생각이나 느낌을 경청하고 공감해주면 된다.

놀이 응용

① **공감 개념 놀이**: 진행자는 이번 시간의 주제어를 제시한다. '환경문제'라고 제시한다면 모든 학생들은 10개의 칸을 만들고 10개의 떠오르는 단어를 쓴다. 무작위로 학생을 뽑아서 자신이 쓴 단어 중 한 가지를 발표하게 한다. 같은 단어를 쓴 사람을 손들게 한 후 사람 수만큼 점수를 부여한다. 만약 내가 쓴 단어와 같은 단어를 쓴 사람이 없다면 점수를 얻지 못한다. 10회의 단어 발표 후 가장 점수가 높은 사람이 공감 능력이 최고인 사람이다. 다른 친구들이 생각한 단어와 가장 많이 일치하는 단어의 주인공이기 때문이다.

주제어		ex) 환경 문제	
	떠오르는 단어	같은 단어 쓴 사람	얻은 점수
1			
2			
3			
4			
5			
6			
7			
8			
9			
10			
합 계			

② **공감 그림 놀이**: 오늘 수업시간에 배운 내용을 단 하나의 그림으로 표현한다. A4용지 절반을 잘라서 그리거나 큰 포스트잇을 이용한다. 추상적인 그림도 좋고 구체적인 사물이 등장하는 그림 모두 다 좋다. 그림 실력과 상관없이 정성껏 그리도록 한다. 완성한 후 칠판과 게시판에 전시한다. 모든 친구들에게 스티커를 나눠주고 공감 가는 곳에 붙이게 한다. 진행자도 돌아다니며 공감 스티커를 붙여준다. 표현을 잘한 친구들을 적극적으로 칭찬한다.

유의점

① 고개를 '끄덕끄덕'하거나 '도리도리'할 때 명확히 표현해야 한다. 어정쩡한 태도를 버리고 자신의 생각을 뚜렷하게 하도록 독려한다.

② 경쟁을 하는 게임이 아닌 다 같이 즐기는 방식의 놀이로 진행한다. 반드시 경쟁을 해야 하는 건 아니다.

③ 공감 스티커를 붙여줄 때 소외받는 학생이 생기지 않도록 도와준다. 모든 학생이 자신의 앞뒤 출석번호에게 의무적으로 붙이고 시작한다거나, 전체에게 일정 개수의 스티커를 똑같이 붙여주고 시작하거나, 진행자가 소외된 학생에게 스티커를 붙여준다.

④ 쪽지에 쓸 질문이나 공감거리가 떠오르지 않는다면 교과서를 보며 하도록 지도한다. 학습에 어려움을 겪는 친구들을 위해서 칠판에 중요한 개념들을 적어주고 질문이나 공감거리를 만들도록 한다.

문장 보물찾기

가정에서 서재 보물찾기를 하고 찾은 글자들

보물찾기 활동은 진행자 누구나 조금만 정성을 기울이면 쉽게 할 수 있는 즐거운 활동이다. 앞서 2장에서 학습목표 보물찾기도 소개한 바 있다. 수업 시작 및 마무리 시간 외에도 조종례 시간을 활용해서 보물찾기 놀이를 진행해도 좋다. 학생 입장에서는 단순하면서 활동적인 놀이라서 모두가 열심히 보물을 찾으려고 한다. 예를 들어 사회법에 대해 배웠다면 "국가가 사법 영역에 개입하여 사회적 약자를 보호하기 위한 사회법을 만들었다"는 핵심 문장을 설정한다. 한 글자씩 숨겨진 글자들을 모아 완성하면 끝이다. 수업 종료 5분 전 또는 학생들이 지루해할 타이밍에 보물찾기를 시도하자. 활기 넘치는 분위기로 급전환할 수 있는 방법이다.

가정에서도 속담이나 명언을 포스트잇에 써서 집안 곳곳에 숨겨놓고 보물찾기를 해보자. 즐거운 웃음이 샘솟는 시간이 된다.

놀이 방법

① 이번 차시에 배울 내용 중에서 반드시 알아야 할 핵심 문장을 만든다.
② 한 글자씩 포스트잇에 써서 쉬는 시간에 교실 곳곳에다 미리 숨겨놓는다.
③ 수업을 마무리할 시점에 문장 보물찾기 시작을 알린다.
④ 보물을 찾은 사람은 칠판에 붙이고 자신의 이름을 아래에 써놓는다.
⑤ 문장을 모두 완성하면 다 같이 한목소리로 읽고 '수업 끝'을 외친다.

놀이 응용

① **질문 보물찾기**: 학급 아이들을 절반씩 A팀과 B팀으로 나눈다. 공격할 A팀과 수비할 B팀을 정해서 B팀은 운동장을 한 바퀴 돌고 온다. 공격할 A팀은 이번 시간에 배운 내용 중에서 답을 알 수 있는 질문 한 가지씩 이름과 함께 쪽지에 적는다. 교실 구석구석에 숨기고 나서 뒤돌아서 칠판을 향해 서 있는다. B팀은 교실로 들어와서 질문쪽지를 찾고 답을 아는 경우 해당 학생에게 찾아가 정답 확인을 한다. 팀을 바꿔 진행한 후 질문 쪽지를 찾아 정답까지 맞힌 학생들이 많은 팀이 승리한다.

② **스캐빈저 헌트(Scavenger Hunt):** 스캐빈저는 먹이를 찾아 이곳저곳 돌아다니는 동물을 뜻하는 말이다. 보물찾기는 숨겨놓은 보물을 찾는 활동이지만 스캐빈저 헌트는 이미 있는 것들을 발견하는 미국판 보물찾기라고 할 수 있다. 미국 시카고 대학에서는 매년 스캐빈저 헌트를 개최하는 행사가 있을 정도로 유명한 놀이다. 교실에서 또는 운동장에 나가서 찾아야 할 보물 목록을 준다. 제한시간을 주고 보물을 찾게 한 후 시간 내에 찾은 개수만큼 점수를 부여한다. 제한시간을 정확히 공지하지 않으면 학생들이 제각각으로 행동하고 돌아오지 않을 수 있으므로 제한시간에 모두 도착하는 것도 점수의 하나로 정해야 한다.

교실용		
초록빛 화분	이번 달 급식표	파란색 지우개
HB샤프심	무릎담요	벽 낙서
가습기	멀티탭	곰돌이 모양 필통
교내용		
철문	숙직실 표시	뛰지 마시오 표시
소화전 보관함	대걸레 짜는 기계	항균물티슈
가사실	학생출입금지	삼각비커
운동장용		
교문 자물쇠	철봉	거대한 돌덩이
하트 모양 나뭇잎	거미줄	꽃
우리 학교 교목	모래더미	야외 시계

도시용		
바퀴에 바람 빠진 자전거	강아지랑 산책하는 사람	구두 신고 커피숍에 온 사람
유모차 끄는 남자	3마리 이상 함께 있는 비둘기	주민센터 행사 표지
주차 금지 표시	예약 표시된 택시	회전 교차로

강, 바다용		
모래로 두꺼비집 만들기	물풀	물고기
물거품	반짝 빛나는 조개껍질	장화 신은 사람
수평선(수면이 하늘과 맞닿아 이루는 선)	날아다니는 벌레	들꽃

산과 들판용		
쓰러진 나무	생김새가 비슷한 쌍둥이 돌	두 팔로 감싼 것보다 둘레가 큰 나무
열매가 주렁주렁 달린 나무	키가 큰 풀	도토리
거미가 있는 거미줄	갈색 나뭇잎	먹이를 들고 이동하는 개미

③ **온라인 스캐빈저 헌트(Scavenger Hunt)**: 온라인 수업일 경우 제한시간을 주고 각자 가정에서 찾을 수 있는 물건을 가져오라고 한다. 좋아하는 색상이 들어간 물건, 애정하는 물건, 자주 먹는 나만의 간식, 나를 행복하게 해주는 것, 최근에 새로 산 애장품, 소지품 중 가장 오래된 물건 등 다양한 것들을 제시한다. 온라인상에서 자신의 물건을 가져와 물건에 깃든 사연을 나누는 시간은 상대에 대해 알 수 있고 친근감을 느끼는 즐거운 시간이 된다.

자신이 좋아하는 인형을 가져온 학생들

유의점

① 보물찾기가 다소 소란스러울 수 있으니 활동 전에 상상의 공간을 머릿속에 연상하도록 한다. 예를 들어 교실이 조용한 숲속이라고 가정하고 숲속 동물들을 깨우지 않도록 조심하며 숨겨진 보물을 찾으라고 한다.

② 무기력하고 조용한 친구에게 살며시 다가가 작은 힌트를 줄 수 있다.

③ 보물찾기를 짧은 시간 안에 진행하려면 쉬운 장소에 숨겨둔다. 어렵고 도전적인 곳에 숨겨두면 찾는 시간이 많이 걸릴 것을 예상하여 진행한다.

④ 스캐빈저 헌트 활동에서는 제한시간, 제한된 장소를 명확히 알려준다. 안전교육을 반드시 실시해야 하며 사고가 발생하지 않도록 유의한다.

빙고 OX퀴즈

OX퀴즈용 부채

OX퀴즈는 교실에서 가장 흔히 사용하는 퀴즈다. 퀴즈 내용이 맞았을 때 O, 틀렸을 때 X를 표시한다. 50% 확률이기 때문에 쉽고 편하게 마음을 열고 퀴즈에 참여할 수 있다. 일반적인 OX퀴즈는 맞힌 사람은 남고 틀린 사람은 더 이상 퀴즈에 참여할 수 없지만, 빙고 OX퀴즈는 빙고판을 그려서 퀴즈를 진행하므로 끝까지 모든 학생들이 참여할 수 있어서 좋다. 모두가 함께 퀴즈를 풀면서 대결하는 구도로 모둠별과 개인별로 나누어 진행하면 된다. 우선 개인별 OX퀴즈 방법부터 소개한다.

O와 X를 표시하는 방법은 다양하다. 손으로 크게 동그라미 또는 엑스 표시를 하거나 고개를 좌우 앞뒤로 움직여 OX를 표시하는 방법이 있다. 왼쪽으로 고개를 기울이면 O, 오른쪽으로 고개를 기울이면 X, 고개를 숙이면 O, 고개를 뒤로 젖히면 X이다. 교구를 활용하면 미니 골든벨판에 앞면은 O, 뒷면에는 X를 그려 넣거나 사진과 같은 교육용 OX 부채판을 구입해도 된다.

단계별 OX퀴즈, 빙고 OX퀴즈, 골든벨 OX퀴즈, 축구 OX퀴즈 등으로 응용해서 할 수 있다.

놀이 방법

① 개인별로 빙고판 3×3=9칸을 만든다. 총 9칸 안에 숫자 1부터 9까지 무작위로 쓴다.

② 진행자는 배운 내용으로 미리 OX퀴즈 9개를 만들어놓는다.

③ 9개 문제를 차례대로 출제하며 퀴즈를 진행한다. 학생들은 정답을 맞힌 번호에 동그라미를 친다.

④ 동그라미 친 것이 2줄 나오면 빙고를 외친다. 가장 먼저 빙고를 외친 학생이 승리자다.

놀이 응용

① **모둠별 OX퀴즈**: 모둠별로 빙고판 3×3=9칸을 만든다. 개인별로 OX문제 2개씩을 만든 후 모둠별로 가장 좋은 문제 2개를 뽑아서 진행자에

게 제출한다. 진행자는 모둠별 OX문제를 모아서 퀴즈를 진행한다. 퀴즈 정답을 맞힐 땐 자기네 모둠이 출제한 것은 맞히지 않는다. 모둠별로 O 또는 X를 상의해서 정답을 결정한다. 모둠별 빙고판에 맞힌 답을 동그라미 표시한다. 동그라미 친 것이 2줄 나오면 빙고를 외친다.

② **온도계 OX퀴즈**: 칠판에 모둠별 온도계를 그리고 온도 눈금을 5칸 그린다. 모둠별로 OX퀴즈를 맞힐 때마다 온도를 한 칸씩 올려준다. 막대그래프 형식으로 그리거나 색깔 자석을 활용하면 된다. 가장 먼저 높은 온도에 도달한 모둠이 승리한다.

③ **거미줄 OX문제**: 가운데 먹이를 그려 넣고 모서리에 모둠 이름을 각각 써놓는다. 가운데 먹이를 향해 거미줄을 5칸씩 그려놓는다. 퀴즈를 맞힐 때마다 먹이방향으로 한 칸씩 이동한다. 가장 먼저 가운데 먹이에 도달한 모둠이 승리한다.

유의점

① 정답을 미리 들지 않도록 각별히 유의한다. 진행자 신호에 맞춰 똑같이 정답을 들어야 정답 유출 및 커닝을 예방할 수 있다.

② 학생들이 OX문제를 출제할 경우 정답이 논란의 소지가 없이 명확한 것으로 만들어야 함을 안내한다.

타이포셔너리

타이포셔너리(Typotionary)란 쉽게 말해서 글자를 그림으로 표현하는 기법이다. 타이포그래피(typography)에 딕셔너리(dictionary)를 더해서 생겨난 말이다. 글자 자체의 의미를 시각 디자인처럼 표현함으로써 글자를 읽음과 동시에 그 의미까지 알 수 있도록 만드는 것이다. 수업 시간에 배운 내용을 정리하면서 타이포셔너리를 진행하고 발표하거나 수행평가 요소로 타이포셔너리를 제작한다. 자신이 배운 것을 최대한 활용하면서 타이포셔너리를 만들면 된다.

예를 들어 건조기후를 배웠다면 '건조기후'라는 글자를 그림으로 표현하되 건조기후 특징들이 글자 속에 담겨 있어야 한다. 건조기후의 뜨거운 태양, 메마르고 갈라진 땅, 사막, 대추야자의 모습을 글자에 담아 표현한다. 처음 타이포셔너리를 시도한다면 다양한 사례들이 나온 유튜브 영상이나 실제 선배들이 그린 자료들을 보여주고 시작하면 쉽게 따라할 수 있다.

건조기후를 타이포셔너리로 표현한 사례

투표를 타이포셔너리로 표현한 사례

당선을 타이포셔너리로 표현한 사례

놀이 방법

① 오늘 배운 내용 중 가장 중요한 개념 5개를 선정한다.

② 5개 중에서 그림으로 표현할 만한 디자인을 한 가지 선정하고 연필로 스케치한다.

③ 스케치한 타이포셔너리에 색상을 입혀 정성껏 완성한다.

④ 완성 후 타이포셔너리에 대한 해설을 2줄 이상 써준다.

놀이 응용

① **내 이름 타이포셔너리**: 나를 표현하는 이름으로 타이포셔너리를 만들어보자. 나만의 특성 및 내가 좋아하는 것으로 내 이름을 그림으로 디자인하면서 나를 좀 더 알아가는 시간을 가진다. 첫 만남 시간에 아이스브레이킹 활동으로도 좋다. 이름이 싫다면 자신의 별칭으로 만들어도 된다.

② **우리 반 타이포셔너리**: 우리 반의 특성을 살려서 타이포셔너리 대회를 열어보자. 예를 들어 3-1반이라면 3-1반을 표현하는 글자 속에 우리반만의 이미지를 만들어 넣는다. 우리반의 사건사고, 우리반 친구들의 특징을 생각하며 학급에 더욱 애정을 느낄 수 있다. 우리반 타이포셔너리는 여러 가지로 활용할 수 있다. 우리반 날을 정해서 모든 학급 친구들의 카톡 프로필을 우리반 타이포셔너리 작품으로 바꾸어도 좋다. 체육대회 날 피켓에 우리반 타이포셔너리를 만들어서 응원전을 펼칠 때 사용하면 좋다. 평소엔 교실 게시판에 게시하며 작품을 감상하면 된다.

③ **독후활동 타이포셔너리**: 책을 함께 읽고 나눈 뒤 독후활동으로 책제목을 타이포셔너리로 표현한다. 똑같은 책을 읽어도 책에 대한 느낌이나 기억에 남는 장면 등이 모두 다르므로 타이포셔너리도 다양하게 나타난다. 각자 타이포셔너리를 만든 후 모둠별로 이야기를 나누고 모둠 대표들이 전체 학생들 앞에서 발표하는 시간을 갖는다. 독서 모

임에서 마무리 활동으로 활용하거나 가정에서 아이와 그림책을 읽고 만들면 좋다.

유의점

① 표현하는 글자 속에 글자 뜻이 담겨지도록 노력한다. 그림 실력이 부족해도 상관없다. 뜻을 담으려고 노력한다면 글자 속에 의미가 드러나게 된다.

② 예시를 보여주되 그대로 따라하지 않도록 아무 관련 없는 타이포셔너리 작품을 보여준다.

자음퀴즈(초성퀴즈)

자음을 칠판에 쓰는 것만으로 수업시간에 배운 내용을 간단히 정리할 수 있다. 수업 마무리뿐만 아니라 판서 자체를 자음으로만 쓰기도 한다. 학생들이 자음이 무슨 글씨인지 추리하며 더 집중하기 때문이다. 모음을 숨기는 것만으로 학생들에겐 도전의식이 샘솟고 맞히려는 심리가 발동한다. 이번 시간 배운 내용을 자음으로 칠판에 나열하고 맞히는 퀴즈를 진행해보자. 아주 간단하게 핵심을 정리하며 마무리하는 수업을 만들 수 있다. 칠판 글씨를 쓰는 어플리케이션으로 자음을 띄우거나 전광판 어플 또는 초성퀴즈 플래시 자료를 활용해도 좋다.

김정식 선생님이 만든 초성퀴즈 플래시 자료-초성퀴즈 만들기
PC용: https://sciencelove.com/2039
스마트폰용: http://sciencelove.com/2156

예를 들어 법 단원을 배우고 나서 다음과 같은 자음퀴즈를 칠판에 쓴다. 'ㅂ의 ㅁㅈ은 ㄱㄱㅂㄹ와 ㅈㅇㅅㅎ이다.' 정답은 "법의 목적은 공공복리와 정의실현이다"이다. 조사까지 자음으로 표현하면 맞히는 시간이 다소 길어질 수 있어서 개념 위주로 자음 퀴즈를 내고 있다.

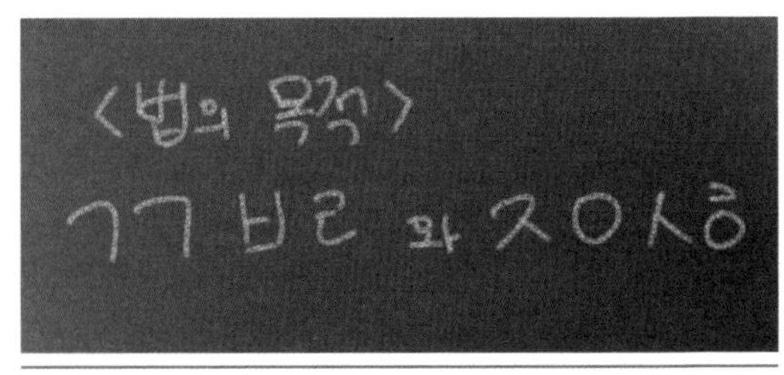

자음퀴즈 사례

놀이 방법

① 전체 학생이 오늘의 핵심 문장을 찾아 쪽지에 쓴다.
② 모둠별로 모여서 쪽지에 쓴 것 중 최고의 문장을 1개씩 뽑는다.
③ 진행자는 최고의 문장을 받아 칠판에 '자음'으로 제시하고 정답을 맞힌 모둠에게 점수를 준다.
④ 가장 많이 문장을 맞힌 모둠이 점수를 많이 받아 승리한다.

놀이 응용

① **초성 질문 게임**: 학습한 단원에서 모둠별로 질문을 여러 개 만든다. 쪽지에 모둠원들이 최소 한 개 이상 만들면 여러 개의 질문을 만들 수 있다. 만들어진 질문 중 모둠별로 우수한 질문 한 가지를 선정해서 초성만으로 질문을 바꾼다. 예를 들어 "교실 속 차별과 갈등을 줄이기

위해 내가 할 수 있는 방법은?"이라는 질문을 "ㄱ ㅅ ㅅ ㅊ ㅂ 과 ㄱ ㄷ을 ㅈ ㅇ ㄱ 위해 ㄴ가 ㅎ ㅅ ㅇ ㄴ ㅂ ㅂ 은?"으로 바꾼다. 초성으로 만든 질문을 진행자에게 제출하고 질문이 뭔지 맞히기 게임을 시작한다. 자신의 모둠을 제외한 다른 모둠의 질문을 맞혔을 때 점수를 부여한다. 최종 점수가 가장 높은 팀이 승리이다. 모든 질문을 맞힌 후 질문에 대한 답을 찾는 토의 과정을 추가로 넣을 수도 있다.

② **초성 비행기 날리기**: 쪽지에 출제자 이름과 함께 오늘 배운 중요한 문장을 초성으로 적는다. 쪽지를 비행기 모양으로 접는다. 학급 학생들을 1, 2분단(A팀)과 3, 4분단(B팀)처럼 절반으로 나누고 A팀은 B팀을 향해 비행기를 날리고 B팀은 A팀을 향해 비행기를 날린다. 받은 비행기를 열어서 초성에 해당하는 문장을 맞힌다. 정답을 맞힌 친구들은 출제자에게 찾아가 서명을 받는다. A팀과 B팀 중 친구 서명을 많이 받은 팀이 승리한다.

유의점

① 친구들과 함께 공유할 만한 핵심 문장으로 초성퀴즈를 내야 한다.
② 초성을 쓸 때 정확히 알아보도록 또박또박 쓰도록 유의한다.
③ 비행기 날리기를 할 때 친구 얼굴을 향해 직진하지 않고 포물선을 그리며 날리도록 한다.
④ 정답을 맞히면서 큰소리로 답을 말하지 않는다.

지식 나눔 및 릴레이 퀴즈

대단원을 학습하고 마무리하는 시간에 체육대회의 릴레이 경기처럼 배턴을 넘기며 퀴즈를 맞히면 즐거울 것이다. 팀 승리의 목표를 위해 함께 응원하고 빠르게 달려나가는 것처럼 즐거운 일은 없다. 친구와 함께 지식을 나누고 모둠 친구들과 함께 릴레이로 퀴즈를 푼다면 학습 의욕은 더 높아진다. 내가 퀴즈를 잘 푸는 것이 모둠에 도움을 주는 행위이기 때문이다.

우선 퀴즈에 나올 내용을 공부하고 모둠별로 서로에게 하브루타 방식으로 지식 나눔을 한다. 공부한 내용을 바로 퀴즈로 풀기 때문에 결과가 직관적으로 나와서 더욱 즐겁게 참여할 수 있다. 학습 동기유발을 높이는 지식 나눔 및 릴레이 퀴즈는 함께 지식을 나눈 후 릴레이처럼 배턴을 주고받으며 퀴즈를 풀어가는 형식이다. 실제로 배턴을 준비해서 진행하면 더 좋다. 재미와 즐거움은 물론이고 시간제한 타이머로 인해 흥미진진한 퀴즈 대결이 된다. 학생들이 푸는 과정에서 어려워한다면 교과서보기 찬스, 힌트 찬스, 친구 찬스 등을 추가로 넣어준다.

지식 나눔 활동 후 릴레이 퀴즈에 참여하는 학생들

앞장 '칠판 활용법'에서 소개한 것처럼 칠판 및 앞쪽 벽면 전체를 활용한다. 학생들의 지식 나눔 시간에 진행자는 똑같은 퀴즈 문제지를 표지(덮개)를 만들어서 미리 붙여놓아야 한다. 옆 모둠의 답이 안 보일 정도로 띄엄띄엄 간격을 두고 붙인다. 릴레이 퀴즈가 진행되는 동안 문제지가 떨어지는 불상사가 없어야 하기 때문이다.

놀이 방법

① **스스로 학습**: 단원의 배운 내용을 모둠원끼리 범위를 나눈다. 모둠원이 5명이라면 소단원 5개를 하나씩 나눠서 맡는다. 자신이 맡은 부분을 5~10분간 집중해서 학습하고 친구들에게 설명해줄 준비를 한다.

② **지식 나눔**: 모둠별로 친구에게 자신이 학습한 내용을 설명해주고 친구의 설명도 집중해서 듣고 질문을 주고받는다.

③ **퀴즈 순서 정하기**: 모둠별로 퀴즈 맞힐 순서를 정하고 색깔이 다른 사

인펜을 나눠 갖는다. 사인펜 색을 보면 누가 얼마나 답을 썼는지 알 수 있다.

④ **퀴즈 풀기**: 첫 번째 주자는 선생님의 시작 소리에 맞춰 1인당 30초씩 칠판으로 달려가 자기 모둠의 문제를 푼다.

⑤ 30초가 되면 첫 번째 주자는 자리로 돌아오고 두 번째 주자가 자신의 사인펜을 들고 달려나가 문제를 푼다.

⑥ 마지막에 칠판 문제지를 떼서 줄별 대표들이 채점한 뒤 가장 많이 맞힌 모둠이 승리한다.

놀이 응용

① **문제지 릴레이**: 가장 전통적인 릴레이 퀴즈 방법이다. 맨 앞사람에게 문제지를 주고 30초간 풀게 한 뒤 뒤로 넘겨서 다음 사람이 이어서 푸는 방식이다. 학생들이 서로 다른 색깔 펜으로 풀게 하면 좋다. 맨 마지막 사람이 풀고 진행자에게 가지고 나오면 된다. 맨 앞자리 학생들이 진행자가 공개하는 정답을 듣고 자기 모둠 외의 문제지를 채점한다. 가장 많이 맞힌 모둠이 승리한다.

② **살아남기 릴레이 퀴즈**: 모둠별로 대표자 한 명씩만 교실 앞으로 나온다. 각자에게 퀴즈버저를 나눠주고 진행자는 문제를 낸다. 퀴즈버저를 누르고 퀴즈를 잘 맞힌 모둠 대표만 남고 나머지는 모둠 내 다른 사람으로 교체한다. 마지막까지 퀴즈를 가장 많이 맞혀서 살아남은 모둠이 승리한다. 이때 모둠 대표에게 힌트를 알려주거나 정답을 큰

소리로 말하면 아웃이다.

유의점

① 친구에게 설명할 때 미니보드판이나 설명용 태블릿PC 등을 활용하면 좋다.

② 친구의 설명 부분을 잘 들어야 모든 퀴즈에 잘 참여할 수 있다.

③ 자신의 차례에 나갈 때 뛰지 않고 책상 모서리 및 친구와 부딪히지 않도록 주의한다.

경청 깔대기 놀이

오늘 배운 내용을 수업시간 안에 반복 학습한다면 개념이 쉽게 망각되지 않고 수업 효과도 극대화된다. 복습 겸 반복 학습을 위한 놀이 활동으로 친구에게 설명해주는 경청 깔대기 놀이를 만들었다. 먼저 줄별로 맨 뒤 학생이 앞 친구에게 종이 깔대기를 이용해서 오늘 배운 내용을 얘기한다. 이후 앞 친구는 뒤 친구의 이야기를 경청해서 잘 듣고 들은 내용을 정확히 바로 앞 친구에게 전달하는 것이다.

처음부터 학습 내용으로 놀이를 진행하지 말고 간단한 이야기를 전달하는 것으로 연습한 후 수업 내용 전달하기를 하는 것이 좋다. 예를 들어 "100명의 사람 중 30명은 여자고 30명은 어른이고 40명은 노인이다", "2040년 미래의 학교는 등교하지 않고 메타버스 공간에서 모두가 만난대." 등 간단한 이야기를 앞 친구에게 전달하는 연습을 하며 놀이를 익힌다.

한 번은 일부러 경청하지 않고 듣기로 해서 전달하고, 한 번은 경청해서 전달하기를 한다. 비경청을 했을 때 기분이 어땠는지 나누고 상대 이야기를 경청하며 듣는 것이 상대를 존중하는 것임을 느끼는 시간을 갖는다.

상대의 말에 경청하는 행동은 언어적 표현과 비언어적 표현으로 나뉜다. 상대와의 눈맞춤, 고개 끄덕이기, 친구 쪽으로 몸 기울이기 같은 비언어적 행동이 있고, 친구의 말에 맞장구를 쳐주거나 '아, 알겠어!', '으응~', '그렇구나', '잘 들었어~' 등의 언어적 표현도 상대를 기분 좋게 한다. 놀이가 익숙해지면 수업 내용을 전달하는 놀이로 응용해서 상큼달콤하게 수업을 정리해보자.

놀이 방법

종이 깔대기로 이야기를 전달하는 학생들

준비물: 이면지, 전달할 문장

① 포스트잇에 오늘 배운 중요 문장을 개념이 2개 이상 들어가게 쓴다.

② 줄별로 포스트잇을 모은 후 진행자가 줄별로 중요 문장을 뽑는다.

③ 맨 뒤 학생들에게 중요 문장이 적힌 포스트잇을 보여준다.

④ 시작 신호와 함께 맨 뒤 학생들은 앞사람에게 포스트잇 내용을 깔대기로 전달한다. 앞사람은 그 앞사람에게 릴레이 형식으로 정확히 전달한다.

⑤ 맨 앞사람은 전해들은 내용을 칠판에 쓴다. 가장 정확히 쓴 모둠이 승리한다.

종이 깔대기로 전해들은 이야기를 빠르게 적고 있는 학생들

놀이 응용

① **학습목표 경청 깔대기 놀이**: 학습목표를 인지적 영역, 정의적 영역, 활동 목표 등 여러 가지로 만든다. 목표를 각각 쪽지에 적어둔다. 맨 뒷줄 학생들에게만 학습목표들 중 하나씩 쪽지를 보여준다. 맨 뒤 학생은 자신의 바로 앞자리 학생에게 이면지로 만든 깔대기를 귀에 대고 작은 목소리로 학습목표를 말해준다. 맨 뒷사람부터 맨 앞사람까지 전달되었다면 맨 앞사람은 보드판 또는 칠판에 전해들은 이야기를 적

는다. 가장 빠르고 정확하게 적을수록 높은 점수를 부여해준다.

② **그림 전달 깔대기 놀이**: 맨 뒷자리 친구들에게 수업 내용과 관련된 그림카드를 한 장씩 나눠준다. 그림카드 모습을 앞 친구에게 깔대기에 대고 소곤소곤 얘기해준다. 이야기를 전해들은 앞 친구는 자신의 앞 친구에게 다시 설명해준다. 이런 식으로 자신의 앞 친구에게 릴레이 전달을 한다. 가장 앞자리 친구가 전달받은 내용으로 칠판에 그림으로 완성하면 된다. 실제 그림과 칠판 그림이 얼마나 일치하는지 비교해서 보는 것은 무척 재미있다. 그림을 말로 전달했을 때 얼마나 왜곡되어 그려지는지 모두가 웃을 수밖에 없는 시간이 된다. 수업 내용과 관련된 그림으로 놀이를 시도하면 수업 몰입도가 더욱 높아진다.

③ **따문전 놀이**: 따문전은 따뜻한 문장 전달 놀이를 줄인 말이다. 학생들에게 힘이 되는 좋은 글귀를 포스트잇이나 쪽지에 적는다. 맨 앞사람에게만 쪽지를 보여주고 뒷사람에게 깔대기로 전달한다. '네가 있어 힘이 나', '너는 참 괜찮은 아이야', '실패해도 괜찮아', '너는 혼자가 아니야' 등 마음에 힘이 되는 문장을 전달한다. 맨 뒤 학생은 칠판으로 뛰어나와 전해들은 따뜻한 문장을 적는다. 빠르고 정확히 적은 줄이 승리한다.

유의점

① 경청 깔대기 놀이는 들은 이야기를 따로 종이에 적지 않도록 한다. 그

만큼 집중해서 친구의 말을 잘 듣고 기억해야 한다.

② 그림 전달 깔대기 놀이에서 그림은 너무 추상적이지 않은 것으로 준비한다. 교과서에 있는 그림이라면 해당 출판사 사이트에서 다운로드 받아 출력하면 된다. 남는 자투리 시간에 수업과 관련 없는 그림카드로 그림을 말로 전달하는 놀이를 하면 좋다.

③ 맨 앞사람과 맨 뒷사람의 역할이 다르므로 수시로 자리를 이동하면서 골고루 체험하게 한다. 전략을 짜서 맨 앞자리 친구와 가장 뒷자리 친구를 정하고 놀이를 해도 된다.

④ 모든 줄의 인원수가 맞지 않으면 남는 친구들은 진행위원으로 활약하게 하고 그다음 놀이에서 다른 친구와 교체해서 참여하도록 한다.

명언/속담 바꾸기

유명한 글귀 또는 속담, 고사성어 등은 사람의 마음속 깊은 곳을 움직이게 한다. 가슴을 울리고 명쾌한 해답을 안겨주는 글귀들을 보면 만든 이의 통찰력에 놀라움을 금치 못하게 된다. 물론 인생의 내공이 적은 우리가 직접 멋진 문구를 만들어내긴 쉽지 않다. 그렇다면 이미 만들어진 글귀 속 단어를 바꿔봄으로써 새로운 문장을 제작해보는 놀이를 해보자. 세상에 하나뿐인 나만의 문장을 만들 수 있다. 특히 수업을 마무리하는 단계에서 오늘 내용을 정리하는 문구를 만들면 복습 효과까지 누릴 수 있다.

예를 들어, 아프리카 속담 중 '혼자 가면 빨리 가지만 함께 가면 멀리 간다'는 말이 있다. 선진국과 개발도상국의 경제 발전 수준차이를 배운 후 아프리카 속담을 활용해서 정리한다. "선진국 혼자 발전하면 빨리 갈 수 있지만 개발도상국과 함께 발전해가면 지구 환경 파괴를 막으며 더 멀리 발전할 수 있다"고 바꿔볼 수 있다.

놀이 방법

① 좋은 문구(속담, 고사성어, 명언)를 한 문장씩 미리 포스트잇에 써온다.
② 모둠끼리 모여서 가장 공감되는 문장을 협의해서 한 가지를 고른다. 예를 들어 '햇빛은 하나의 초점에 모아질 때만 불꽃을 피우는 법이다'를 고른다.
③ 오늘 배운 내용을 적용해서 문장 바꾸기를 한다. 증거재판주의를 배우고 나서 "재판은 증거들이 하나로 모아질 때만 정확한 판결이 내려지는 법이다"라고 바꾼다.
④ 모둠별로 발표하고 칠판에 붙인다. 다른 모둠원들이 나와서 공감스티커를 붙인다.
⑤ 최고로 공감을 많이 받은 문장을 선정한다.

놀이 응용

① **나만의 명언 책갈피**: 기존의 명언을 나만의 좌우명이나 나의 비전으로 바꾼다. 그대로 이용하는 것보다 나의 언어로, 나에게 맞는 내용으로 바꿔보자. 예를 들어 '용기가 없으면 어떤 것도 이룰 수 없다'는 괴테의 명언을 "수학공부를 안 하면 어떤 것도 이룰 수 없다." 등으로 나에게 맞게 바꾼다. 단단한 명함 용지를 잘라서 진한 펜으로 나만의 명언을 작성한다. 말린 꽃, 스티커, 색깔펜으로 꾸민 후 손코팅지로 붙여서 무거운 책 아래 눌러둔다. 명함 용지 끝부분에 펀치로 구멍을 뚫어서 끈을 묶어주면 나만의 명언 책갈피가 완성된다.

② **속담아 말해줘!**: 오늘 수업에 대한 나의 느낌을 속담으로 표현한다. 진행자가 여러 가지 속담 예시를 띄워주고 모둠별로 오늘의 수업 소감을 속담으로 표현한다. 내용이 너무 어려웠다면 '갈수록 태산이다'라는 속담으로 "오늘 배운 형사 재판 절차는 용어가 갈수록 태산이었다"라고 표현한다. 일제강점기를 배우고 '비온 뒤에 땅이 굳어진다'라는 속담을 선택한 모둠은 우리 민족이 고생을 겪은 뒤 더욱 단단해졌음을 발표했다. 속담으로 학생들의 수업 소감을 나누며 수업을 다 함께 돌아보는 시간이 될 수 있다.

유의점

① 교사가 좋은 문구나 명언을 여러 가지 출력해서 미리 교실 여러 군데에 붙여놓고 수업을 진행하면 마무리 시간에 교실을 돌아다니며 좋은 문구를 찾는 활동을 할 수 있다.

② 명언과 속담을 그대로 따르지 않고 아예 새롭게 만드는 것이 좋다. 단순한 단어 바꾸기에 집착하지 않고 새롭게 창조하도록 유도한다. 속담에서는 힌트를 얻는 것일 뿐이며 발전된 문장을 만들어내는 것이 더 중요하다.

5장

사랑이 넘치는 자투리 놀이

코로나19 이전과 이후의 우리 삶은 너무나 달라졌다. 비대면이 많아졌고 사람과의 접촉이 확연히 줄었다. 접촉 활동 자체가 감염이라는 불길한 의미로 인식되기도 한다. 게다가 저출산 여파로 가정에서는 아이가 없거나 있어도 한두 명뿐이다. 이런 상황에서 유일하게 다수의 학생들이 모여 놀이를 할 수 있는 곳은 학교뿐이다. 학원에서는 놀이를 할 수 없고 놀이터는 친구들과 시간이 맞지 않아 늘 텅 비어 있다. 이제 학교만이 수십 명의 사람들과 상호작용하며 놀이할 수 있는 유일한 공간이 되어버렸다.

인간은 사회적 존재다. 생태학자 최재천 교수는 자연계의 모든 동식물 중 손을 잡지 않고 살아남은 동식물은 없다고 했다. 인간도 함께 손을 잡아야 살아남을 수 있는 것이다. 특히 우리는 함께하는 놀이 속에서 다양한 접촉을 하며 온기를 느끼고 사람다운 행동을 배운다. 이러한 상호작용은 놀이 활동 속에서 자연스럽게 터득하기 마련인데 코로나19로 인해 자연스러운 놀이 기회들이 줄어들었다.

인공지능으로 학교가 필요 없다고 말하기도 하지만, 지금 학교의 중요성은 오히려 커졌다. 학교는 사회적 존재인 인간의 사회성을 기르고 협동심을 함양할 수 있는 장으로서의 역할을 해야 한다. 성인에게는 평생학습센터 등이 학교의 역할을 해주어야 한다.

교육과정 내용을 충실히 운영하되 남는 자투리 시간을 이용해서 단체 협동놀이를 해보자. 우리는 놀면서 배우고 배우면서 진정한 인간으로 자라게 된다. 단체 협동놀이는 수십 명이 모여야 하므로 학교라는 공간을 떠나면 더 이상 쉽게 접하기 어렵다. 최대한 시간을 쪼개서 협동놀이로 인간다움을 배우고 협력의 기쁨을 누려보자. 아이들은 사이버 공간이 아닌 현실 세계에서 서로간의 경계심을 버리고 행복한 놀이 속에 푹 빠지게 될 것이다.

전기파도 놀이

전기파도 놀이는 단체 협동놀이다. 팀별로 손에 손을 잡고 힘을 줘서 전기를 보내는 방식의 전통 놀이다. 가장 먼저 전기를 보내서 마지막 사람까지 신호를 가장 빨리 받은 팀이 승리한다. 짧은 시간 내에 끝나는 초간단 게임이지만 참여자들은 스릴감에 즐거워한다. 다만 모두가 손을 잡아야 한다는 점에서 남녀가 함께하거나 비호감 친구가 있는 경우 하기 싫어하기도 한다. 그럴 때는 장갑을 끼고 한다거나 모두가 손을 씻고 참여하는 규칙을 정할 수도 있다. 하지만 놀이 참여자들이 놀이를 위한 열린 마음을 갖지 않으면 어떠한 놀이도 어렵다.

마음과 마음을 열고 남녀노소를 가리지 않고 함께 배려하고 존중하며 열린 마음으로 놀이를 즐겨야 함을 강조한다. 우리는 따뜻하고 넓은 마음을 가진 사람이므로 온기를 함께 나누는 것이다. 손을 잡은 것부터 오픈 마인드를 가지고 활동해야 한다. 그렇지 않으면 놀이가 어렵다는 사실을 인지시킨다.

전기파도 놀이 대형

놀이 방법

① 모두가 동그랗게 둘러 앉아 손을 잡고 인원수에 맞게 A팀과 B팀으로 반씩 나눈다.

② 사진처럼 한쪽 끝에는 진행자가 서 있고 반대쪽엔 부드러운 인형 등 사물을 둔다.

③ 진행자가 A와 B팀의 바로 옆 사람과 손을 잡고 있다가 갑자기 손을 살짝 쥐었다 놓는다(신호를 보냄).

④ 신호를 받은 사람은 화살표 방향(인형 방향)으로 옆 사람 손을 똑같이 꽉 잡는다. 신호를 받은 옆 친구도 받는 즉시 자신의 옆 사람 손을 꽉 잡으며 파도를 타듯 신호를 보낸다.

⑤ A와 B팀의 마지막 사람이 신호를 받자마자 인형을 먼저 잡으면 승리한다.

놀이 응용

① **파도타기 대결**: 전기파도 놀이 대형으로 동그랗게 앉고 모두가 손을 잡는다. 잡은 손을 들었다가 내리는 동작이 화살표 방향으로 파도처럼 이어져서 인형을 먼저 잡는 팀이 승리하는 간단하고 스릴 있는 놀이다. 진행자는 A팀과 B팀의 끝 쪽에 있는 사람의 손을 어깨높이 이상으로 높이 들었다가 내린다. 이어서 화살표 방향 옆 친구의 손을 순차적으로 들었다가 내려준다. 가장 마지막 학생이 손을 들었다가 내리면서 인형을 먼저 잡으면 승리한다.

② **비밀 물건 전달 대결**: 진행자가 지우개, 병뚜껑 등 서로 다른 소품 2가지를 준비한다. 진행자의 등 뒤로 숨기고 있다가 갑자기 양옆 사람의 등에 물건을 붙여준다. 손만 뒤로 해서 물건을 몰래 받고 옆 친구의 등에 전달한다. 물건을 등으로 전달받은 옆 친구도 손만 뒤로해서 옆옆 친구의 등으로 전달한다. 마지막 학생이 등으로 물건을 전달받아 칠판으로 달려가서 물건의 이름을 먼저 쓰면 승리한다. 단, 중간에 상대편 팀이 전달 물건의 정체를 알아챘다면 알아낸 팀이 승리한다.

③ **등 그림 전달 놀이**: 진행자는 쪽지에 도형이나 숫자, 알파벳, 한글 자음 등을 미리 써놓는다. A와 B팀의 끝 쪽에 앉은 친구에게 동시에 쪽지를 보여준다. 쪽지 그림을 보고 등 그림으로 옆 친구에게 알려준다. 옆 친구는 옆옆 친구에게 등그림으로 알려준다. A와 B팀의 마지막 친구가 무슨 그림인지 칠판에 먼저 그리면 승리한다.

유의점

① 인형을 상대편이 먼저 잡았다면 억지로 빼앗지 않는다.

② 게임이 진행되는 동안 말은 하지 않고 동작으로만 표현한다. 팀별 양쪽 끝 학생들만 눈을 뜨고 나머지는 눈을 감고 진행하는 것도 좋다.

③ 친구와 손을 잡은 상태에서 신호를 보내야 할 때 친구가 눈치 챌 정도의 적당한 악력으로 잡는다. 너무 세게 잡으면 부상을 입을 수 있음을 미리 안내한다.

④ 파도타기 대결을 할 때는 전기파도 때보다 옆 친구와의 간격을 더 많이 넓혀야 한다. 손을 들었다 내리는 동작으로 인해 옆 친구가 다칠 수 있기 때문이다.

⑤ 친구와 손을 잡는 것이 어려운 학생은 억지로 시키지 않는다. 스스로 참여할 의지가 있을 때 함께해야 즐거운 활동이 된다.

당신 이웃을 사랑하십니까?

'당신 이웃을 사랑하십니까?' 놀이를 하는 학생들

이 놀이는 담임 활동으로 가장 많이 했던 단체 협동놀이다. 좌석배치만 신경쓰면 쉬우면서도 즐겁게 몸을 움직이며 놀 수 있다. 5~6명 정도의 소수 인원부터 40명 정도의 다인수 인원이 모였을 때 아이스브레이킹 활동으로 손색없다. 여기서 '이웃'은 좌우에 앉아 있는 친구를 의미한다. 좌우에 앉아 있는 친구랑 떨어지기 싫다면 이웃을 사랑한다고 말하면 된다. 좌우에 앉은 친구들을 움직이게 하고 싶다면 '저는 안경 쓴 친구를 사랑합니다!', '저는 아침밥을 먹고 온 친구를 사랑합니다!', '머리카락이 어깨 위로 올라온 사람을 사랑합니다!' 등으로 대답하면 된다. 친구들의 기발한 답변들 때문에 웃으며 자리를 이동하는 즐거운 게임이다.

놀이 방법

① 책상을 모두 뒤로 붙이거나 복도로 빼고 의자만 동그랗게 배치한다. 학생 수보다 한 개 적은 수의 의자가 필요하다.

② 첫 번째 술래는 자리에 앉지 못한 친구 A다. A는 동그라미 안에 들어와서 아무 친구 B한테 가서 큰소리로 질문한다. "당신은 당신 이웃을 사랑하십니까?" 그러면 B친구는 2가지 경우로 대답한다.

③ "네"라고 대답할 경우 – B친구는 이웃을 사랑하므로 B친구 좌측에 있는 2명과 우측에 있는 2명이 서로 자리를 바꾼다. 좌측 2명은 우측으로, 우측 2명은 좌측으로 이동한다.

"아니오"라고 대답할 경우 – A친구는 다시 물어본다. "그럼 누구를 사랑하십니까?" B친구는 "저는 오늘 세수를 하고 온 친구를 사랑합니다"라고 큰소리로 외친다. 대답한 B친구를 포함해 세수를 하고 온 모든 친구들은 자신의 자리가 아닌 다른 곳으로 이동해야 한다.

④ 친구들이 이동하는 동안 술래는 재빨리 비어 있는 자리에 앉는다. 자리에 못 앉은 학생이 다음 술래가 되는 놀이다. 술래를 연속으로 3회 이상 할 경우 미리 정해둔 벌칙을 수행하도록 한다. 재미있는 벌칙은

3장 9번 항목을 참고하면 된다.

놀이 응용

① **해본 적이 있나요?**: “당신 이웃을 사랑하십니까”처럼 의자를 두고 동그랗게 앉는다. 술래 A는 친구들 중 임의로 선택한 친구 B한테 질문한다. 예를 들어 “당신은 안경을 껴본 적이 있나요?”라고 물었을 때 B 친구는 2가지 경우 중 하나로 대답한다.

“네”라고 대답한 경우

B친구를 포함한 안경을 껴본 모든 친구들이 자리를 이동한다.

“아니오”라고 대답한 경우

A친구는 다시 물어본다. “그럼 무엇을 해본 적이 있나요?” B친구는 자신이 해본 적이 있는 다른 것을 큰소리로 얘기한다. “저는 스키를 타본 적이 있습니다!” 스키를 타본 학생 모두는 자리를 이동하고 술래는 빈자리에 재빨리 앉으면 된다. 자리에 못 앉은 사람이 다음 술래다.

② **손수건 돌리기**: 바닥에 동그랗게 둘러앉아 노래를 부른다. 술래 A가 원 바깥으로 돌면서 임의로 선택한 친구 B의 등 뒤에 수건을 몰래 놓는다. 친구 B는 등 뒤에 놓인 수건을 알아채고 일어나서 술래 A를 잡으러 간다. 술래는 도는 방향으로 도망가다가 친구 B자리에 재빨리 앉는다. 술래가 앉기 전에 B가 잡으면 B가 이긴 것으로 술래는 또다시 술래를 해야 한다. 술래가 잘 도망가서 자리에 앉으면 B가 다음 차례 술래가 된다.

유의점

① 임의로 친구에게 가서 질문을 할 때 되도록 남자는 여자를, 여자는 남자를 선택하도록 한다. 친한 친구나 편한 사람에게만 계속 가는 경우가 있기 때문에 같은 친구에게 3회 이상 가지 않도록 규칙을 정한다.

② 자리를 바꿀 때 먼저 의자에 엉덩이를 붙이는 사람이 우선이다. 몸싸움이 일어나지 않도록 유의한다.

③ 손수건 돌리기를 할 때 뛰다가 다칠 수 있으므로 안전을 최우선으로 고려한다.

크로스 손풀기

손을 크로스해서 옆사람과 잡은 모습

아무리 많은 사람이 손을 크로스해서 잡더라도 푸는 방법이 항상 있다. 신기하게 어떠한 경우에도 손을 풀 수 있었다. 크로스 손풀기는 단체 협력 놀이로, 여러 사람이 함께 답을 찾는 과정에서 짜릿함과 즐거움을 동시에 느낄 수 있다. 교실에서 책걸상을 밀어놓고 공간을 확보하거나 운동장에 나가서 아무 준비 없이 하기 좋은 놀이다. 처음엔 2명이 같이 하다가 그다음에 4명이 같이 해보고 8명이 같이 도전하고 16명이 같이 해본다. 그리고 32명이 함께 손을 크로스해서 잡고 푸는 것에 도전해보자. 잡힌 손이 풀렸을 때 기쁨의 환호성이 절로 나온다. 32명 이상 더 많이 해도 크로스한 손을 풀

수 있으니 어디서든 사람들과 함께 해보기를 추천한다.

놀이 방법

① 두 명이 서로 마주보고 손을 엑스자 모양으로 크로스한다.

② 나의 오른손은 상대편이 크로스한 손을 각각 잡는다.

③ 어떠한 방법으로든 손을 풀어보려고 노력해본다. 잘 안 되더라도 이리저리 노력하면 반드시 풀린다. 포기하지만 않으면 된다(비법은 유의점을 참고).

④ 만약 성공했다면 4명이 손을 크로스해서 옆사람의 손과 손을 잡는다. 풀려고 부단히 노력한다. 그 후 8명, 16명, 전체 학생 등으로 늘려서 시도해보자. 아무리 사람이 많아도 결국은 성공한다.

놀이 응용

뒤집어 손잡기 놀이를 시도하는 모습

① **뒤집어 손잡기**: 모두가 뒤돌아서 손을 동그랗게 잡는다. 진행자가 "뒤집어"라는 구령을 주면 손을 잡은 상태에서 모두가 안쪽을 바라보도록 이리저리 노력한다. 학생들은 손을 놓지 않고 안쪽을 바라볼 방법을 시도해본다. 크로스 손

풀기가 성공했다면 뒤집어 손잡기도 금방 해결할 수 있다. 끝까지 포기하지 않고 할 수 있다고 격려해준다.

② **손 신호 전달 놀이**: 모스 부호를 전달하듯이 옆사람에게 전달받은 손신호를 전기파도 놀이형식으로 전달하는 것이다. 동그랗게 앉아서 진행자도 함께 손을 잡는다. 모두가 눈을 감고 진행자가 보내는 손신호를 느낀다. 예를 들어, 진행자가 양팀 끝 친구의 손을 '꽉꽉 꽉꽉꽉'의 박자로 살짝 잡아준다. 손신호를 받은 사람은 옆 학생에게 똑같은 손신호를 보낸다. 릴레이로 마지막 신호를 받은 학생이 칠판에 받은 신호를 쓰면 성공이다. 참여자들은 눈을 감고 손잡고 하는 접촉놀이가 어땠는지, 최근에 누군가의 손을 잡아본 적이 있는지 등 생각 나눔을 하고 마무리한다.

유의점

① 크로스 손풀기 비법은 스스로 알 때까지 말하지 않는 것이 좋다. 비법이란 바로 친구와 잡은 팔을 높이 들어서 문처럼 만든 후 다른 사람이 그 사이를 고개 숙여 통과하는 방식이다. 언젠가 터득하게 되므로 끝까지 알려주지 말자. 결국 손을 풀고 성취감을 얻게 될 것이다.
② 잡은 손 간격 조절을 잘하고 누군가의 손이 꺾이는 일이 없도록 주의한다.
③ 손풀기 비법을 알아냈다고 해도 큰소리로 떠벌리지 않는다. 다른 모둠이 방법을 터득하고자 노력하고 있을 수 있다.

팔 모아 공 넘기기

팔을 붙여서 공을 전달하는 놀이

승부를 다투는 경쟁놀이가 아닌 협동놀이는 또 다른 재미를 안겨준다. 누군가를 이겨서 얻는 기쁨보다 많은 사람들이 같은 목표를 이뤘을 때 얻는 성취감은 카타르시스마저 느끼게 한다. 학생들은 혼자가 아닌 여럿과 함께하면서 소속감과 연대의식을 느끼며 단체생활 속에서의 안정감도 가질 수 있다. 더욱이 신체를 활용한 놀이는 두뇌로 하는 것과 달리 더 큰 파장을 온몸 전체에 일으킨다. 따라서 온몸으로 전율을 느낀다는 말을 이해하게 된다. 팔 모아 공 넘기기는 모두가 팔을 가까이 모아서 공을 넘겨주는 단순한 놀이다. 간단하지만 공을 넘기는 도중에 집중력과 협동심, 도구를 다루는 능력까지 키울 수 있다.

놀이 방법

① 모둠별로 나란히 서서 팔을 길게 내민다.
② 시작 학생을 정하고 모둠별 시작 학생의 두 팔 위에 공을 놔준다.
③ 진행자의 출발 신호에 맞춰 가장 끝 학생의 팔 위로 공을 놓아준다. 만약 중간에 공이 떨어졌다면 처음부터 다시 시작한다.
④ 성공한 모둠은 '성공!'을 외치며 자리에 앉는다.
⑤ 모둠별로 성공을 경험했다면 학급 전체가 동그랗게 서서 팔 모아 공 넘기기에 도전한다. 모두가 성공한 후 느낌 나누기 시간을 갖는다.

놀이 응용

① **팔 모아 바스켓 농구**: 공을 여러 개 준비해서 모둠별 대항 게임을 진행할 수 있다. A와 B팀으로 나누어 일렬로 선다. 팀의 끝에는 입구가 넓은 바스켓을 둔다. 모두가 팔을 내밀고 모은다. 출발선에서 각각 팀의 첫 번째 사람에게 공을 준다. 시작 소리와 함께 옆사람에게 팔을 기울여서 공을 넘긴다. 각 팀의 마지막 사람이 공을 받아 바스켓에 넣으면

된다. 출발선에서 여러 개의 공을 계속 굴려보내서 중간에 떨어뜨리지 않고 바스켓에 많이 넣은 팀이 승리한다.

② **다리 모아 공 넘기기**: 팔을 모아 공을 넘긴 것처럼 이번엔 다리를 모아서 공을 옆으로 이동하게 하는 놀이다. 의자를 나란히 배치한 후 공을 다리 위에 올려놓는다. 다리를 잘 모아서 옆사람에게 전달한다. 시작 학생을 정하고 마지막 학생까지 공 넘기기에 도전한다. 다리에 근력이 없으면 다리를 높이 들기 힘들어할 수 있으니 끝까지 격려한다. 성공한 후 협력 놀이에 대한 느낌 나누기를 한다.

다리를 모아 공을 옮기는 놀이

유의점

① 공을 잘 받기 위해서는 받는 사람이 자세를 조금 낮추면 된다. 다른 사람한테 전달할 경우 자세를 높여서 전해주면 수월하다.

② 공이 중간에 떨어지면 처음부터 다시 해야 함을 강조한다. 동그란 공이기 때문에 조심히 다뤄야 함을 깨달으며 집중해서 전달하도록 한다.

대왕뱀 만들기 놀이

놀이와 게임의 특징 중 하나는 운이 작용한다는 것이다. 아무리 열심히 해도 운이 따라주지 않으면 경쟁놀이에서 질 수 있다. 운 요소 때문에 결과가 180도 뒤바뀔 수 있어서 더 떨리고 아슬아슬한 마음으로 참여하게 된다. 우리 인생도 마찬가지다. 열심히 노력해도 운이 따라주지 않으면 실패하기도 한다. 하지만 지금 어렵고 실패한 듯해도 이게 끝은 아니기 때문에 진정한 승부는 알 수 없다. 부단히 노력하고 시도해서 운 요소를 내게로 끌어들이는 인생을 살면 된다.

대왕뱀 만들기 게임은 예고 없이 진행된다. 자신들이 가지고 있는 소지품만으로 최대한 길이를 길게 해서 뱀을 만드는 간단한 놀이다. 미리 소지품을 준비해올 수 없다. 응용 놀이로 물건 찾기 게임은 진행자 요구에 따라 물건을 찾아오는 것이다. 자신의 주어진 상황에서 운 요소를 받아들이고 승리를 위해 최선을 다하면 된다.

놀이 방법

① 운동장에 모여서 모둠을 2~4개 정도로 나눈다.

② 진행자는 기준선을 명확히 정해놓는다. 운동장에 있는 바닥 선을 활용하면 된다.

③ 시작 신호와 함께 모둠별로 가지고 있는 소지품, 양말, 신발 등으로 최대한 긴 줄을 만든다. 길이가 가장 긴 대왕뱀을 만드는 것이다.

④ 제한시간 내에 가장 길게 만든 모둠이 승리한다.

⑤ 게임 직후 자신의 소지품을 재빨리 챙겨가도록 한다. 깨끗이 정리된 모둠에게 추가 점수를 안겨주고 대왕뱀을 위해 수고한 모두에게 박수를 치고 마무리한다.

놀이 응용

① **물건 찾기 게임**: 진행자가 요구하는 물건을 가장 빨리 가져오는 모둠이 승리하는 게임이다. 예를 들어, 빨간색 땡땡이 무늬 물건, 휴대용 작은 사이즈 물티슈, 황금색 펄이 들어 있는 색연필, 아날로그 손목시계, 자기 이름이 적힌 다이어리 등을 진행자가 말한다. 해당 물건을 가져온 모둠에게 점수를 부여하고 최종 점수가 높은 모둠이 승리한다.

② **대형 글자 만들기**: 협동놀이 중 하나로 운동장에 초대형 글자를 만드는 것이다. 흙으로 된 운동장이라면 물 주전자를 적극 활용한다. 2명 정도 물 주전자를 함께 잡아 기울여서 글자를 하나하나 그리면 된다.

나머지 모둠원들은 글자가 제대로 그려지고 있는지 확인한다. 만약 잔디가 깔린 운동장이라면 주변의 나뭇가지를 이용하거나 사람이 직접 누워서 글자를 만들 수 있다. 대형 글자 내용은 모둠별 핵심 구호, 모둠 이름, 캐치프레이즈 등으로 정하면 된다. 글자가 완성되면 구령대에 올라 인증사진을 찍어서 진행자 휴대폰으로 전송하면 성공이다. 휴대폰 전송시간이 가장 빠른 모둠이 승리한다.

유의점

① 대왕뱀을 만들기 위해 속옷이 보일 정도로 옷을 과하게 벗지 않는다. 겉옷, 신발, 간단한 소지품 정도로 길게 만들면 된다. 신발끈을 풀러 길게 만드는 것은 허용한다.

② 물건 찾기 게임은 학생들이 수치심을 느낄 만한 물건을 요구하지 않는다. 예를 들어 0점 맞은 시험지, 갈기갈기 찢어진 교과서, 생리대 등은 가지고 있는 친구가 공개하기 부끄러울 수 있다. 충분히 고려해서 다양한 물건을 가져오게 한다.

발음아 날 살려라

아나운서가 되려면 발음이 좋아야 하고 자세가 반듯해야 한다. 바른 자세를 하고 명확한 발음을 한다면 뉴스를 보도하는 아나운서 못지않은 총명함이 느껴진다. 발음을 잘하려면 자세부터 중요하다. 뇌과학연구소 송민령 박사는 몸의 자세를 바꾸는 것만으로 사람의 감정과 행동을 바꿀 수 있다고 한다. 테스토스테론은 적극성과 자신감을 나타내는 호르몬이다. 강한 힘을 가진 사람의 자세를 취하면 테스토스테론이 20% 증가하고, 약한 사람의 자세를 취한 경우 테스토스테론이 10%나 감소했다는 연구결과가 있다.

예를 들어 수업시간에 팔짱을 끼고 고압적인 자세를 취하는 선생님은 학생들이 함부로 말을 걸기가 어렵다. 소통이 없는 일방적인 전달식 강의로 흐르게 된다. 그리고 삐딱한 자세로 앉아 있는 학생에겐 온전한 배움이 일어나기 어렵다. 선생님의 좋은 말도 그 학생에겐 부딪히자마자 튕겨나가는 의미 없는 입자들이 된다. 선생님과 학생 모두

바른 자세와 열린 태도로 수업에 임해야 양쪽 모두 윈윈하는 수업이 된다. 그래야 적극성과 자신감의 호르몬이 나와서 수업이 원활하게 흐를 수 있다. 자투리 시간을 활용해서 바른 자세를 가지고 아나운서 같은 발음을 연습하면 평소의 수업 태도도 좋아진다.

지금은 코로나로 인해 마스크를 쓴 채 대화하는 게 어색하지 않다. 그런데 마스크를 쓰고 대화를 하다 보면 상대방의 발음이 명확히 들리지 않을 때가 있다. 마스크를 벗고 말을 해도 입을 충분히 벌려서 얘기하지 않으면 마스크를 쓴 것처럼 웅얼거리게 들리기도 한다. 발표할 때 입을 작게 벌리고 말하는 학생은 소리가 몸속 안에서 돌고 있는 느낌이다. 바르게 앉아서 입과 입 근육을 최대한 크게 활용하며 자신의 의사를 명확하게 발표하는 연습이 필요하다.

예를 들어, "뒤뜰에 있는 말뚝이 흰말 맬 말뚝이냐 흰말 안 맬 말뚝이냐." 등의 문장을 마이크에 대고 큰소리로 발음한다. 발음이 꼬이지 않고 한 번에 제대로 발음해야 성공한다. '발음아 날 살려라' 놀이는 발음을 명확히 해야 살아남는 것이다. 아나운서처럼 발음도 연습하고 재미있는 놀이도 하는 일석이조 시간이다.

이 놀이는 엄마표 육아놀이, 교실에서 개인별·모둠별 게임 활동, 아이스브레이킹 놀이 및 자투리시간 놀이, 벌칙으로도 활용하기 좋다. 내 블로그에 총 50개의 문장들을 번호순으로 제시해서 올려놓았다. 1번부터 18번까지는 2줄 이내의 문장으로 난이도가 비교적 낮은 것이고, 19번부터 50번까지는 3줄 이상의 문장으로 난이도가 비교적 높은 문제를 무작위로 섞어놓은 것이다. 블로그에서 두 가지 파일을 다운로드 받아 사용해보자.

놀이 방법

준비물: 마이크, 어려운 문장들 50개(블로그 자료 참고)

① 발음하기 어려운 문장 파일을 50개 준비한다. 상, 중, 하 난이도에 따라 점수를 달리할 수 있다.

② 모둠별로 1~50번 중에서 문제 번호를 고른다. 모둠별로 줄을 서서 마이크를 잡는다.

③ 타이머를 띄워서 60초 안에 모둠원 중 몇 명이 성공하는지 기록한다.

④ 성공한 사람 수만큼 점수를 부여한다.

놀이 응용

① **발음 제왕 대결**: 모둠별로 가장 발음을 잘하는 친구 1명씩 뽑아 대진표를 작성한다. 대진표에 따라 대결자들은 발음할 문장을 선택해서 명확하게 읽는다. 중간에 발음이 꼬이거나 틀렸다면 실패를 인정하고 자기 자리로 돌아온다. 최종 우승 학생을 뽑아 발음 제왕으로 인정해준다.

② **강약 조절 대결**: 강약 조절 대결은 어려운 단어를 한 글자씩 악센트를 달리 주며 읽는 방법이다. 앞 글자부터 순서대로 발음을 강하게 해서 읽는다. 예를 들어 2번을 선택했다면 '통샤스핀찜'이다. 시작 구호와 함께 "**통**샤스핀찜 통**샤**스핀찜 통샤**스**핀찜 통샤스**핀**찜 통샤스핀**찜**"으로 빨간 글자에 힘을 줘서 읽는다. 지원자를 받아서 마이크를 잡고 어

려운 단어를 번호로만 선택하게 한다. 얼마나 어려운 단어가 나올지는 운에 맡긴다. 강약 조절을 가장 잘한 사람이 최고우승자가 된다.

③ **5회 발음 대결**: TV프로그램에 손병호씨가 나와서 만든 게임이라고 알려져 있다. 5회 발음 대결은 어려운 단어를 5회 연속으로 말하면 점수를 얻는 놀이다. 모둠별로 1번부터 100번 중 번호를 선택해서 어려운 단어를 고른다. 예를 들어 45번을 선택했다면 '청송콩찰떡'을 모둠원 전체가 5회 연속으로 발음을 틀리지 않게 잘해야 성공한다.
강약 조절 대결에 사용할 어려운 단어 100가지는 내 블로그에서 다운로드 받으면 된다.

1. 연변번역
2. 통샥스핀찜
3. 팥삶은물
4. 닭떡볶음
5. 장년중창단
6. 헌팅턴병
7. 역류성 식도염
8. 왼쪽 등 통증
9. 전국연합학력평가
10. 당단풍나무
11. 합성착향료
12. 척추측만증
13. 까다만 콩깍지
14. 확률분포표
15. 강력접착제
16. 잡곡밥
17. 국세청연말정산
18. 경찰청창살
19. 상담담당선생님
20. 참치꽁치찜
21. 각섬석
22. 겨울철난방비
23. 듐쥬스
24. 단팥맛통찐빵
25. 쟁반짬뽕
26. 한국항공화물항공기
27. 난방방법변경
28. 농수산식물
29. 법학박사
30. 철깡통
31. 왕밤맛단팥빵
32. 찰떡꿀떡콩떡
33. 프로텍트롬빈
34. 공감감각
35. 참치꽁치찜
36. 영롱비낭납
37. 박남정춤
38. 장충동족발
39. 쿵덕더덕덕
40. 엽전열닷냥
41. 콩깍지깍지
42. 게살샥스핀
43. 왕안흥팥찜빵
44. 참치꽁치찜
45. 청송콩찰떡
46. 김삿갓삿갓
47. 맥컬린컬킨
48. 찹쌀바게트
49. 듀오쇼콜라
50. 호두버터롤
51. 초코칩머핀
52. 장충동족발
53. 영동용봉탕
54. 철원쑥개떡
55. 영월칡국수
56. 한라산산삼
57. 수학익힘책
58. 찜샤브샤브
59. 낭랑18세
60. 돌솥비빔밥
61. 쿵덕더덕덕
62. 호나우딩요
63. 뽕잎쌈생채
64. 양념꼼장어
65. 맹그르브뱀
66. 꿩샤브샤브
67. 안돼요안돼
68. 샤랄라랄라
69. 로얄뉴로얄
70. 안양 양장점
71. 구구단구단
72. 푸팟퐁커리
73. 엉겅퀴
74. 상담담당
75. 팥죽속찹쌀
76. 환급금

77. 샤스핀
78. 왕밤빵
79. 영동 용봉탕
80. 참치삼치꽁치찜
81. 역전 석점슛
82. 안양역 양장점
83. 난방방법변경방법
84. 금강산 정상
85. 단팥만통찐빵
86. 영월 칡국수
87. 공간감각무감각
88. 최참판댁
89. 붕당정책탕평책
90. 공가네 공간감각
91. 화훼마을
92. 유료 샤워장
93. 훼예포폄
94. 청송콩찰떡
95. 백법학 박사
96. 붉은팥죽
97. 쇠철창살
98. 말안맬말뚝
99. 고려고 교복
100. 노인성망막황반증

유의점

① 난이도가 쉬운 문장부터 시도하도록 한다.

② 발음이 어려운 문장과 단어가 많으므로 모두가 못해도 괜찮다고 독려한다. 잘 읽어낸 친구는 적극적으로 칭찬한다.

③ 문제 파일을 화면에 띄워서 참여 선수와 나머지 학생들이 모두 함께 문제를 보며 발음 대결에 참여하도록 한다.

교과서 숨은그림찾기

요즘 학교 교과서는 잡지책처럼 전체 컬러로 다양하고 재미있게 제작되었다. 과목별 교과서를 샅샅이 살펴보면 우리가 몰랐던 재미있는 그림이나 사진, 그래픽 이미지들이 많다. 지루하게 여겨지는 교과서를 컬러 놀이북으로 생각하고 색다르게 만날 수 있는 놀이에 도전해보자. 진행자가 미리 숨겨진 그림을 찾아서 문제를 내도 좋고, 분단별 또는 학급별로 문제를 출제해서 퀴즈 대결을 해도 재미있다. 평소와 다르게 교과서를 뚫어져라 찾아보는 아이들의 귀여운 모습을 볼 수 있다. 학생들은 교과서를 활용한 무궁무진한 놀이로 익숙한 책을 낯설고도 사랑스럽게 접하는 경험을 한다. 더불어 교과서의 소중함과 책 속 매력에 푹 빠질 것이다.

가정에서는 집에 있는 그림책으로 숨은그림찾기를 출제해보자. 어느새 어른도 아이도 까르르 웃는 행복한 시간이 된다. 어느 책으로든 새로운 놀이에 도전하자.

돈 뺏는 일진 거북이

윗니 빠져도 마냥 신난 아이

회색 머리들 속 검정머리

새끼손가락 맛있게 먹는 사람

놀이 방법

① 진행자는 교과서 그림을 보고 예시 사진처럼 문제를 출제한다. 그림 이름과 페이지 수를 미리 기록해둔다.

② 진행자가 문제를 내면 모둠별로 손을 들고 답이 있는 페이지를 말한다.

③ 가장 많이 맞힌 모둠이 승리한다.

놀이 응용

① **숨은그림 출제 대결**: 모둠별로 교과서 속 숨은그림찾기를 2문제씩 만

들도록 한다. 쪽지에 문제와 답이 나온 페이지를 적어서 제출한다. 모둠별로 공격 차례를 정한다. 공격 차례가 된 모둠 대표가 일어나서 문제를 출제하고 나머지 모둠은 손을 들고 맞힌다. 이어서 다음 공격 모둠 대표가 출제하는 방식으로 모든 모둠이 만든 문제를 소진하면 종료한다. 가장 많이 맞힌 모둠이 승리한다.

② **교과서 찾기 대결**: 진행자가 미션을 주면 모둠원끼리 또는 짝꿍끼리 대결하는 게임이다. 또는 모둠별 대표를 앞으로 나오게 해서 모둠 대결을 할 수 있다. 예를 들면 다음과 같다. 진행자가 시작 신호와 함께 미션 문제를 낸다. 미션에 해당하는 내용이 많은 사람이 우승자다.

"책을 랜덤으로 한 번에 폈을 때 가장 사람이 많은 페이지를 편 사람은?"
"책을 폈을 때 동물이 많이 나온 페이지를 편 사람은?"
"책을 폈을 때 음식이 나온 페이지를 편 사람은?"
"건물이 많이 나온 페이지를 편 사람은?"

③ **하트 교과서 미끄럼틀**: 탁구공과 교과서를 준비한다. 교과서를 절반으로 나누어 하트 모양이 되도록 안으로 접어 넣는다. 모둠원끼리 교과서를 틈이 없도록 연결한다. 진행자는 탁구공을 나눠주고 미끄럼틀을 만들어 공이 지나가게 한다. 가장 먼저 짝꿍끼리 시도해보고 그다음 모둠별로 도전해본 뒤 분단 전체 또는 줄별로 도전한다. 끝 쪽에 있던 학생의 교과서 위를 시작으로 마지막 학생 교과서까지 미끄럼틀을 타듯 내려가면 성공이다. 모둠별 단결력을 키우는 놀이로 좋다. 인원

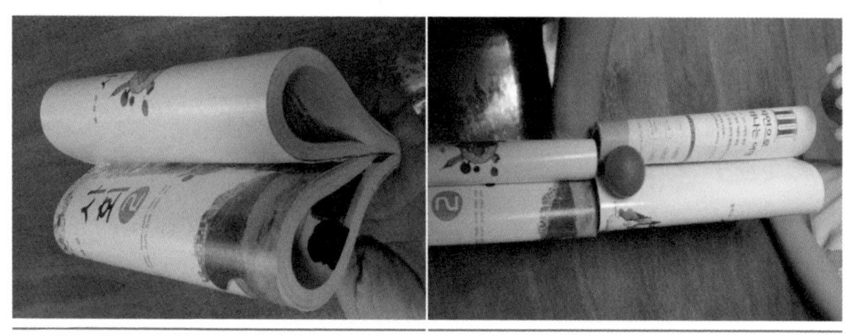
교과서를 안쪽으로 접어 하트 모양으로 만든 모습　교과서를 연결해서 미끄럼틀처럼 만든 모습

이 많아지면 하트 모양을 펴고 원래 교과서 모양에서 살짝 오므린 채로 진행해도 된다.

④ **목장갑 스피드 펼치기**: 모둠별 대표가 한 명씩 교과서를 들고 나온다. 대표들은 목장갑을 끼고 손을 머리에 올려놓고 대기한다. 진행자는 펴야 할 페이지를 부른다. "168쪽!" 페이지를 부르는 순간 대표들은 손을 내려 교과서에서 168쪽을 찾는다. 먼저 찾아서 벨을 누른 사람이 승리자다. 난이도를 높이고 재미 요소를 추가하기 위해 골무, 비닐장갑, 벙어리장갑 등을 끼고 스피드 펼치기 대결을 해도 좋다. 코끼리코 10바퀴 돌고 책 펼치기, 머리 위에 책 올리고 명상 후에 책 펼치기 대결 등 색다르게 놀이를 시도할 수 있다.

목장갑을 끼고 교과서를 빠르게 펼치는 학생들

유의점

① 학생들과 동료교사와 협업하여 더 많은 문제를 모아본다. 혼자 숨은 그림 문제를 찾는 것보다 여럿이 함께해야 다양하고 풍성한 문제를 만들 수 있다.

② 숨은그림찾기 활동에서 너무 억지스러운 문제는 지양한다. 누가 봐도 인정할 만한 문제로 재미있는 제목을 붙여 출제한다.

③ 교과서 펼치기 대결은 진행자가 시작 신호를 명확하고 크게 해줘야 혼란이 적다.

④ 하트 교과서 미끄럼틀에서 탁구공이 가벼워서 자꾸 떨어질 때가 있다. 조금 더 무거운 고무공이나 야구공으로 바꿔서 진행하면 나아진다.

힌트 스톱!

학급 야영 활동에서 많이 했던 게임으로 모두가 참여하기 좋고 쉬운 놀이다. 모둠별로 주제별 단어를 빠른 시간 내에 맞혀야 유리하며 상대 힌트를 듣고 정답을 맞히는 게임이다. 힌트를 많이 들을수록 점수가 깎여나간다. 다른 모둠에서 제시하는 힌트를 듣다가 "힌트 스톱!"을 외치고 정답을 말하면 된다. 나머지 모둠은 최대한 맞히기 어렵게 힌트를 줘야 유리하다.

놀이 방법

준비물: 문제 카드 20개, 마이크

① 모둠별로 모여서 진행자를 향해 앉는다.

② 모둠 대표는 가위바위보를 통해 정답을 맞힐 순서를 정한다. 예를 들어 A, B, C팀이라는 3개의 모둠이 있을 경우 A→ B→ C팀 순서로 가정

한다.

③ 문제 카드를 뒷면으로 해서 A모둠 대표가 한 장을 뽑는다. 뽑힌 문제 카드를 B, C팀의 학생들에게만 보여준다. 예를 들어 문제 카드에 '메타버스'가 쓰여 있다고 하자.

④ B팀과 C팀은 A팀에게 '메타버스'를 맞힐 힌트를 한 개 준다. 예를 들어 "우리가 직접 타는 건 아니야", C팀도 "나는 이 공간을 좋아해"라고 한다. 만약 A팀이 "힌트 스톱"을 외치고 정답을 말하면 100점을 준다. 답을 틀렸거나 맞히지 못하면 두 번째 힌트를 준다.

⑤ 두 번째 힌트부터 맞혔을 때 10점씩 깎인 점수를 얻는다. B, C팀도 똑같은 방식으로 문제를 맞힌다.

⑥ 최종 점수가 가장 높은 모둠이 승리한다.

분류	퀴즈 단어 예시			
일상	메타버스	유튜브	아바타	인스타그램
집	식탁	비누	잠옷	냄비
동물	원숭이	코알라	미어캣	나무늘보
학교	체험학습	칠판	실험시간	급식실
음식	녹차	마라탕	순대국	탕수육

놀이 응용

① **이구동성 게임**: 모둠원이 모두 칠판 앞에 나와서 한 글자씩 동시에 말하면 나머지 학생들이 무슨 단어인지 맞히는 게임이다. 예를 들어 '나

무늘보' 단어를 한다면 진행자의 시작 구령에 맞춰 4명이 동시에 한 글자씩 단어를 외친다. 나머지 친구들은 입모양과 소리에 주의를 기울여 단어를 맞혀야 하는 재미있는 게임이다.

동시에 한 글자씩 말하는 이구동성 게임 모습

② **협동 스피드 퀴즈**: 스케치북 또는 스피드 퀴즈 플래시 자료를 통해 문제 단어를 맞히는 게임이다. 스케치북에 큰 글씨로 문제를 적는다. 퀴즈를 맞힐 모둠원들은 의자에 앉고 출제자는 일어서서 스케치북 방향을 바라본다. 도우미 친구가 스케치북을 넘김과 동시에 60초 타이머를 시작한다. 스케치북에 쓰인 단어를 설명하고 나머지 친구들이 맞힌다. 정답을 맞혔으면 앉은 친구들이 한 칸씩 옆으로 이동하고 빈자리에 방금 출제한 친구가 앉는다. 도우미 친구는 스케치북 다음 장을 넘겨서 문제를 보여준다. 이런 식으로 60초 안에 몇 문제를 맞혔는지 체크해서 가장 많은 정답을 맞힌 모둠이 승리한다. 주제별로 70개

스케치북에 스피드 퀴즈 문제를 쓰고 있는 모습

씩 만들어놓은 풍부한 스피드퀴즈 자료는 블로그에서 다운로드 가능하다. 가정에서도 아이들과 함께 놀기 좋은 게임이다.

③ **고요 속의 외침**: 귀에 헤드셋을 끼고 우리 팀이 말하는 단어가 무엇인지 맞히는 게임이다. 헤드셋에서는 시끄러운 음악이 나오기 때문에 입모양을 보고 맞혀야 한다. 게임 방식은 스피드 게임과 유사하다. 헤드셋을 낀 친구 뒤에 서서 스케치북을 들고 단어를 보여주면 반대쪽에 있던 우리 모둠원이 입모양으로 열심히 설명한다. 60초 동안 가장 많이 정답을 맞힌 모둠이 승리한다.

고요 속의 외침 놀이를 하는 모습

유의점

① 힌트 스톱 놀이에서 너무 쉬운 힌트를 주지 않도록 유의한다. 모둠원이 함께 의논해서 힌트를 만드는 것이 중요하다.

② 이구동성 게임은 모둠원이 동시에 한목소리로 말해야 상대 모둠이 맞히기 어렵다. 맞히는 입장에서는 한 명씩 타깃을 정해 한 글자씩 익힌 후 글자를 조합하는 방식이 가장 맞히기 쉽다.

③ 협동 스피드 퀴즈에서 한 칸씩 옆자리로 이동할 때 다치지 않도록 유의한다. 이전 출제자가 자리에 앉기 전까지 다음 문제를 보여주지 않도록 주의한다.

④ 고요 속의 외침 놀이에서 문제를 맞히는 학생이 귀를 다치지 않도록 주의해서 볼륨을 높여야 한다. 게임 진행보다 우리의 귀 건강이 더 소중하기 때문이다.

가위바위보 콩 옮기기

교실에서 자투리 시간이나 창의적 체험활동 시간에 할 수 있는 간단하게 몸을 움직이는 게임으로 가위바위보 콩 옮기기를 시도했다. 콩보다 더 미끄러운 연자육으로 했더니 아이들이 더 어려워했다. 연꽃 씨앗인 연자육은 콩보다 크기가 크고 표면이 미끌거려서 잡기가 어렵기 때문에 경기 난이도가 올라간다. 난이도를 더 높이려면 쇠젓가락을 활용하고 난이도를 낮추려면 나무젓가락을 사용하면 된다. 팀을 나눠서 콩을 옮기는 작은 활동이 학기말에 가장 기억에 남았다는 학생들이

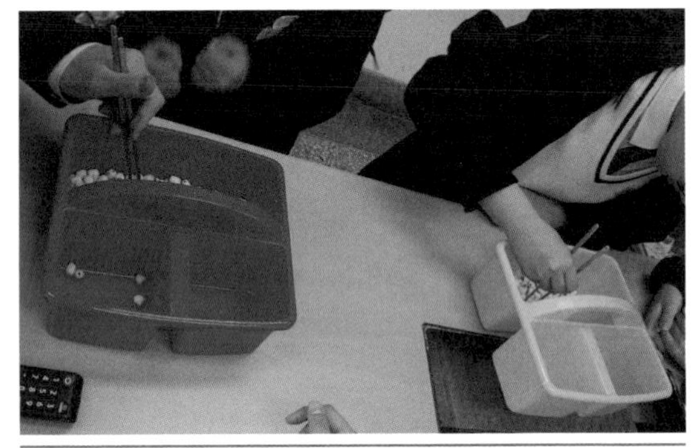

가위바위보 콩 옮기기 놀이-콩보다 어려운 연자육을 옮기고 있다

많았다.

다양한 경기들을 함께하다 보면 자신이 잘하는 의외의 분야도 알 수 있게 된다. 교실에서 만나기 어려운 콩을 소재로 재미있는 놀이를 시도해보자. 콩을 준비해야 하는 번거로움이 있지만 특별 이벤트로 해주기 좋다. 학생들이 열심히 참여하는 모습을 보면 매우 뿌듯할 것이다.

놀이 방법

① 교탁 앞에 책상 2개를 놓는다. 책상 위에 콩을 옮길 바구니와 콩 30알, 젓가락을 준비한다.
② 모둠을 짝수로 구성하고 공격할 청팀과 수비할 백팀으로 나눈다.
③ 백팀 중 3명씩 일렬로 콩 바구니 앞에서 청팀 아이들과 가위바위보를 한다. 3명을 모두 이긴 사람만 콩을 10초간 옮길 수 있다. 가위바위보에 진 사람과 콩을 옮긴 사람은 다시 처음으로 돌아가서 가위바위보를 한다.
④ 3분 뒤에 청팀과 백팀이 바꿔서 공격과 수비를 한다. 콩을 가장 많이 옮긴 팀이 승리한다.

놀이 응용

① **코끼리코 돌고 콩 옮기기**: 콩 바구니 앞에 여유 공간을 확보한다. 모둠별로 선수들은 코끼리코 돌기를 5회 하고 콩을 옮긴다. 선수를 20초 간격으로 바꿔주며 모둠원들이 모두 참여할 수 있도록 한다. 어지러

움을 잘 이겨내고 콩을 많이 옮긴 팀이 승리한다.

② **미니약과 높이 쌓기**: 종이 접시와 미니약과 50개를 준비한다. 놀이 종료 후 미니약과를 먹는다면 비닐을 뜯지 않고 경기를 진행해도 좋다. 모둠원끼리 교탁으로 나와 접시 위에 미니약과를 쌓아 올린다. 가장 아랫부분을 튼튼하고 바르게 쌓아야 위쪽도 잘 쌓을 수 있다. 미니약과를 쌓은 후 3초간 유지해야 쌓은 개수를 인정해준다. 비닐을 뜯은 상태로 쌓아야 정말 높이 쌓을 수 있다. 가장 많이 쌓은 모둠이 승리한다.

미니약과를 정성껏 쌓은 모습

유의점

① 공격팀과 수비팀이 가위바위보를 한 후 콩을 옮기러 가는 길을 막지 않는다. 가위바위보는 딱 한 판씩만 한다. 삼세판 등으로 시간을 일부러 늘리면 안 된다.

② 모든 참여자들은 미니약과를 만지기 전에 손 세정제로 소독한 후 경기에 임한다.

실내화 컬링

컬링 게임은 평소에 체험하기가 쉽지 않다. 실제 경기장까지 가서 해보면 좋지만 어렵기 때문에 컬링 형식을 활용해서 각종 놀이를 시도해보자. 무거운 스톤 대신 신발, 병뚜껑, 장난감 비행기 등으로 컬링 경기를 따라해볼 수 있다. 자투리 시간을 활용해서 교실이나 야외로 나가서 컬링 놀이를 즐기자. 쉽고 간단한 놀이 덕분에 학생들이 즐거워하며 웃는 소리가 끊이지 않고 들릴 것이다.

놀이 방법

준비물: 실내화, 실내화에 붙일 색깔 스티커

① 교실에서 책걸상을 치우고 교실 앞쪽 바닥에 점수판을 만든다. 고무테이프를 이용해서 붙이거나 지워지는 보드마카로 그린다.

② 교실 뒤쪽에 기준선을 그리고 2팀씩 대결할 사람이 나온다. 모둠원들

이 한 명씩 나와서 신발 한 짝을 벗는다. 벗은 신발을 손으로 잡고 컬링 점수판을 향해 세게 밀어낸다. 컬링용 여분 신발을 따로 준비해서 해도 좋다.

③ 신발이 선에 닿거나 점수 칸 안쪽으로 들어가면 점수를 인정해준다.

④ 2팀씩 대결해서 가장 높은 점수를 얻은 팀이 승리한다.

실내화로 컬링을 하는 모습

놀이 응용

① **병뚜껑 컬링**: 병뚜껑이나 바둑돌, 미니 비행기가 있다면 가정에서 엄마표 놀이로 쉽게 할 수 있다. 교실에서는 높이가 같은 책상을 이어 붙여서 하면 된다. 점수판은 사진처럼 투명 비닐 재질에 그려서 끝 쪽에 놓는다. 출발 지점에 팀별로 서로 다른 병뚜껑을 두고 가운데 손가락을 튕겨서 병뚜껑을 날린다. 누적 점수가 가장 높은 팀이 승리한다.

가정에서 병뚜껑으로 컬링을 하는 모습

② **신발 날리기**: 운동장 또는 야외 공간에서 신발을 신고 있는 상태면 할 수 있는 초간단 놀이다. 출발선과 목표 지점을 정한다. 목표 지점에 컬링처럼 원을 표시하고 점수를 협의해서 정한다. 출발선에 서서 발을 힘껏 차서 신발을 멀리 날린다. 목표 지점에 가까이 떨어질수록 점수를 많이 얻는 놀이다.

③ **신발 뺏기**: 가위바위보로 술래 1명을 정한다. 참가자 모두 신발 한 짝씩을 벗어서 술래에게 준다. 술래는 발을 모아 신발을 잘 지킨다. 시작 소리에 맞춰 한발 뛰기를 하며 술래가 가지고 있는 신발 중 나의 신발을 찾아온다. 단, 참가자들이 술래 손에 닿는 순간 술래가 이기고 술래 손이 닿은 학생이 다음 술래가 된다. 참가자들 모두 술래가 지키는 신발을 빼앗으면 술래는 또다시 술래가 된다.

유의점

① 실내화 컬링을 할 때 실내화를 던지는 것이 아니라 바닥에 미끄러지듯이 세게 밀어내는 것임을 안내한다. 남의 신발을 적절히 밀어내면서 점수 칸에 들어가는 것이 최고의 전략이다.
② 신발 날리기와 신발 뺏기를 할 때 운동화가 충분히 더러워질 수 있음을 알고 참여하도록 한다.
③ 신발 날리기를 할 때는 공간이 넓게 확보된 곳에서 한다. 높은 곳에 신발이 걸리거나 물웅덩이에 빠지거나 하는 일이 종종 있으니 주의해야 한다.

협동음식-뻥튀기 지도 만들기

학기말 진도를 다 나가고 방학을 앞둔 상황이면 학생들은 마음이 들떠 있고 수업에 집중을 못한다. 이때 그냥 아무것도 하지 말자고 조르는 아이, 무조건 놀자고 얘기하는 아이, 영화를 보여달라는 아이들로 교실은 야단법석이다. 하지만 정규 수업시간에 아무것도 안 해서 질서가 엉망인 경우, 무조건 놀자고 해놓고 놀 줄 모르는 경우, 영화를 보여달라고 해놓고 잠깐 보고 딴짓하는 경우가 허다하다.

자투리 수업시간 또는 학급활동 시간에 협동심을 기르고 재미와 의미까지 챙기는 활동을 기획해보자. 교실에서 맛있는 재료로 지도를 만들고 뷔페를 열고 케이크까지 만든다면 무기력한 학생들도 활기 넘치는 시간으로 바뀔 수 있다. 과자로 집 만들기, 과자로 얼굴모양 만들기는 그 자체가 즐거운 놀이 활동이다. 케이크 만들기, 비빔밥 만들기, 샌드위치 만들기 등 재료로 음식을 만드는 것 자체가 오감을 만족하는 놀이 활동이다. 학급 아이들과 무언가를 함께 만들고 함께 먹는 시간처럼 정이 들고 행복한 시간은 없다. 기쁘고 즐거운 추억을 만들기 위해 간단한 재료로 놀이 시간을 가져보자.

뻥튀기로 세계지도를 만든 모습

매년 사회 시간에 지도를 배울 때 뻥튀기로 세계지도를 만드는 수업을 진행했다. 중학교 교실 안에서 먹을 수 있는 재료로 수업을 진행한다는 사실만으로도 아이들은 무척 좋아했다. 모둠별로 뻥튀기를 받아들고 지도를 만들 때 아이들의 표정은 마냥 즐겁다. 한창 배고플 나이의 학생들이 딱딱한 교과서가 아닌 새로운 재료에 집중하며 군침 흘리면서 참여한다. 뻥튀기를 구하기 힘들다면 고래밥, 건빵 등으로 세계지도를 만들어도 좋다. 네모난 '오예스' 과자를 식빵 칼로 잘라서 세계 지도를 만드는 것도 괜찮다. 뭐든 활동 후 먹을 수 있는 재료라면 학생들은 만족해한다. 무기력한 아이들도 수업을 기대하고 설레게 된다. 귀여운 아이들을 위한 선물처럼 특별한 수업을 준비해보자.

놀이 방법

준비물: 뻥튀기, 모둠수만큼의 세계지도 퍼즐, 4절지

① 모둠별로 놀이가 갈도록 책상을 4~6개씩 붙인다.

② 세계지도 퍼즐 맞추기를 한다. 퍼즐을 완성한 모둠은 교탁으로 나와 뻥튀기와 4절지를 받는다.

③ 책상 위에 4절지를 깔고 퍼즐을 참고해서 뻥튀기로 세계지도 모양을 완성한다.

④ 완성 후 선생님의 확인을 받고 무슨 기준으로 나눠서 먹을지 의논한다. 예를 들어 '대륙 크기별로 가위바위보로 나누기, 우리나라와 가장 멀리 있는 남아메리카 대륙부터 함께 먹기, 좋아하는 나라가 속한 대륙별로 나누기' 등이다.

⑤ 뒷정리를 한 뒤 소감 나누기를 한다.

놀이 응용

① **귤로 세계지도 만들기**: 귤을 한 개씩 준비해온다. 네임펜을 이용해 지구본을 보며 대륙을 간략히 그린다(어려워하면 최지선 모임에서 만든 '세계지도 간단히 그리기'를 검색해서 화면에 띄워준다). 손톱이나 과도를 이용해 조심히 귤껍질을 세로 모양으로 깐다. A4용지 위에 올려두고 실제 세계지

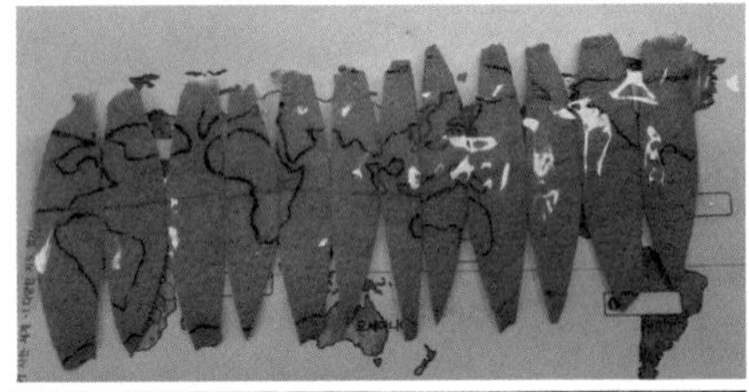

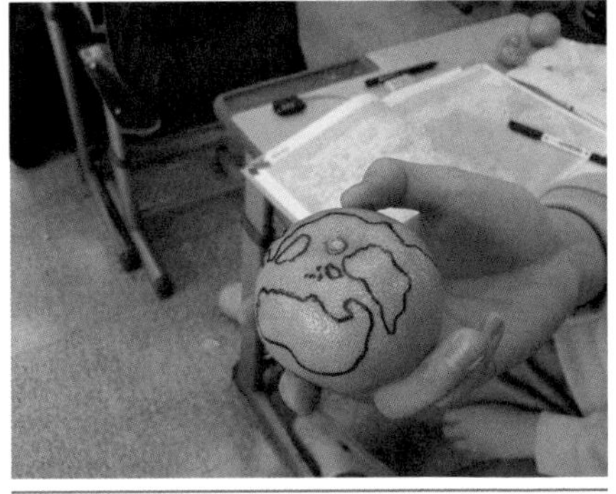

귤로 세계지도 만들기 활동 모습

도와의 차이를 비교하고 발표한다. 귤처럼 둥근 지구를 펼친 것을 보며 우리가 보는 지도가 상당부분 왜곡될 수밖에 없음을 이해한다.

② **과자 뷔페**: 모둠별로 어떤 뷔페 음식을 과자로 표현할지 의견을 모은다. 가령 해물볶음면을 만든다면 해물모양 과자(고래밥), 면사리(뿌셔뿌셔, 라면땅), 문어과자(자갈치) 등을 재료로 준비한다. 버섯요리를 준비한다면 버섯모양 과자(초코송이)와 떡모양 과자로 재료를 기획한다. 과자 뷔페 당일에 전지 크기 종이(3~4장), 넓은 접시, 집게, 개인접시를 준비한다. 책상을 뷔페식으로 길게 연결한 후 그 위에 깨끗한 전지를 깐다. 넓은 접시에 모둠별로 뷔페 음식을 차린다. 종이로 만든 삼각 명패에 음식 이름을 쓰고

과자 뷔페에 참여중인 학생들

과자 뷔페 모습

집게를 놓으면 된다. 모두 줄을 서서 개인 접시에 먹을 만큼 담아간다. 우아한 클래식 음악을 틀어주거나 함께 영화를 보는 것도 좋다.

③ **테마 샌드위치 경연대회**: 교실에서 불을 사용하지 않고 안전하고 간단히 먹을 수 있는 간식으로는 샌드위치가 적격이다. 모둠별로 샌드위치 테마를 정해 재료를 준비해서 학급활동 시간에 만들기를 한다. 예를 들어 미국식 치즈 샌드위치, 베트남식 바게트 샌드위치, 멕시코식 샌드위치, 한국 불고기 샌드위치 등으로 여러 나라를 주제로 해도 좋고 재료를 중심으로 창의적인 샌드위치를 만들어도 좋다. 책상 높이를 맞춰서 4개씩 붙이고 얇은 비닐을 깐다. 식빵, 속재료, 잼 등의 재료를 꺼내서 모둠원과 샌드위치를 만들고 예쁜 접시에 담는다. 삼각 명패에 샌드위치 이름을 쓰고 교탁에 1개씩 출품한다. 심사위원으로 선정된 학생들이 평점을 매겨서 순위를 정한다. 모양, 창의성, 맛의 요소별로 점수를 합산하여 총평과 함께 결과를 발표한다.

④ **달콤 케이크 만들기**: 학급 생일파티, 체육대회 우승, 아이들과 만난 지 100일 기념일 등 의미 있는 날을 맞아 아이들과 케이크를 만들자. 나는 사회시간에 경제 개념(생산, 분배, 소비)을 익히기 위해 케이크를 만들었는데 학급 행사로 만드는 것도 좋다. 다른 어떤 요리보다 아이들이 좋아하는 음식이 케이크다. 모두 들뜨고 신나서 준비도 정말 잘해온다. 교사가 빵을 준비해오고 모둠별로 생크림(제과점 판매용 또는 스프레이), 과일류, 초코 시럽, 마시멜로, 견과류 등을 나눠서 가져온다. 케이크를 준비하는 과정부터 만들고 먹는 시간까지 모든 것이 즐겁다.

유의점

① 만드는 과정에서 재료를 먼저 먹지 않는다.

② 만들기 전과 후, 손을 잘 씻고 수시로 손소독제로 청결을 유지한다.

③ 세계지도를 만들 때 각 대륙의 특징을 잘 관찰해서 멋지게 표현한다.

④ 활동 마무리 후 남은 음식 재료는 따로 모아서 음식물 쓰레기로 분리 배출한다.

작은 변화가 기쁨 뭉치를 가져온다!

내가 처음 신규 발령을 받은 날짜는 2002년 2월 27일이었다. 그날 처음으로 중학교 교무실에 들어가봤고 나의 수업 대상이 중1이라는 것도 알았다. 그리고 담임을 맡았다는 것도. 3월 2일 개학날까지 며칠 남지 않았다는 사실이 많이 당황스러웠다. 다들 잘할 수 있을 거라 격려해주었지만 교실 안에서 어느 누구도 도와줄 수 없는 구조였다. 주변 선생님들이 모두 바쁘기 때문에 도움 요청하기도 죄송스러웠다. 행정업무도 혼자 감당해야 했고 심지어 담임 업무는 연습이라는 것조차 없었다. '맨땅에 헤딩'도 이런 헤딩이 없다. 실수와 좌절을 겪으며 이유 없이 학생들도 희생양이 되었다. 교직의 시작은 전문적으로 배우는 인턴 과정 없이 신규부터 경력교사처럼 무조건 교실로 들어가야만 하는 것이다.

그렇게 시작한 나의 교직 경력은 어느새 20년차가 되었다. 카리스마 넘치는 옆반 동료는 아침 조회마다 무슨 말을 하는지, 아이들과 친구처럼 지내는 신규 선생님은 수업시간에 어떻게 시작하는지, 먼지 하나 없는 깔끔한 교실을 유지하는 체육 선생님은 청소지도를 어떻게 하는지 여전히 궁금하다. 과거 학창시절의 경험만 가지고 그저 추측할 뿐이다. 그래서 나의 수업과 교직 노하우들을 나부터 기록하고 남기기로 했다. 여전히 교직이 궁금한 분들에게 20년간의 노하우를 알리기로 했다. 특히 학생들과 놀이를 활용한 수업을 진행하며 얻게 된 작은 기쁨 뭉치들을 나누고 싶다.

교사의 업무 내용을 보면 정말 한시도 쉴 틈이 없다. 예를 들어 중학교 3학년부 기획 선생님의 업무를 보면 다음과 같다. 고입 진학 업무(거주지 조사 통계, 후기고 근거리 고입배정 대상자 조사 보고, 특성화고 진학희망자 조사 보고, 사회통합전형/특례입학전형 대상자 심사, 고입내신 성적산출 3개년 자료 검토, 전입생/재취학생 가산점과 봉사점수 산출), 인근 지역 고교 진학설명회 강사 섭외 및 총기획, 진로 진학 특강 개최 및 강사 섭외, 졸업식 준비(외부기관 특별상 공문 처리 및 상장 관리 및 배부)…. 휴….

놀라운 건 지금까지 나열한 것은 행정업무일 뿐이고 엄청나게 큰 담임업무가 함께 주어진다는 것이다. 담임 일은 조회, 종례, 급식지도, 학급운영계획 수립, 각종 학급 조사 및 통계 산출, 서류 수합 및 보고, 수시 학생 상담, 학부모 상담, 학교 폭력 사안 지도, 학생들 개인별 누적 관리, 교우들 간 갈등 중재, 지각생 지도, 학급 SNS 운영, 생활기록부의 자율활동/동아리/봉사활동/창체활동/특기사항 입력, 행동 발달 종합 의견 작성, 외부활동 학생 인솔, 수시 담임회의 참석, 학부모 민원 해결

등 상상 밖으로 어마어마하다. 코로나로 인해 자가진단 확인 및 원격 수업 관리까지 일은 계속 늘어만 간다.

더욱더 놀라운 건 여기까지가 행정업무와 담임업무라는 것. 그 외에 아주 당연한 교사 업무는 교과 지도다. 학기별 평가계획 수립, 학습 진도표 작성, 수행평가 운영 안내 및 수행평가 실시, 채점 및 성적처리, 교육과정 분석 및 교과서 연구, 시험문제 출제, 시험 결과 보고, 공개수업 준비, 학습지도안 작성, 수업 진행 프린트 제작, 수업 교구 구입, 학급별 진도진행기록, 과목별 특기사항작성 등 수업과 관련한 업무도 많다. 그 중에서 내가 맡은 교과 수업을 잘해나가는 것, 이것이 교사 본연의 일이다.

스티븐 코비 박사의 시간관리 원칙을 보면 모든 일은 중요하고 급한 일, 중요하지만 급하지 않은 일, 중요하지 않지만 급한 일, 중요하지도 않고 급하지도 않은 일로 나눌 수 있다. 그런데 대부분의 선생님은 중요하지 않지만 급한 일인 행정 업무와 중요하고 급한 담임 업무에 파묻혀 허덕이며 살고 있다. '왜 교사가 되었나요'라고 물었을 때 "가르치는 일이 즐거워서, 학생들과 즐거운 수업을 하고 싶어서, 학생들에게 배움의 기쁨을 느끼게 해주고 싶어서"라고 대답하는 교사들이 많다. 하지만 현실은 학교 일과 중 중요하고도 급한 수업 준비에 열정을 쏟기가 어렵다. 예를 들어 당장 국회의원이 요구하는 긴급 공문을 처리해야 하고 학생들 간의 싸움이나 도난사건을 해결하는 등의 학급 일을 우선으로 해야만 한다.

교사가 본연의 임무인 수업에서 기쁨과 보람을 느끼고 가르치는 즐거움을 찾는다면 다른 업무 또한 한결 나아질 수 있다. 수업을 너무 잘하려고 하지 말고 무난하게 아이들과 배움의 계단을 오른다는 생각으로 임하면 어깨가 덜 무겁다. 1년의 수업 과정은 장시간의 마라톤처럼 힘든 과정이기 때문이다. 수업에서 누리는 기쁨의 크기보다 기쁨의 빈도가 중요하다. 물론 기쁨의 순간이 거창할 필요는 없고 매일 조금씩 이루어지면 된다.

교사는 더 이상 존경받는 자리가 아니며 일에 대한 경제적 보상도 넉넉한 편이 아니다. 아이들을 사랑하고 봉사하는 마음이 있어야 하는 일이다. 나는 솔직히 먹고살기 위해 생계형으로 교사를 시작했다. 고등학교 때 내가 알고 있는 직업이라고는 교사가 전부였고 국립사범대학의 등록금이 가장 저렴했다. 20년차가 된 지금 누군가 나에게 교사를 왜 하냐고 묻는다면 '수업이 즐거워서'라고 말할 것이다. 행정 일과 담임 일이 힘들지만 수업시간에 학생들과 빵빵 터지는 수업을 하고 나면 기분이 그렇게 좋을 수가 없다. 예를 들어 출석파도타기로 60초 안에 30명의 학생이 모두 대답하는 데 성공할 때면 짜릿하고 즐겁다. 학생들도 실패를 거듭하다가 성공하는 날이면 성취감과 뿌듯함에 신나 한다. 수업 내용을 퀴즈로 만들어서 다 같이 몰입하는 시간도 꿀처럼 달콤하다. 순수하고 사랑스런 아이들이 놀이를 활용한 수업을 통해 성장하는 모습을 보는 일이 그렇게 즐거울 수 없다.

하루에 한 가지, 아니 일주일에 한 가지만 나의 수업에 변화를 주자. 수업을 잘하기 위해서가 아니다. 학생들에게 잘 보이기 위해서도 아니다. 내가 어제보다 조금이라도 발전하기 위함이다. 예를 들어 매 시간마다 잠만 자는 학생이 있었다. 뭔가 그 학생을 위해 변화를 주고 싶었다. 문득 퇴직하신 송형호 선생님의 아이디어가 떠올라 교실의 남는 책상에 'sleeping zone'을 만들었다. '이 시간 졸린 사람은 여기에서 편하게 자면 됩니다'라고. 그랬더니 오히려 자던 학생이 수업에 잘 참여했다. 다른 친구들도 신기해하며 왜 안 자냐고 물어보니 대놓고 자라고 배려해주니 안 자고 싶었다고 한다.

어느 날은 책상을 모두 밀고 의자만 놓고 앉아서 협동놀이 수업을 진행했다. 수업이 다 끝난 후 3년째 무기력했던 학생이 뒷정리하고 있는 내게 와서 질문을 했다. "선생님, 오늘 수업의 교육학적 가치는 무엇인가요?" 수업 내내 무기력하게 있었던 아이여서 심장이 덜컹 내려앉았다. "사람과 사람 간의 따뜻한 교류 놀이를 해본 거야. 협동심을 기르고 소속감도 느낄 수 있지. 혹시 힘들었니?"라고 했더니, "아니요. 정말 재미있었어요. 이런 수업 처음 해봐요"라며 무기력한 친구의 입에서 처음으로 길고 긴 대답이 나왔다. 아이의 미소 띤 얼굴을 바라보며 머리끝부터 발가락까지 기쁨 입자가 흘러내렸다.

이렇게 한 가지 변화가 기적을 가져온다. 사소한 것이든 큰 것이든 뭐든 변화를 시도해보자. 소설가 버나드 쇼는 "실수로 가득 찬 삶이 아무것도 시도하지 않는 삶보다 가치 있다"라고 했다. 어제보다 나아진 자신을 발견하면 그렇게 뿌듯하고 성취감이 느껴질 수가 없다.

수업 시간에 자주 늦었던 아이가 있었다. 늦게 와서 친구들의 소중한 시간을 사용했으니 노래 부르기, 투명계단 걷기, 무반주 댄스 벌칙 중 선택하게 했다. 그랬더니 노래 대신 랩을 하겠다는 것이다. 랩을 멋지게 부른 그 친구는 모두의 박수를 받고 기분 좋게 교실에 앉았다. 그 뒤론 전혀 늦지도 않았다. 관심받고 싶었던 친구였는데 학급 친구들에게 인정받은 느낌과 선생님도 자신을 알아준다는 뿌듯함 덕분에 더 이상 지각을 하지 않아도 된 것이다. 대걸레질이 형편없던 학생에게 걸레질 방법을 차분히 알려줬더니 교실 바닥이 한결 깨끗해졌다. "와~ 네가 지구의 일부분을 깨끗하게 잘 닦았구나. 고마워"라며 칭찬도 하게 된다. 교실 바닥이 아닌 지구의 일부분이라고 말해주면 더 감격한다. 우주 속 지구를 깨끗하게 한 것이니 스케일 자체가 다르다. 사소한 칭찬 시도로 아이도 즐거워지고 교사는 더 뿌듯해진다. 이렇듯 매일 작은 변화로 행복이란 기적이 찾아올 수 있다. 진정한 행복은 기쁨 크기가 아니라 여러 번의 소소한 기쁨 뭉치들이 모여서 만들어지기 때문이다.

이 책을 쓰게 된 진짜 이유는 수업에서의 기쁨 뭉치를 혼자 누리기 싫어서다. 여러 선생님들과 변화를 함께 느끼고 싶다. 작은 기쁨도 나누면 커지고, 슬픔은 나누면 작아진다. 교직은 교실에서 수십 명의 아이들을 혼자 감당해야 하는 참 외로운 일이다. 쉬는 시간에 교무실에서 동료 교사들을 만난다 해도 실전은 나 홀로 교실에서 감당해야 한다. 신규 교사든 30년차 이상 경력교사든 모두 똑같이 교실 속 외로운 싸움을 해야 한다. 하지만 누군가 마음을 알아주고 함께한다는 것이 느껴지면 힘이 생긴다. 선생님들을 포함해 강의하는 모든 분들은 그 마음을 알 것이다. 혼자서 모든 것을 감당하고 그 시간을 책임져야 하는 무게감을.

그 시간, 특히 같은 공간에 있는 사람들과 놀이로 변화를 시도해보자. 하루에 한 가지 놀이 요소로 기쁨의 뭉치들을 함께 늘려나가자. 아프리카 속담에 '혼자 가면 빨리 가고 함께 가면 멀리 간다'는 말이 있다. 함께해야 오래가고 함께해야 힘이 솟는다. 이 글을 보는 여러분과 함께 멀리 나아가고 싶다. 매일 소소한 기쁨들이 가득 깔린 그 길로 말이다.